互联网法治系列丛书

Research on Judicial Governance in Digital Society

数字社会司法治理研究

张宏伟　洪学军 / 主编
杭州互联网法院　互联网法治研究院（杭州） / 编

法律出版社 LAW PRESS · CHINA | 北京

图书在版编目(CIP)数据

数字社会司法治理研究 / 张宏伟，洪学军主编 ；杭州互联网法院，互联网法治研究院（杭州）编. -- 北京 ：法律出版社，2022
(互联网法治丛书)
ISBN 978-7-5197-6950-5

Ⅰ. ①数… Ⅱ. ①张… ②洪… ③杭… ④互… Ⅲ. ①数字技术—应用—法院—工作—研究—中国 Ⅳ. ①D926.2-39

中国版本图书馆 CIP 数据核字(2022)第 134688 号

数字社会司法治理研究 **SHUZI SHEHUI SIFA ZHILI YANJIU**	张宏伟 洪学军 主编 杭州互联网法院 互联网法治研究院(杭州) 编	责任编辑 屈 瑶 曲 杰 装帧设计 臧晓飞

出版发行 法律出版社
编辑统筹 学术·对外出版分社
责任校对 王晓萍 王语童
责任印制 陶 松
经　　销 新华书店

开本 710 毫米×1000 毫米 1/16
印张 20.5 **字数** 289 千
版本 2022 年 7 月第 1 版
印次 2022 年 7 月第 1 次印刷
印刷 北京新生代彩印制版有限公司

地址:北京市丰台区莲花池西里 7 号(100073)
网址:www.lawpress.com.cn
投稿邮箱:info@lawpress.com.cn
举报盗版邮箱:jbwq@lawpress.com.cn
销售电话:010-83938349
客服电话:010-83938350
咨询电话:010-63939796

书号:ISBN 978-7-5197-6950-5
定价:88.00 元

凡购买本社图书,如有印装错误,我社负责退换。电话:010-83938349

数字社会
司法治理研究

主　编

张宏伟　洪学军

执行编辑

倪德锋　侍孝祥　俞倪超杰　吴　巍　靳林东

总　序

习近平总书记强调："网信事业代表着新的生产力和新的发展方向""互联网不是'法外之地'""要坚持依法治网、依法办网、依法上网，让互联网在法治轨道上健康运行"。互联网法治是中国之治的重要组成部分，是构建网络空间命运共同体的重要一环。互联网法治发展要始终坚持以习近平总书记关于网络强国的重要思想为根本遵循和行动指南，在有效应对时代之变、历史之变、科技之变中引领社会治理的法治维度，不断在实践中培育和厚植法治文化基础，努力建构和完善依法治网的法律体系和体制机制，将互联网时代信息革命的磅礴伟力转化为阶梯式递进、跨越式发展的强劲动力。

"法制无常，近民为要；古今异势，便俗为宜。"法因实际需要而制定，又根据实际变动而完善。互联网法治必须与时俱进、改革创新，积极探索网络法治工作规律，保障网络法治建设始终充满活力、行稳致远。互联网立法应守正创新，加快推进重点立法，健全互联网法治理论研究与支撑；互联网执法应当加大力度，强化地方执法，切实增强针对性与实效性，震慑与遏制违法乱象；互联网司法应当增速提效，深化科技在司法领域应用，全面推进数字法院建设，加快探索互联网司法新模式，建立健全具有中国特色的互联网司法新模式和制度规则体系，促进审判体系和审判能力现代化；互联网普法应当深入人心，积极开展以案释法工作，推广普法性读物，营造全网全社会尊法学法守法用法的良好氛围。如此形成整体智治、高效协同的互联网法治新格局，推动完善网络空间行为准则与治理规则，为网络强国战略贡献法治力量，为互联网全球治理提供更多中国方案、贡献更多中国智慧。

在"数字产业化、产业数字化"变革背景下，杭州互联网法院和互联网法治研究院(杭州)反复打磨、精心凝练,联合推出“互联网法治系列丛书”,下分“互联网案件审判研究”与“互联网法治论丛”两个类丛。前者辑选互联网审判中的典型案例评析举隅,以案释法、层层深入,助力网络司法发展、夯实互联网法治理论基础。后者精选领域内知名专家与青年学者对互联网法治发展的独到见解,集文成集、积微成著,为互联网法治理论研究提供新视角、开拓新境界。丛书出版,是开篇,亦是探索,敬待各界指正。

是为序。

浙江省高级人民法院党组书记、院长
互联网法治研究院(杭州)名誉院长
李占国
二〇二一年八月十八日

序

数字经济发展速度之快、辐射范围之广、影响程度之深前所未有，正在成为重组全球要素资源、重塑全球经济结构、改变全球竞争格局的关键力量。党的十八大以来，党中央高度重视发展数字经济，将其上升为国家战略。习近平总书记在致2021年世界互联网大会乌镇峰会的贺信中指出，要激发数字经济活力，增强数字政府效能，优化数字社会环境，构建数字合作格局，筑牢数字安全屏障，让数字文明造福各国人民。

发展数字经济意义重大，是把握新一轮科技革命和产业变革新机遇的战略选择。近年来，中国互联网司法取得了举世瞩目的成就，为推进数字中国建设提供了有力法治保障。在新发展阶段，如何通过制定和输出数字治理规则，增强对数字文明的法治供给，以数字正义推动实现更高的公平正义，是数智时代交给我们的一个重大而全新的课题。

《数字社会司法治理研究》一书，从数字社会司法治理基础理论研究、数字社会规则之治探究、互联网司法模式探索、大数据分析与综合治理四个维度，实践探索、制度建设、理论升华三个层次撷英选取了发表于《中国法学》《中外法学》《法律适用》《人民司法》等核心期刊具有代表性的研究成果。其中既有对重大数字治理问题的宏观考量，也有对具体行为规则的微观分析，较为全面展示了数字社会司法治理研究的斑斓画卷。其以互联网司法改革建设为基础样本，聚焦目标导向、问题导向、实践导向，系统集成了杭州互联网法院筹备成立、试点建设、高质量发展全阶段的实践和理论创新成果，凝聚了长期深耕在互联网法治领域法官们的心血智慧。从取材内容上看，涵盖了最高人民法院年度司法研究重大课题、司法改革专项课题等，研究成果在业界具有一定的权威性和参考价值，对如何系统深入地开展数字社会司法治理研究，具有很强的实践创新意义。

健全规范有序的数字化发展治理体系，对于构建生活更加舒适、发展更有质量、治理更具效能的数字社会具有巨大共享和协同价值。在数智时代，“算法、数据、平台”日益成为互联网经济社会运转的三大要素，共同构成了数字经济社会发展的治理阈。数字治理需要着力打破与数字化时代不相适应的司法模式和治理方式，推进经济社会深层次系统性、制度性重塑。作为司法主动适应互联网发展大趋势的一项重大制度创新，互联网法院肩负探寻数字法治建设未来进路的重大职责使命。

在发展进路上，互联网法院将围绕数字赋能、制度重塑、协同治理三个层面来展开。在准确把握数字化发展的治理规律和内在逻辑基础上，实现从理念、模式、制度的全方位变革，更高层次地实现“以数字方式生产公平正义”和更高质量地生产“数字空间的公平正义”。面对日益增长的互联网纠纷，本书还提出了通过重塑数字信任机制，打造多元主体及多中心协同治理网络的发展思路，希冀从法律秩序调控、技术治理升维和自治模式转型等角度，去前瞻性地构建发展与安全、公平与效率动态平衡的多元治理格局，为数字治理在国家、社会、个人层面高效运行提供法治支持与保障。

是为序。

杭州市中级人民法院党组书记、院长

张宏伟

二〇二二年四月二十六日

目 录

第一编 数字社会司法治理基础理论研究

第二编 数字社会规则之治探究

第三编　互联网司法模式探索

第四编　大数据分析与综合治理

第 一 编

数字社会司法治理基础理论研究

网络社会司法治理的实践探索与前景展望

李占国*

一、网络社会矛盾纠纷的新发展对依法治理提出新挑战

网络空间由无数相互关联的计算机、服务器、路由器、交换机和光缆组成,支持着国家基础设施的运转。① 网络社会成员以数字信任为基础,以数据自由流动和技术发展价值的共享为纽带,形成了社会共同体。网络容量日益扩大,内容日益丰富,引发了重大的社会议题和商业利益,网络社会矛盾纠纷的性质和防范需求也发生了深刻变化。回应这一变化既是当前法治建设的重要命题,也是推动社会治理现代化的重大契机。

(一)网络社会矛盾纠纷类型化对法律规则提出新需求

计算机组成的互联网结构包括三个层面:物理层、规则层和内容层。物理层指计算机以及各种网络的硬件;规则层指协调管理系统运行的规则,其表现是代码、编程和各种算法;内容层是互联网上信息构成的大数据和云计算,其正在以突飞猛进的速度与人工智能(Artifical Intellingence,AI)相结合。② 随着网络社会的不断延伸和数字经济新业态的不断涌现,三个层面的矛盾纠纷逐渐分化、定型,并提出了不同的法律需求。

1. 物理层的纠纷。网络架构的硬件设施及其物理性能是网络社会的物质基础。这一层面的纠纷只涉及硬件设施和信息传输基础功能,主要

---

* 李占国,浙江省高级人民法院院长。

① 参见张建晓:《困顿与出路:互联网社会发展的历史唯物主义解读》,载《天府新论》2018年第3期。

② 参见张新宝、许可:《虚拟网络,真实主权——基于网络空间主权的网络国际法》,载高鸿钧、申卫星主编:《信息社会法治读本》,清华大学出版社2019年版,第464页。

有两类：一是因网络的物理结构部件产生的纠纷，如计算机、服务器、移动设备、光缆、交换机等相关的各类纠纷。二是因使用网络的信息传输性能产生的纠纷，只涉及信息传输功能，不涉及算法功能，如通过互联网购买商品发生的产品质量纠纷、通过社交媒体侵犯他人人格权，与线下买卖、侵权产生的纠纷并无本质区别。但物理层纠纷仍具有明显的网络属性，网络信息传输造成的后果比传统社会更快、更广，造成的损失可能是传统社会的许多倍。另外，相当一部分物理层纠纷发生在互联网上，适合网上取证、网上审理。因此，物理层纠纷的法律规则虽然与传统社会基本相同，但在适用时必须考虑互联网因素的影响。

2. 规则层的纠纷。网络的规则层是协调管理互联网行为的"法律层"，其至少包括三个方面：认证规则、兼容规则和互联规则，[①]具体表现为各种协议、算法等。这一层面的矛盾纠纷与互联网的使用、发展密切相关，主要有三类：一是创设规则导致的纠纷，主要是以互联网为业的行为人，在其经营、管理、使用的互联网信息系统中创设协议、算法从而产生的纠纷。如互联网平台与其雇用的劳动者（如外卖员、代驾司机等）的派单、导航、限时纠纷，电商平台与商户、消费者相互之间的排名、评价、权限纠纷。二是利用规则导致的纠纷，如利用数据技术过度收集、分析、使用个人信息纠纷，利用爬虫技术自动获取和使用信息纠纷，利用行为倾向分析信息实施"大数据杀熟"等歧视性行为纠纷等。此类行为大多表现为计算机"自动化"实施，线下主体对产生矛盾纠纷的直接行为并不参与，但行为的对象无差别地遍及全网，没有采取技术阻断的用户都有可能受其影响。腾讯与360"扣扣保镖"软件不正当竞争纠纷就是典型案例。三是破坏规则导致的纠纷，如行为人使用技术手段破坏信息安全规则，攻击他人计算机信息系统产生的纠纷；"木马病毒"等"网络黑灰产"导致的纠纷等。网络社会的规则发源于传统社会，其纠纷类型、案件标的、争议焦点与传统社会有着千丝万缕的联系，但网络规则本身的效力及正当性判断已经对治理规则提出了严峻的挑战，不仅涉及当事人双方，还会影响不

① 参见高全喜：《虚拟世界的法律化问题》，载《现代法学》2019年第1期。

特定的多数人利益，纠纷具有集群效应，解纷具有示范效应。

3. 内容层的纠纷。大数据、人工智能可以创制新的算法，其信息处理能力和学习能力超过人类历史上任何物化的存在。人工智能依托大数据计算，获得了模仿人类智能乃至情志的新拓展；而互联网依托人工智能，实现了代码、算法和规则的新拓展。数据的获取和使用正在不断挑战人格权的边界，企业还在为用户数据的归属争论不休，[①]而人工智能“创作”的诗歌已经进入人们的生活、[②]“创作”的作品已经写入法院的判决。内容层的纠纷在多个领域逐渐凸显，目前较为典型的有三类：一是因大数据产品引发的纠纷；[③]二是因云服务引发的纠纷；[④]三是因人工智能“生产”的产品引发的纠纷。[⑤] 随着产品种类的不断丰富，内容层纠纷的数量会越来越多，类型也会越来越复杂，许多领域在现有法律中仍是空白。相比于物理层、规则层，内容层的纠纷是“更纯粹的互联网纠纷”。法律滞后性与网络速变性、法律语言开放性与技术语言封闭性、法律规范周延性与技术领域未知性、法律实现成本高昂性与网络社会纠纷多发性的矛盾日益突出，线下社会治理经验不仅无法移植，反而受到网络社会规则的深刻影响。[⑥]

值得注意的是，以上三种纠纷并非严格的并列关系，同一种行为引发

---

① 参见张新宝、许可：《虚拟网络，真实主权——基于网络空间主权的网络国际法》，载高鸿钧、申卫星主编：《信息社会法治读本》，清华大学出版社2019年版，第466页。

② 参见周源：《华为腾讯数据冲突将成行业常态，个人用户几无存在感》，载网易财经网，https://money.163.com/17/0806/13/CR5KUO5J002580T4.html。

③ “自动作诗AI系统‘九歌’创作的诗歌在中央电视台《机智过人》节目中被观众认为‘最像人作的一首诗’。”参见华宇元典法律人工智能研究院编著：《让法律人读懂人工智能》，法律出版社2019年版，第4页。

④ 杭州互联网法院审理的“淘宝公司与美景公司涉‘生意参谋’数据产品不正当竞争纠纷案”对用户信息、原始数据、数据产品的法律属性和权利归属作出了裁判。参见杭州铁路运输法院民事判决书，(2017)浙8601民初4034号。

⑤ 北京市石景山区人民法院、北京知识产权法院对“乐动卓越公司诉阿里云公司著作权纠纷案”作出完全相反的裁判，并引起了热议，可见各界对此仍未达成共识。参见北京知识产权法院民事判决书，(2017)京73民终1194号。

⑥ 北京互联网法院审理的“北京菲林律所诉百度著作权纠纷案”将人工智能的法律主体资格问题、产品权利类型、归属和司法保障问题首次展现在公众面前。参见北京互联网法院民事判决书，(2018)京0491民初239号。

的纠纷可能因影响社会关系的深度不同而归入不同的类型。以《最高人民法院关于互联网法院审理案件若干问题的规定》第2条列举的案件类型为例:通过电子商务平台购买的产品,因存在产品缺陷,侵害他人人身、财产权益而产生的产品责任纠纷(第8项)属于物理层的纠纷(不涉及互联网规则本身);签订、履行行为均在互联网上完成的网络服务合同纠纷(第2项)、在互联网上侵害在线发表或者传播作品的著作权或者邻接权而产生的纠纷(第5项)、在互联网上侵害他人人身权、财产权等民事权益而产生的纠纷(第7项),则可能会涉及内容层的纠纷;其他案件多属于规则层的纠纷。

(二)网络社会矛盾纠纷专业化对法律发展提出新要求

互联网是信息技术对人类社会改造的产物,网络社会主体的生产工具、行为方式、交互模式有着很强的专业性,矛盾纠纷也逐渐趋于专业化。

1. 网络技术的封闭性挑战民事主体平等原则。互联网社会代码、算法的设置有其目的性,所依托的技术对社会公众具有很强的封闭性,由此产生的"数字鸿沟"会形成传统社会不存在的"数字垄断"和"算法歧视"。目前,大部分网络空间由私人主导,并体现出强烈的商业性,信息技术被更多地用来获取经济利益。面对无比强大的互联网以及处在技术顶端的经营者,所有的用户瞬间成为需要特别保护的"消费者"或"劳动者",甚至在某种意义上成为"商品"。[1]

2. 缔结合同的程式化重构原有的契约行为概念。由服务提供方统一制定格式化的协议、规则成为互联网社会活动的惯例,并逐渐得到法律的认可。[2] 平台公开征求意见、公示等行为与传统的要约截然不同。针对互联网纠纷,法律也认可通过格式合同适当加重经营者义务,如法院对"消费者赔付金"制度的支持和《电子商务法》对"消费者权益保证金"的鼓励即为例证。同时,与"要约"相对的"承诺"也在抽象化。《电子商务法》第48条第2款中规定,在电子商务中可以推定当事人具有相应的民

① 参见高全喜:《虚拟世界的法律化问题》,载《现代法学》2019年第1期。

② 参见胡凌:《超越代码:从赛博空间到物理世界的控制/生产机制》,载《华东政法大学学报》2018年第1期。

事行为能力。这一规定让网上合同的承诺主体很大程度上“形式化”了。互联网服务接受者面对格式合同,一般只能作出“同意”或“不同意”的选择,大多直接勾选“同意”,而忽略协议和规则的具体内容,整个“合意”过程就被抽去了实质内容,只剩下程序意义。

3. 网络空间的无界性翻新原有的法律客体概念。每个法律制度都有其调整的社会关系,也就是“客体”。构成法律关系的要素是权利和义务,线下社会法律关系的焦点主要是财产问题;网络社会的焦点则更多集中在竞争优势、市场地位。法律关系不再局限于“施行者”和“承受者”之间,如具有人工智能性质的软件、数据库“创作”的作品,软件开发者、使用者都被法院认定可以享有特定权益。[①] 同时,作用的方式也从二元的“线性式”趋向多元的“拓扑式”。[②] 如引起社会广泛关注的“人肉搜索”,不仅可以回溯过去,还可以预判未来,搜索的发起者、信息的提供者、行为的传播者之间的各种关系相互交织、相互推动,法律关系更加复杂。另外,互联网“没有顶点,没有中心”,传统以属地为基础的冲突法原则同样受到冲击,正在带动国际私法体系的重大变革。

4. 互联网信息化的属性重塑法律事实的概念。网络社会信息流、资金流、物流的留痕化,纠纷形成的全过程公开化,让“事实”呈现类型化甚至是结构化特征。法律事实趋于透明,证据链的形成可以被机器学习捕捉,司法工作中的“事实认定”将更多依靠认知性而非规范性。[③] 不仅如此,区块链等新技术的深入应用让代码的“自我执行”有了发挥空间,规则的创制、执行、适用在“代码”上实现“三位一体”,即通过技术约束来制定规则、通过系统识别来发现和处置违规、通过自设纠纷化解平台来解决矛盾。这一特性使“客观真实”和“法律事实”之间的张力大大减小,立法更容易出现滞后性。[④]

---

① 参见《电子商务法》第32、34、36条。

② 参见北京互联网法院民事判决书,(2018)京0491民初239号。

③ 参见余盛峰:《全球信息化秩序下的法律革命》,载《环球法律评论》2013年第5期。

④ 参见余成峰:《法律的“死亡”:人工智能时代的法律功能危机》,载《华东政法大学学报》2018年第2期。

网络纠纷的特殊性决定了法律领域必将经历一次深刻的变革。一方面,要调整传统的法律运行机制,在认知层面树立一套与时俱进的法律观,赋予算法、数据、信息等应有的法律地位,进而适应网络社会对传统法律的挑战;[①]另一方面,必须严守总体安全观和风险防范底线,约束和引导互联网主体公平竞争、发展创新,有效打击"网络黑灰产",维护国家、企业和网民的根本利益。但当前司法审判对互联网技术的应用仍主要停留于"在线",对互联网规则的探索仍停留在"个案";互联网审判实务研究主要关注的是"用互联网工具提升审判能力",规则研究多数仅涉及具体法律条文的适用,网络纠纷审判实体规则没有形成体系,审判的专门化程度不足,遇到问题只能单点突破,缺乏整体视角。实务中,有的当事人转而从法律秩序的外部体系入手,寻求理论权威来"说服"法官。[②]"法的形而上学"以这样的方式走出象牙塔,一定程度上反映了审判规则供给的不足。当前,我国法治建设领域处在体制变革磨合期、法治方式转轨期和各界期待提速期"三期叠加"阶段。[③]面对网络社会治理的新需求,标准与应用技术的开发、关键基础设施的安全保障日益受到重视。但法律的问题终究不能靠技术来解决,推动技术与法律的融合,让法律治理从适应技术治理、规范技术治理发展到先于技术治理,是网络社会治理的必然趋势。

(三)网络社会矛盾纠纷特殊性对化解机制提出新要求

1.网络社会诉源治理的要求更加强烈。互联网社会中,时间和空间不再是信息传输的障碍或风险防范的屏障,"重后端稳定,轻前端解纷"的思路与治理需求不符,需要成本更低、效率更高、效果更好的化解矛盾

---

① 参见吴晓璐:《专家业界争议电商法:立法需量体裁衣　防止"一出台就过时"》,载证券日报网,http://www.zqrb.cn/huiyihuodong/2018-07-22/A1532251854598.html。

② 参见高全喜:《虚拟世界的法律化问题》,载《现代法学》2019年第1期。

③ 参见张延来:《网络法战地笔记——互联网法律从业者进阶指引》,法律出版社2019年版,第61~62页。

方式。习近平总书记强调"坚持把非诉讼纠纷解决机制挺在前面",[①]深刻把握矛盾纠纷发展与化解趋势,为互联网纠纷解决体系提供了总的遵循。立足中国"网络大国"的发展实际,主动拥抱新一轮科技革命,建立更加便捷、高效、包容、开放的矛盾纠纷化解制度是时代所需。

2. 纠纷化解的效率要求空前提升。网上信息飞速流动,行为影响迅速蔓延,侵权获利快速扩大,维权面临一系列难题:一是手法隐蔽,取证难。二是证据可以瞬间被有意灭失,存证难。三是花样翻新快,法律定性难。四是损失多样化,数额确定难。五是规避手段多,有效执行难。这就要求在存证认证、行为保全等方面作出快速反应,处置程序用时计算单位需从"月"变到"日",甚至是"时"。

3. 市场主体越来越重视占领"法律制高点"。相比于抽象的法律条文,实务界更关注标杆性案件,企业研究法律规则和挖掘典型案例热情空前,特别是在遇到法律空白时,极力推动有利于自己的典型案例成为"导向牌""标志杆"。[②] 互联网法院、知识产权法院、互联网企业集聚地法院的判决,以及涉及著名企业、个人的判决更受市场关注,折射出社会公众对互联网行为规则的迫切需求以及案例的重要指导价值。

二、网络社会司法治理的正当性基础

(一)网络社会司法治理的法律需求

在以法治为要义的社会治理体系中,无限发展的复杂社会与有限滞后的法律准绳之间必然会有脱节,不能"无缝对接"。信息化、网络化、智能化代表着当今社会的最新发展方向和成果,成文法无论是在准备的广度、深度上,还是在更新的速度上,都无法与网络社会实现同步,一旦纠纷超出现行法律框架,失序和混乱就在所难免。司法作为维护公平正义的最后一道防线,显然不只是对个案的是非曲直进行评判,更是对社会的规

① 参见周强:《坚持以人民为中心的发展思想 大力推进多元化纠纷解决机制和现代化诉讼服务体系建设》,载微信公众号"最高人民法院"2019 年 9 月 24 日,http://mp.weixin.qq.com/s/MbWjppqTt_PsclNc5BTzlA。

② 参见最高人民法院司法改革领导小组办公室、互联网法治研究院(杭州):《互联网法治论坛会议综述》,载《人民司法》2019 年第 34 期。

范指引和宣示,[①]在网络社会治理中担当了规则创新的推动者角色。

有的领域存在立法空白。如未成年人的网络权益规定不周延,2019年《儿童个人信息网络保护规定》明确了14周岁以下未成年人网络信息保护规则,15周岁至18周岁的未成年人被排除在外;网络平台的责任立法未成体系,平台与用户之间的实质平等难以有效保障;网络犯罪尚无清晰的概念界定和明晰的犯罪构成,出罪入罪的模糊地带助长了“网络黑灰产”的蔓延;电子诉讼程序专门立法缺失,电子诉讼的法律地位、电子送达的有效性、电子证据的认定、在线庭审的规则、电子卷宗的属性等一系列规则均不明确,成为深化互联网司法改革的一大“瓶颈”。

有的法律规范缺乏系统性,部门法之间的协调性不足。如《网络安全法》第26条规定了“向社会发布系统漏洞……应当遵守国家有关规定”,但“系统漏洞”并无标准的法律定义,其获取方式、发布方式也无配套规定。2016年袁某使用软件发现某平台网站漏洞并公布,后因涉嫌“非法获取计算机信息系统数据罪”被采取刑事强制措施,涉及“网络安全漏洞挖掘”行为的根本性评价,一度引起网民对“白帽子”(民间善意黑客)群体的热议。[②]

有的法律原则过于抽象,用于实践时有诸多概念需要解释。比如,电商法领域备受关注的“通知—删除”规则,十多年经历了从《侵权责任法》(已废止)第36条第2款的“通知—删除”,到《电子商务法》第42、43条的“通知—采取必要措施(转通知)—反通知—二次转通知—(15日内未回复)恢复”,再到《民法典》第1195、1196条的“通知—转通知(采取必要措施)—反通知—二次转通知—(合理期限内未回复)恢复”的立法变迁,规则本身日臻完善,但其中的“合格通知要件”“初步证据含义”“审查义务判断”“必要措施范围”等问题均非一般网民能准确回答,恶意通知始终如影随形,不容忽视。究其原因,首先是商品链接排名竞争激烈,链接

① 参见张延来:《网络法战地笔记——互联网法律从业者进阶指引》,法律出版社2019年版,第22页。

② 参见赵精武:《网络安全漏洞挖掘的法律规制研究》,载《暨南学报(哲学社会科学版)》2017年第5期。

的商业价值凸显,行为人滥用规则进行不正当竞争或者控制渠道的动机较以往更为强烈。而“反通知”终止必要措施的效果不能立即实现,在瞬息万变的平台竞争中,很可能导致被通知人错失商机,利益影响极大。其次是被通知人需要耗时费力才能获得赔偿救济,即使胜诉,损失也难以准确计算,导致通知人对他人造成的损失不能被有效内部化,恶意通知不能得到有效遏制。①

(二)网络社会司法治理的制度基础

我国《宪法》规定,人民法院是国家的审判机关,依照法律规定独立行使审判权。《民法典》第 10 条规定,处理民事纠纷,应当依照法律;法律没有规定的可以适用习惯,但不得违背公序良俗。不得拒绝裁判是司法的首要义务,②即法院必须对民事纠纷作出裁判,即使法律没有规定也不例外。司法要协调法律文本和社会现实,法官既要站在立法者的立场上对法律“是什么”进行阐释,也要站在裁判者的立场上对确保个案正义的法律“应当是什么”进行阐释。③ 与行政监管“法无明文授权不可为”相比,司法可以依托特有的程序、公信和权威,与互联网智能化社会相适应。审判作为高度专业化、职业化的法律适用过程,在法律发现到法律推理的过程中,法律解释、法律论证、价值衡量、漏洞补充等方法发挥了重要作用。④ 对不存在直接可适用的法律规定的案件,法官或者运用法律解释方法,在法律条文和原则之间寻求互证互补以“发现”规则,或者运用类推适用、反对解释、目的性扩张、目的性限缩等法律漏洞填补方法以及不确定性概念的价值补充方法、利益衡量方法来“发展”规则,并在实践完善的基础上泛化到类案裁判,为新的社会行为提供规则引导、为立法的变革更新提供规则资源。

---

① 参见浙江省高级人民法院联合课题组:《关于电商领域知识产权法律责任的调研报告》,载中国法院网,https://www.chinacourt.org/article/detail/2020/03/id/4871104.shtml。

② 参见孙海波:《司法义务理论之构造》,载《清华法学》2017 年第 3 期。

③ 参见李树民:《裁判职责的元点:一元论还是二元论》,载《华东政法大学学报》2019 年第 4 期。

④ 参见陈金钊:《司法过程中的法律方法论》,载《法制与社会发展》2002 年第 4 期。

（三）网络社会司法治理的社会动力

融合“法治”与“智治”虽不是司法的特有功能，但司法程序的规范性、审判流程的结构化、裁判结果的可预期为法治融合智治提供了最好的土壤。近年来，中国互联网司法在创新诉讼模式推进程序之治、形成裁判规则推进行为之治、调动治理资源推进协同之治方面进行了不懈努力，向社会纠纷前端展现了大规模、批量处理矛盾纠纷的能力，为契约精神赋能、补强，发挥了司法的“悬剑效应”；为信息流动的内容和形式提供了规范、引导，强化了社会互信的基础，促进平台提升了自治能力，让人民群众的获得感更加直接。首先，网络司法有效优化了营商环境。“执行合同”是评估营商环境的重要标准，其中包括司法效率、司法成本、信息化程度等具体指标。随着网络司法的大力推进，我国诉讼信息化程度位居世界前列。世界银行发布的《2020 年营商环境报告》显示，中国“执行合同”指标排名全球第五，其中“司法程序质量指数”指标连续两年全球第一，[①]体现了网络司法维护稳定公平透明、可预期营商环境的重要作用。其次，网络司法有效降低群众维权成本。全流程在线审理模式让老百姓打官司“零在途时间”“零差旅费用”，真正实现“一次都不用跑”就了结官司。据杭州互联网法院统计，平均每一个案件为当事人节省开支近 800 元、节约在途时间 17 小时，特别是该院首创的异步审理模式，使当事人可以将原本无价值的碎片化时间用来进行更高价值的诉讼活动，诉讼成本几乎被降至最低。[②] 最后，网络司法高度公开透明，审判流程对当事人全面公开，网上庭审、裁判文书依法向全社会公开，充分满足社会公众对司法的知情权、参与权和监督权。

三、网络社会司法治理的现实探索与实践成效

矛盾纠纷和司法审判同处在信息化、智能化巨变当中，网络司法的平台向综合性、全程化不断延伸，司法对网络社会规则治理、协同治理、技术

---

① 参见《上海：推进法治化营商环境建设取得成效》，载中国法院网，https://www chinacourt. org/article/detail/2019/10/id/4591379. shtml。

② 参见段厚省：《远程审判的程序正当性考察——以交往行为理论为视角》，载《政法论丛》2020 年第 2 期。

治理的作用日益突出。

(一)司法参与网络空间治理的探索

1. 司法为网络社会提供治理规则。浙江是数字经济的先行区,全国70%的电子零售商、60%的电子商务都是依托浙江平台开展业务,①大量涉网纠纷涌入司法领域,倒逼司法走上互联网、尝试数据化。从2011年杭州西湖法院试水网上立案、调解,到2015年杭州四家法院成立"电子商务法庭",再到2017年杭州互联网法院挂牌成立,互联网司法从点到面发展,背后的支撑是互联网司法治理的理念规则、制度规则相互促进、同步创新。

一方面,网络思维不断推动司法理念创新。"法院可以在网上、可以无纸化、可以跨时空"是浙江法院为网络社会司法治理贡献的三大理念。"法院可以在网上"源于网络的"去中心化",杭州互联网法院通过技术手段,破解了诉讼主体身份确认、送达、电子证据认定、行为控制等在线审理难题,让"网上案件网上审"有了实现基础。"法院可以无纸化"源于网络的"去中介化",杭州互联网法院搭建网上诉讼平台、在线调解平台、电子证据平台、电子送达平台、网上执行平台和审判数据平台,让数据在审判中自由流动。"法院可以跨时空"源于网络的"去边界化",杭州互联网法院首创异步审理模式,完全抹去空间限制、适当虚化时间限制,当事人在诉讼各环节均可按规定期限,各自选择时间登录平台,以非同步方式完成诉讼。2018年,浙江全省推广"移动微法院",实现一个手机连接三级法院,立案、送达、调解、庭审、执行等20余项诉讼业务全流程网上办理。系统以"一案一空间"的形式,为每个案件设立了独立、规范的运行流程,法官和所有诉讼参与人均可利用碎片化时间异步参审。② 司法治理走进了手机,也就走进了网络社会的神经末梢,展现出司法深度参与网络治理的重要作用:一是当事人足不出户打官司,诉讼维权成为网络生活方式的一

---

① 参见《六个词告诉你世界互联网大会为啥选在乌镇》,载新华网,http://www.xinhuanet.com/world/2016-11/19/c_129370461.htm。

② 参见肖建国、丁金钰:《论我国在线"斯图加特模式"的建构——以互联网法院异步审理模式为对象的研究》,载《法律适用》2020年第15期。

部分。二是证据从电商平台“一键式引入”,有力补强数字信任理念。三是诉讼行为逐渐结构化,在解纷方面缩小“数字鸿沟”,促进网络公平利用。

另一方面,司法裁判逐步织密网络社会规则。社会是由人和环境形成的关系总和,物质资料的生产方式是社会存在和发展的基础,网络社会的生产主要表现为数据、信息的生成及其流转。司法为网络社会特殊的“产品”(数据产品)探索价值规则:2018 年的“淘宝诉美景公司大数据产品不正当竞争案”,[①]杭州互联网法院首次确立“网络运营者开发的数据产品”具有竞争性财产权益,该权益虽不是所有权、使用权等为现行立法所确定的民事权利,但仍服从“劳动价值论”的基本原则,对网络社会运行具有根本性、起始性规范作用。司法为网络社会特殊的“生产工具”(架构、技术等)探索治理规则:2019 年的“刀豆诉腾讯等侵害作品信息网络传播权案”,[②]杭州互联网法院深入网络社会的规则层、内容层,对基础性网络服务者的权利义务、数据在网上存储与运行模式对行为责任的影响、“通知—删除”规则的立法目的和合理适用等问题明确规则,特别是触及网络社会高度关注的“技术中立”问题,对公平竞争、权责一致的网络生态建构具有重要意义。司法为网络社会特殊的“人格形态”(个人信息)探索治理规则:2020 年,北京互联网法院审理的“微信读书案”,[③]从兼顾传统社会的“人格权保护”与网络社会的“数据合理利用”两个价值导向,为网上个人信息提出“合理隐私期待维度”标准,把个人信息分为符合社会一般合理认知下的私密信息、不具备私密性的一般信息和兼具防御性期待和积极利用期待的个人信息三类,认定“尚未达到对用户人格刻画程度”的信息不构成隐私信息。同时认定,向当事人“好友”公开个人网络信息构成对信息权益的损害,从而对分散的“信息点”怎样形成完整的“人格面”形成了判断路径。

2. 司法积极参与网络社会协同共治。司法作为现存维持社会健康运

① 参见杭州铁路运输法院民事判决书,(2017)浙 8601 民初 4034 号。
② 参见杭州互联网法院民事判决书,(2018)浙 0192 民初 7184 号。
③ 参见北京互联网法院民事判决书,(2019)京 0491 民初 16142 号。

行的底线方式,在网络社会治理中发挥重要作用。其行为指向性与价值引导性是网络社会稳定前行的桥梁,在连通网络社会协同共治体系上扮演着重要角色。

第一,司法借助多元主体联合能量输出实现协同治理的增量。面对网络社会新矛盾类型,司法积极探索多元主体协同合作化解模式。随着司法能动性的增强,大量不宜由司法直接解决的涉网案件,可以通过与公私机构之间的合作实现协同解纷。如广州互联网法院联合行政部门、高校、行业协会、律所等30余家单位,建成“1+N”共治联盟,增强司法建议等“柔性手段”的刚性效果。杭州互联网法院智能合约将行政机关、公证机关、存证平台等纳入共同开发监管体系,一旦违约达到预设标准,自动转入司法流程,打造良性有序的协同生态圈。

第二,司法贯穿多维空间开展零距离治理的协同防御。线上线下协同治理方面,完善特殊主体的线下立案庭审、部分书证物证的线下核验、部分证据的法院调查、部分财物的线下执行措施,根据案情特点将线下和线上流程相互呼应,共同完成司法程序。区域司法协同治理方面,司法突破网络案件管辖的行政区域边界,创新探索适应网络社会的管辖“连接点”。跨境协同治理方面,法院建立完善跨境案件集中办理平台,成立“跨境贸易法庭”,形成与输出相关国际管辖规则和裁判规则,推动诉讼制度乃至整个国际私法体系创新。

第三,司法多手段协同参与网络社会治理。浙江省承担了中央社会治安综合治理委员会赋予的“矛盾纠纷多元化解一体化网络平台”创新试点项目,构建了在线矛盾纠纷多元化解平台,基于实时数据处理和消息队列技术,对各类纠纷信息进行分解和导流,实现纠纷资源的实时分配和调度,促进了解纷模式的智能化,为网络社会治理构建了逐层消化分流、科学系统的漏斗式社会解纷“过滤网”。杭州互联网法院通过在线调解平台,整合各类解纷资源,引入人民调解委员会、中国互联网协会调解中心、百度人民调解委员会、新浪人民调解委员会等调解组织,并突破传统规则限制,增设前置调解程序。司法还可以基于治理手段的强制性促进社会信息资源的整合,围绕案、人、时、地、物、证、场所等基础信息数据,通过系统核查、案件串并、轨迹分析、网上布控等途径,提高司法效率;挖掘社会信用体系潜能,通过信用评价、信用惩戒来更全面、更柔性地规范网络主体行为,促进网络社会信用体系的完善。

3. 司法与科技融合为网络社会治理赋能。人民法院运用最新的技术工具提升司法能力,探索重构网络司法制度内的权利分配和程序设计,让司法规则接纳互联网规则、司法内容涵盖互联网内容、司法效率跟上互联网效率。

第一,用区块链技术解决网络纠纷化解难点。网络空间主体身份的隐匿性和电子数据存储形态的虚拟性,让纠纷化解面临着身份和行为辨识两大难点。2018 年 6 月,杭州互联网法院首次确认了利用区块链技术存证的电子证据法律效力,①同年 9 月上线全国首个司法区块链平台,分基础节点层、可信执行环境层、接入层、行业层和应用层 5 个层级,通过时间、地点、人物、事前、事中、事后 6 个维度解决数据生成、清洁、完整问题,为纠纷化解提供可信时间、验证可信身份、记录可信行为。截至 2020 年 8 月,杭州互联网法院司法区块链已经接入"中国网络作家村""西湖龙井"等底层节点 27 个,上链数据 51.1 亿条。

第二,用人工智能技术提高网络纠纷化解的效率。浙江省高级人民法院选择民间借贷、网络购物、公安交通行政处罚三类案件作为突破口,通过开发模拟法律思维的"专家系统"和机器"深度学习"两条技术路线进行探索,完成了知识图谱构建,2018 年在实验室环境中实现全流程智能审判。2019 年 5 月,浙江法院"凤凰金融智审"系统成功办结第一起金融借款纠纷案件;同年 12 月,成功办结第一起民间借贷纠纷案件,智能审判从实验室走向"田野",在宁波镇海等地推广应用,为公众提供便捷的在线场景、高效的处置程序、智能的回馈机制。

(二)网络社会司法治理的实践成效

1. 网络主体权利义务规则更加清晰。

第一,引导网络企业承担法律义务。司法在个体利益与公共利益之

① 参见杭州互联网法院民事判决书,(2018)浙 0192 民初 81 号。

间寻求平衡，按照使用网络的技术能力、可能获得的利益、可能造成的威胁等因素，引导企业承担相应义务，促进网络空间的公平合理利用。首先，企业不能通过把必要管理成本转嫁给社会等做法而获得利益。[①] 否则，就是在以“互联网无限广阔”之形，来破坏社会长期发展形成的“劳动风险社会分担”之实，而后者正是维系规模化生产的必要条件。其次，企业应对其获取、保存、使用的信息负有更高的注意义务。在大数据环境下，原来单个的、孤立的、可以公示的个人信息一旦被收集、提取和综合，就完全可以与特定的个人相匹配，从而形成某一特定个人的详细而准确的整体信息。这些整体信息如被任意泄露扩散，个人的隐私将遭受巨大威胁。[②]《消费者权益保护法》第 29 条中规定，经营者应当采取技术措施和其他必要措施，确保信息安全，防止消费者个人信息泄露、丢失。经营者违反规定对应当知晓的系统漏洞不采取有效措施，存在疏于防范的过错，可能构成侵权。[③] 企业掌握的“权利信息”同样应当是“责任信息”，如果企业从信息创作者那里获得了知识产权、所有权，自然应对因该成果产生的法律后果承担相应责任。[④] 最后，企业应尊重他人保护数据的边界设定。软件著作权人对软件所包含的信息数据的占有、使用、收益及处分享有合法权益。未经权利人许可，任何人不得非法获取该软件的后台数据并用于经营行为。用爬虫技术爬取向公众免费提供的数据，如果用于同类应用程序经营，会破坏他人的市场竞争优势，进而破坏市场秩序。[⑤] 非法在计算机信息系统中增加数据，妨害正常管理秩序的行为还可能构成破坏计算机信息系统罪。[⑥]

第二，合理界定网络主体法律责任。互联网纠纷大多涉及代码规则

---

① 参见鲁楠：《科技革命、法哲学与后人类境况》，载《中国法律评论》2018 年第 2 期；陆敬波、孙天锋：《新经济形态下的用工关系——评全国首例涉代驾软件交通事故案》，载《中国法律评论》2018 年第 6 期；北京市海淀区人民法院民事判决书，(2017)京 0108 民初 53634 号。

② 参见北京市第一中级人民法院民事判决书，(2017)京 01 民终 509 号。

③ 参见北京市第一中级人民法院民事判决书，(2017)京 01 民终 509 号。

④ 参见北京互联网法院民事判决书，(2018)京 0491 民初 935 号。

⑤ 参见中华人民共和国最高人民法院编：《中国法院的互联网司法》，人民法院出版社 2019 年版，第 50 页。

⑥ 《2019 年互联网法律大会十大案例》，载微信公众号“数字法学”2020 年 1 月 1 日，http://mp.weixin.qq.com/s/E7m4b4LOmXWaHz-zCS_eWw。

的运用,但不同群体对代码规则的依存度、影响力差别很大,承担的法律责任也应有所区别。一方面,区分“具体网络服务提供者”和“底层网络服务提供者”的法律责任。原《侵权责任法》规定了“网络服务提供者根据通知采取必要措施”的规则,其中最令人关注的是“通知—删除”规则。不同类型的网络服务商提供服务的方式、技术各不相同,既有具体的网络服务(如视频网站、电商平台等),也有底层网络技术服务(如网络接入、数据中心、网络架构协议等),后者与加在其上的具体行为没有直接联系,从其商业性质、技术性质来看,并不完全具备“通知—删除”规则的适用条件。以云服务器租赁服务为例,因其技术特征、法律规定、行业监管等方面不同于自动接入、自动传输和自动缓存业务,在技术上也不能针对具体信息采取删除、屏蔽、断开链接等措施,而“关停服务器”或“强行删除服务器内全部数据”的严厉程度远超过删除、屏蔽、断开链接,可能会对云计算行业乃至整个互联网行业带来严重影响,故不适合“通知—删除”规则。① 然而,权利人确定底层服务的提供者比具体行为人更加便利,如不对底层服务者“采取必要措施”的义务进行适当限制,其权利义务可能会失衡。另一方面,区分消费者、同业竞争者、网络媒体的法律责任。消费者对商品或服务质量享有公正评论的权利,在网上发表评价本身不违反法律规定。只要不存在虚构事实、恶意诋毁等情形,经营者应当容忍对其服务本身的评价,无权要求网络服务提供者删除评论。消费感受因人而异,负面评价如无证据证明系虚构事实的诽谤、诋毁等侵权行为,不应当适用原《侵权责任法》第 36 条第 2 款“通知—删除”规则。② 即使与客观事实存在一定差异,但并未有诋毁、诽谤等以借机达到某种非法目的而损害名誉的主观恶意行为,也不应属于侵权行为。③ 竞争者为竞争目的对他人进行商业评论或批评,尤其要善尽谨慎注意义务,发表的内容应当客观、真实、公允、中立、合理、正当,如果超出正常的商业评论范畴,则构成

① 参见北京知识产权法院民事判决书,(2017)京 73 民终 1194 号。
② 参见北京市第三中级人民法院民事判决书,(2016)京 03 民终 849 号。
③ 参见江苏省南通市通州区人民法院民事判决书,(2018)苏 0612 民初 2019 号。

商业诋毁。[①] 除了虚构事实，还有片面陈述真实事实而容易引人误解的情形即“虚伪事实”，无证据证明的否定性断言也属于“虚伪事实”。[②] 网络媒体报道或者评论不仅应客观中立，还应当综合呈现多方意见。公共媒体报道、评论未全面听取各方当事人意见、客观反映事实，以确定性、批评性口吻陈述相关结论，对片面事实夸大，引导读者对尚无确证事实产生确定性结论的做法可能构成侵权。自媒体平台应综合考虑行为人的职业、影响力及发布和传播方式等因素来界定发布信息的注意程度。如果行为人系纯粹的旁观者，对发布内容进行了核查，不存在侮辱性内容和与常理不符的情况，一般不构成侵权；如果行为人因参与行动，成为发布内容的知情者、相关者，则应当承担更高的注意义务，包括确定发布信息有合理的事实依据等。[③]

第三，提升网络司法的程序效益。诉讼程序是实现当事人合法权益的司法制度体系，价值取向对诉讼程序的运转具有引领作用。[④] 随着民事诉讼制度不断发展，程序公正与效益的关系越来越受到关注。互联网纠纷触及网络架构的规则层，全部或大部分行为要素在网上完成，背后是高速度、无界限、自动化运行的程序、代码、算法，解决纠纷的效率与公正诉求融合度更高，司法程序的效益价值更加突出。从事互联网活动，特别是以互联网活动为业的人，在行为时遵循互联网规则，在诉讼时也应当遵循互联网审判的规则。《最高人民法院关于互联网法院审理案件若干问题的规定》第 1 条规定，互联网法院采取在线方式审理案件，诉讼环节一般应当在线上完成，明确互联网法院审理案件以在线审理为原则。杭州互联网法院在互联网司法改革中先行先试，完善在线审理规程、在线诉讼规范；首创异步审理模式，打破涉网诉讼的时空限制；探索前置调解、繁简分流程序，有力推动在线诉讼规则体系逐步完善，实现互联网司法实践成

① 参见最高人民法院民事判决书，(2013)民三终 5 号。

② 参见曹士兵主编：《互联网纠纷案件裁判规则(一)》，法律出版社 2019 年版，第 25～27 页。

③ 参见胡思博：《我国当前司法环境下民事诉讼程序价值的保障力度与限度》，载《法学杂志》2017 年第 7 期。

④ 参见胡思博：《我国当前司法环境下民事诉讼程序价值的保障力度与限度》，载《法学杂志》2017 年第 7 期。

果有效转化为程序规则和长效制度。在总结实践经验的基础上,最高人民法院大力推进“互联网+诉讼服务”,着力打造“一站式”多元解纷机制和“一站式”诉讼服务中心,推动形成线上线下相融合、诉讼与非诉讼解纷机制相衔接的诉讼服务体系。目前,网上诉讼尚在“普遍化”推开阶段,有些案件并非网络规则层、内容层纠纷,只能采取阶段性在线审判;[①]有的案件当事人因提交的证据涉及商业秘密,对全程在线诉讼还有疑虑。随着网络纠纷案件的类型化构建逐渐定型、5G乃至更高质量的网络环境逐渐实现、区块链等促进网络安全的技术手段逐渐落地,电子诉讼的软硬件将更加完善,“网上纠纷网上审”将成为基本方式。

2. 网络生态健康发展规则更加明确。

(1)建立和维护数字信任。数字世界中,人们基于主体身份可识别、可认证,行为轨迹可留痕、可追溯的特点,对自身行为的利弊形成预期,这一过程即“数字信任”。提升对数据管理、数据使用以及衍生技术的信任是数据治理的重要目标,[②]司法审判应秉持数字信任理念,夯实网络社会的信用基础。

第一,通过审判探索算法效力标准,推动建立数字信任。信任正当的代码规则得出的合理结论,是互联网行为,特别是数字经济赖以存在的基础。如电商交易数据对消费者而言是重要的决策参考,对商家而言是良好信誉的基础,于平台而言是影响商誉的关键。海量的电商交易无法人工一一识别,依靠系统自动识别必然涉及一定的算法规则。在系统识别的虚假交易具有高度盖然性,且商户无法作出合理解释的情况下,法院判定存在虚假交易,并支持平台依据约定规则进行处罚,[③]从正反两个方面规范此类规则运行。在审理此类案件过程中,法院针对算法结果和当事

① 参见胡佳佳:《服务e起来 当事人诉讼“易”起来》,载《人民法院报》2019年1月29日,第5版;《“睿法官”上线为法官减负》,载搜狐网2019年5月10日,http://www.sohu.com/a/232873122_161623;陈甦、田禾主编:《中国法院信息化发展报告(2019)》,社会科学文献出版社2019年版,第96页。

② 参见沈岿:《数据治理与软法》,载《财经法学》2020年第1期。

③ 参见杭州市中级人民法院民事判决书,(2016)浙01民终7362号;上海市长宁区人民法院民事判决书,(2018)沪0105民初6389号。

人质疑逐一引导举证、质证,[①]在我国算法治理体系尚在形成、发展的背景下,运用审判程序探索平衡"系统在概率理论基础上依据预先设定的逻辑的判定"与"当事人对算法结果合理质疑"之间关系的标准。

第二,通过保护交易双方对数字化意思表示的信任,预防和惩戒数字欺诈。数据流量有巨大的商业价值,也有重要的信用价值。立法用不正当竞争制度保护数据源头主体利益,用消费者权益保护制度保护网民知情权和自主选择权,用广告法上的虚假宣传制度维护公共领域信息环境,用合同法上的违约制度维护新业态投资者利益,都是为了促进网络社会信任。如消费者基于对网购的一般认识,把销售者在网站上标注的价格作为销售价格要约具有合理性。[②] 对其予以支持,有助于稳定消费信心、维护市场秩序,也有利于敦促互联网经营者革新相关技术、规范经营行为。[③] 而具有欺诈性的"暗刷流量"行为不仅破坏正当的市场竞争秩序,还会污染数字环境,侵害不特定多数网络用户的利益,法院不仅应对行为本身作出否定评价,更要坚持"任何人不得因违法行为获益"的法律原则,收缴不当获利,平抑被损害社会公共利益。[④]

第三,通过审判引导平台企业依法履责,推动弥合"数字鸿沟"。平台是互联网经济的天然优势方,是合作关系中最大的受益者,收获的不仅是信息费,还有眼球经济背景下积累起来的人气、品牌、商誉等。[⑤] 法院直面新业态衍生出来的劳动关系认定、风险分配等法律和社会问题,明确以互联网方式用工没有改变劳动者从属性的实质,不能因工作内容和方式灵活、当事人约定不同、相关配套制度不全而否认存在劳动关系,[⑥]从而否定网络平台利用规则设计在自己和劳动者之间划出"鸿沟"。

第四,通过审判促进技术融合,有力补强数字信任。区块链是保障数

---

① 参见杭州互联网法院民事判决书,(2018)浙0192民初8906号。

② 参见北京市第三中级人民法院民事判决书,(2018)京03民终5565号。

③ 参见曹士兵主编:《互联网纠纷案件裁判规则(一)》,法律出版社2019年版,第219页。

④ 参见北京互联网法院民事判决书,(2019)京0491民初2547号。

⑤ 参见陆敬波、孙天锋:《新经济形态下的用工关系——评全国首例涉代驾软件交通事故案》,载《中国法律评论》2018年第6期。

⑥ 参见北京市海淀区人民法院民事判决书,(2017)京0108民初53634号。

字信任的一项核心技术。“存证”是业内公认的区块链容易落地的应用场景,《最高人民法院关于互联网法院审理案件若干问题的规定》第 11 条肯定了区块链等存证手段在司法审判中的应用。作为首家互联网法院,杭州互联网法院在区块链司法应用方面率先探索,上线全国首个司法区块链平台,①判处了全国第一个区块链案例、②第一个司法链案例,③上线了全国首个区块链智能合约司法应用,打造网络行为“自动签约——自动履行——智能立案——智能审判——智能执行”的全流程闭环,通过司法治理机制设计和纠纷兜底处置助推智能合约的执行,构建契约履行新形态,推动网络信用体系再造。

(2)保障网络技术健康发展。需求不断扩大和不断满足的循环往复是人类社会发展的动力。网络司法坚持“繁荣进步”价值导向,肯定和发挥技术成果的社会价值。一方面,通过审判促进技术的革新。2019 年 4 月,北京互联网法院审理的“北京菲林律所诉百度案”④引起社会强烈反响,被称为“中国首例人工智能生成内容著作权案”。⑤ 法院认可人工智能“创作”的文字作品具有一定的独创性,应当予以保护,并创造性地提出关于署名问题的“两个标注”路径,对《著作权法》规定的享有著作权主体和内容作了目的性扩张,推动了法律续造,填补了人工智能“作品”裁判规则空白。另一方面,通过审判发挥技术的社会价值。如杭州互联网法院在“徐某诉芝麻信用隐私权纠纷案”中,判决经用户同意收集政府、法院等国家机关依法在互联网公开的信息,并反馈给用户的行为不侵犯隐私权,明确了数字资源合理利用和个人征信数据滥用的边界,支持社会治理数字成果发挥更大的作用。⑥

---

① 该区块链平台共分基础节点层、可信执行环境层、接入层、行业层以及应用层五个层级,通过可信链接服务实现电子证据的全流程记录,全链路可信,全节点见证。截至 2020 年 2 月,存证量突破 32.9 亿条。

② 参见杭州互联网法院民事判决书,(2018)浙 0192 民初 81 号。

③ 参见杭州互联网法院民事判决书,(2018)浙 0192 民初 9655 号。

④ 参见北京互联网法院民事判决书,(2018)京 0491 民初 239 号。

⑤ 参见《人工智能生成报告有没有著作权》,载新华网,http://www.xinhuanet.com/tech/2019-05/29/c_1124555058.htm。

⑥ 参见中华人民共和国最高人民法院编:《中国法院的互联网司法》,人民法院出版社 2019 年版,第 33 页。

（3）促进网络社会协同共治。最高人民法院印发的《全国法院民商事审判工作会议纪要》第31条规定，违反规章一般情况下不影响合同效力，但该规章内容涉及金融安全、市场秩序、国家宏观政策等公序良俗的，应当认定合同无效。人民法院在认定规章是否涉及公序良俗时，要在考察规范对象基础上，兼顾监管强度、交易安全保护以及社会影响等方面，进行慎重考量。该条规定虽未提及“互联网”，却蕴含了互联网审判与监管协同共治的重要经验。实践中，司法通过学习吸收监管标准来丰富和完善裁判规则。第一，采取弹性的、可变化的裁判规则。有的是为了适应网络社会权利义务的特殊情况，如“通知—删除”规则为瞬息万变的电商市场设定了快捷便利的保全规则，但利用规则恶意投诉导致他人丧失商业机会可能构成不正当竞争。[①] 有的是为了适应网络社会技术发展实际情况，如目前cookie技术收集、利用匿名网络偏好信息，用于“精准推送”类信息产品，不能与网络用户个人身份对应识别，因而不构成侵犯隐私权。[②] 换言之，如果将来类似技术能够与个人身份识别相对应，就具备了“可识别性”要求。第二，在裁判中引入具体监管标准。如针对互联网经济领域“相关市场”界限不明确问题，法院依据《国务院反垄断委员会关于相关市场界定的指南》，运用“从需求者角度进行需求替代分析”的方法[③]作出裁判。针对新型网络传销问题，法院支持了行政机关对以网络营销名义发展上下线行为的处罚决定。[④] 针对共享单车押金纠纷，法院支持了消费者委员会对单车使用押金权利归属关系的主张，并判令企业公开披露押金信息。[⑤] 第三，对一些法律概念进行目的性扩张或目的性限缩，为裁判规则留出“继续学习”的空间。如法院对“著作权人”的概念、对人工智能“创作”的作品采取目的性扩张，保护软件开发者、使用者

① 参见杭州市余杭区人民法院民事判决书，(2016)浙0110民初11608号。

② 参见中华人民共和国最高人民法院编：《中国法院的互联网司法》，人民法院出版社2019年版，第33页。

③ 参见深圳市中级人民法院民事判决书，(2017)粤03民初250号。

④ 参见中华人民共和国最高人民法院编：《中国法院的互联网司法》，人民法院出版社2019年版，第34页。

⑤ 参见广州市中级人民法院民事判决书，(2017)粤01民初445号。

包括标注名称在内的一定利益。对“网络服务合同”的内容则采取目的性限缩，对看似金钱交易行为的“直播间打赏”，因没有具体的服务项目约定，而认定为赠与行为。①

四、网络社会司法治理的发展趋势展望

网络社会司法治理是在各种不同的制度关系中运用权力去引导、控制和规范公民的各种活动，以增进公共利益。面对尚未完全掌握的网络社会及其规则，司法应当秉持“积极的存疑态度”，充分重视技术理性与制度理性的耦合性，以高度的包容性逐渐实现传统司法的自我超越。

（一）将互联网思维融入司法改革发展

时代的发展将司法带入了互联网，法院、当事人、律师、其他司法服务对象之间的沟通关系构成了网络司法的“小社会”，司法的基础理念、组织架构、运行模式等方面的改革中都应融合互联网思维、适应互联网发展。

1. 司法基础理念中的互联网思维：网络主权与网络生态。司法是一项国家权力。相比于其他案件，互联网案件的管辖和审判更接近国家主权领域，更能体现司法权的主权内涵。最初的网络治理以自治为主，在法治化形成的对内统治性和安全化形成的对外排他性的双重作用下，主权原则回归网络，并对全球互联网治理带来深刻影响。② 目前，很多国家都在积极探索互联网司法审判规则，有的国家甚至在推行长臂管辖原则。完善网络司法治理，是网络强国战略的必然要求，有利于维护我国网络空间主权、提升我国互联网司法治理的国际影响力、增强我国在互联网应用和发展中的国际话语权和规则制定权。司法是一种社会治理方式。司法思维连接立法与生活，推动两者认知的良性循环和互动，为网络依法治理搭建共同的话语平台。司法的核心价值是定分止争的权威性、公信力，应依托网络平台发挥司法优势、衍生司法服务，建立“一站式”多元解纷和诉讼服务体系，巩固平等、开放、共建、共享的网络生态圈。

2. 司法权力运行中的互联网思维：深度学习与迭代创新。深度学习

---

① 参见广州互联网法院民事判决书，(2018)粤 0912 民初 3 号。

② 王明国：《全球互联网治理的模式变迁、制度逻辑与重构路径》，载《世界经济与政治》2015 年第 3 期。

是互联网发展的动力。人工智能的深度学习必将催生新的法律共识机制和确权手段,维权的诉求也随之网络化,更加强调互联网行为能力的限制,如降权、限权等。司法审判对这些新的法律共识机制、确权手段应当秉持开放、吸收的态度,加快推进智慧法院建设,用信息系统的深度学习带动法院整体的深度学习,推动全方位智能化辅助办案、司法运行智能化监督管理、各部门智能化协同办案,加快探索案件司法判断智能化的实现路径。迭代创新是互联网发展的路径。"迭代"是一个持续重复反馈、不断接近和实现目标的过程。网络司法的迭代创新,应当坚持用户思维,以明确的法定职权、高度的司法公开强化当事人的信任和认同;坚持简约思维,力求选择渠道多、解纷速度快;坚持极致思维,通过快速反应、智能回馈,更好地满足个性化司法需求。

3. 司法组织建设中的互联网思维:审级协调与数据赋能。互联网审判的工作机制应当上下协同。审级监督是司法权运行的重要特征,不同层级的法院在审理互联网案件时,均应融合互联网思维,让审判的新理念、新方法一以贯之,强化互联网审判的程序整体性、规则统一性、效力终局性,避免出现一审法院走进网络、二审法院回归传统的现象。海量的司法数据是社会治理资源的宝藏富矿,运用大数据优化网络治理需要司法的眼光、司法的行动。随着互联网司法的深化发展,应健全完善人民法院的大数据分析平台、分析团队,深度挖掘整理矛盾纠纷的特征表现、法官判断的考量因素、司法裁判的规则创新,探索完善开放的数据共享制度,让司法数据发挥出服务社会治理的战略价值。

(二)保障和监督网络监管有效实施

作为控制市场行为的两种可选体系,司法诉讼与政府监管在历史上一直如影随形,共同发挥作用。① 网络社会一日千里,新的问题层出不穷,立法滞后更加明显,行政监管的手段和方法既是司法的规则资源,也是监督对象。

---

① 参见胡颖廉、李宇:《监管型国家制度变迁的动因和特征》,载《中国行政管理》2012 年第 8 期。

1. 借鉴网络监管重点明晰司法治理目标。在网络社会依法治理的层面上，司法与行政有着共同目标。中国的网络行政监管始于互联网接入之初，国务院 1996 年就已出台首部网络监管行政法规。[①] 梳理 26 年来的网络监管实践，结合近年国内外政府、产业界以及社会公众对于互联网的核心关切，未来我国互联网监管的重点主要有以下几个方面：一是不断健全基础网络安全体系和安全监管机制。二是进一步理顺政府与网络平台关系，探索协同治理模式。三是厘清监管部门之间的职责分工，加强监管合作。四是继续探索大数据与智能化时代的网络内容层监管规则。[②] 行政监管的重点代表了网络矛盾的焦点，可以作为当前和今后一段时期网络司法治理的目标。

2. 借鉴网络监管规则充实司法治理规范。行政监管深入网络治理一线，对社会需求、社会反应、社会危害更为敏感，经过实践验证的规则和方法对网络司法具有借鉴意义。近年来，我国不断加大网络专门立法力度，已出台各类文件 100 多件，多数是部门规章和行政规范性文件。不少文件为互联网行为设定了实体规则，包括网络活动主体身份识别规则、信息流动规则、协助监管规则、行业自律规则等。司法以审理案件为手段，对行业形态、市场状况的了解多是“碎片化”的，应当对行政监管的制度规范加强研究，避免对网络行为社会影响的错误判断。[③]

3. 发挥司法治理功能监督规范网络行政监管。任何监管机制都不能摆脱“失灵”的问题，司法应秉持尊重与监督并重的原则。一方面，用司法建议等形式，向行政机关输出裁判规则，防止因监管规则的制定耗时费力导致的监管落后；另一方面，依法准确认定合同效力，避免因过于严格的监管标准给企业带来高昂成本，降低企业市场竞争力和创新动力。

---

① 即《计算机信息网络国际联网管理暂行规定》（国务院令第 195 号），该暂行规定 1996 年发布，1997 年修正。

② 参见王融：《中国互联网监管的历史发展、特征和重点趋势》，载《信息安全与通信保密》2017 年第 1 期。

③ 参见［美］瑞恩·卡洛、［美］迈克尔·弗鲁姆金、［加］伊恩·克尔编：《人工智能与法律的对话》，陈吉栋、董惠敏、杭颖颖译，上海人民出版社 2018 年版，第 200 页。

(三)引导和促进网络平台自治

网络社会主体"道同而谋",形成相互交往、互惠合作的共同体以及与之相适应的自律性约束,理论界一般称为"软法"。[①] "软法"并非"弱法",因为这些规则是通过协商达成的共识,是更具针对性的特定问题的解决办法,其中的"禁止性规定""制裁性规定"属于成员的自我约束,既有"合意构建"的规则外观,也有针对"不特定多数"的规范作用。自治规则还更具"情境化的确定性",当情境发生变化时,相关主体可以及时调整。司法权应坚持合同自由、合同正义、鼓励交易的原则,依法准确认定这种约束的法律效力。

但是自治规则是"利益驱动"的,其面临经济过程中的利益诱惑时极其脆弱,因而网络平台运行中"私人腐败"问题屡屡发生。[②] 自治规则也是"片断式"的,内容具有不确定性,相互之间以及与法律制度之间易发生冲突,还会以更隐蔽的形式对网络施加控制,带来数据歧视、隐私保护不力、资源分配不公的恶果。作为社会公平正义的最后一道防线,司法应当把人的民事行为自主权作为基本目标,最大限度维护"自主同意"的社会价值,在严格依法审判的前提下,立足法律的逻辑与经验,通过解释法律、辨析法理的方式去剖析现象、平衡利益,为新类型纠纷探索救济之路。[③] 可以预见,随着互联网新业态的不断涌现,网络社会活动将越来越多地试探国家法律的边界,网络社会主体的"内生性规则"将会更具开放性。[④] 把能够实现目标的合理因素吸收到治理规则中,将是平台自治与互联网司法的共同使命。

---

① 参见罗豪才、毕洪海:《通过软法的治理》,载《法学家》2006年第1期;马长山:《互联网+时代"软法之治"的问题与对策》,载《现代法学》2016年第5期;沈岿:《数据治理与软法》,载《财经法学》2020年第1期。

② 参见张延来:《网络法战地笔记——互联网法律从业者进阶指引》,法律出版社2019年版,第196页;马长山:《互联网+时代"软法之治"的问题与对策》,载《现代法学》2016年第5期。

③ 参见米振荣主编:《互联网纠纷裁判精要》,人民法院出版社2018年版,第77页。

④ 参见司晓、赵治、柳雁军:《互联网+背景下的内生性治理》,载腾讯研究院:《互联网+时代的立法与公共政策》,法律出版社2016年版,第199~200页。

（四）司法与技术治理更加紧密结合

习近平总书记强调，网信事业代表着新的生产力和新的发展方向，应该在践行新发展理念上先行一步。[①] 网络社会司法治理需要在日趋复杂的技术环境和规则结构中接受检验，中国的互联网司法自诞生时就将法律和技术紧密结合在一起，坚持规范和价值并重，避免司法机械主义、形式主义倾向，切实提升裁判者专业化水平。[②] 随着大数据、人工智能的不断发展，用信息化、智能化手段避免法官认识偏差的做法越来越受重视，"技术调查官"走上法庭就是明显例证。但我们必须看到，当前实务界对技术的效率价值仍然更为重视，这固然有案件数量井喷催生的主观需求，更主要的还是技术的发展程度不足，尚未形成用技术手段进行法律推理的有效方法。反过来，造成技术停滞的一个重要原因又恰恰是司法实证研究的不足。长期困扰人工智能在司法领域应用的法律解释模拟、推理程序启发、法律自然语言理解等问题至今未能彻底解决。另外，对区块链等新技术的治理需求和解纷需求已经迫在眉睫，技术性能问题、个人隐私问题、去中心化资产交易问题、数字资产的法律界定问题、数字货币问题[③]等都亟须司法界开展实证研究，提供规则指引。

余论

存储工具的发明让人类文明得以延续。互联网海量的空间存储了人们的过去，大数据和算法的革新让人们能够预测未来，使把握现在变得更有可能，也更加重要。今天，中国互联网产业在多个领域实现了弯道超车，中国已经成为网络大国，具备了引领法律创新的生产力条件。许多互联网纠纷案件在中国是新案件，在全世界也是新案件。互联网司法在国际上没有现成经验可循，构建中国特色的互联网司法体系需要发挥首创精神先行探索。过去，我们是"照着讲"；现在，我们该"接着讲"。虽然还无法真正预测未来，但行之有效、持之以恒的实践以及经验证精确可行的

① 参见习近平：《在网络安全和信息化工作座谈会上的讲话》（2016 年 4 月 19 日）。

② 参见李树民：《裁判职责的元点：一元论还是二元论》，载《华东政法大学学报》2019 年第 4 期。

③ 参见姚前：《数字货币的前世与今生》，载《中国法律评论》2018 年第 6 期。

概念、理论应当逐步制度化。作为百年来不断从人类文明中汲取营养的民族，在互联网治理中提出卓有成效的方案，是对人类文明作出的最好回馈。①

原文首发于《中国法学》2020年第6期

① 参见王轶：《民法典如何保护物权》，载《中国法律评论》2019年第1期。

互联网司法的概念、特征及发展前瞻

李占国*

马克思说过:"一切划时代的体系的真正内容都是由于产生这些体系的那个时期的需要而形成起来的。"①随着互联网时代的到来,法院与诉讼制度正在被重塑,司法也被重新定义。特别是杭州互联网法院的横空出世以及移动微法院②的全国推广,使"互联网司法"成为法治领域的一个热词。但是,互联网司法究竟如何定义?与传统司法相比,有何特征和基本法理?与"电子诉讼""在线法院""互联网诉讼""互联网法院"等概念有何关联?区别何在?未来将如何发展?这些既是重大现实问题,也是重大理论问题,迫切需要予以回应和解决。

一、互联网司法的概念及形成

关于互联网司法,目前尚无确切定义。它作为一个新概念被提出,时间并不长,给其下定义不得不面临实践的不确定性与理论的确定性要求之间的紧张关系。实践的不确定性,主要体现在目前互联网司法实践积累的不充分性以及因信息技术快速迭代带来的急剧变化上。正如"Bensusan Restaurant Corporation v. King"一案的法官在判决意见中所感

---

* 李占国,浙江省高级人民法院院长。

① 《马克思恩格斯全集》(第3卷),中共中央马克思恩格斯列宁斯大林著作编译局译,人民出版社1960年版,第544页。

② 移动微法院是依托微信小程序打造的"一站式"移动办案平台。2017年10月,浙江省余姚市人民法院率先开展"移动微法院"试点工作,并于2018年1月在宁波市两级法院全面推行。2018年9月10日,浙江省高级人民法院在全省推广"浙江移动微法院"。2019年3月22日,最高人民法院在宁波召开中国移动微法院试点推进会,把移动微法院上升为中国移动微法院,并于2020年新冠肺炎疫情期间"大显身手",创造性地解决了疫情防控期间诉讼服务难题,受到法新社和The Lawyer等外媒广泛报道,称"在线上诉讼领域创新方面,中国已处于世界领先地位"。

概的:“对迅速发展的因特网适用法律就像试图登上行进中的公共汽车一样。”①身处互联网时代,我们就像一下子登上了一列高速行驶中的火车,面临的是一个富有挑战性的、千变万化的未来。研究互联网司法,就是要努力地抓住这个未来,使司法按照智能、理性、更符合人性的方向发展。然而,按照现有法学理论,我们似乎无法给“互联网司法”作一个适当的理论归类。它在理论上还是一个未定之物。一个新概念或新事物如果不能在理论上澄清自己并划定界限,就不会被理论所接受。

通过查阅相关文献,笔者发现人们在使用“互联网司法”一词时,似乎都有意无意地避免给其下定义,至多作一些宽泛的特征描述,既没有揭示其本质属性或者特有属性,也未划定这一概念的“射程范围”(外延)。2019 年 12 月 4 日,最高人民法院在浙江乌镇召开新闻发布会,发布了世界范围内首部专题介绍互联网司法的白皮书——《中国法院的互联网司法》,②但该白皮书也没有对“互联网司法”一词下定义。

(一)互联网司法概念之形成

“互联网司法”是信息化浪潮下互联网与司法融合发展的产物,它由“互联网”和“司法”两个词组成,但并不是两者的简单相加。因为无论“司法 + 互联网”,还是“互联网 + 司法”,都只反映了互联网与司法融合的某个阶段,而不是互联网司法本身。互联网司法这一概念的形成,先后经历了“司法 + 互联网”——“互联网 + 司法”——“互联网司法”三个发展阶段,最后以设立杭州互联网法院为标志而确立,同时宣告了一个新的司法时代来临。在这个发展过程中,不仅有技术上、设施上的变迁,也经历了价值上、制度上的转化,是一个从效率提升到价值发现、从技术创新到制度变迁的过程。如果说修建铁路是工业时代“生存空间”的争夺,③那么建设网络就是信息时代“生存空间”的极大拓展。互联网通过更加

① [美]格拉德·佛里拉等:《网络法——课文和案例》,张楚等译,社会科学文献出版社 2004 年版,第 15 页。

② 参见中华人民共和国最高人民法院编:《中国法院的互联网司法》,人民法院出版社 2019 年版。

③ 参见[美]阿尔温·托夫勒:《第三次浪潮》,朱志焱、潘琪、张焱译,生活·读书·新知三联书店出版社 1984 年版,第 10 页。

快速和精准的连接，不断改变着我们的生活，也改变着司法的形态、内容和发展趋向，因此，只有把握好互联网时代的路线和全局，我们才能更好地参与塑造这个时代。[①]

我国法院信息化建设起步于20世纪末，[②]与世界信息化三次浪潮以及我国电子政务发展相适应，先后经历了信息化1.0、2.0、3.0三个发展阶段。[③] 信息化1.0是法院内部基础建设的阶段，以提高内部办公和管理效率为主要目的，以电脑办公和司法统计（管理）信息化为主要特征，以电脑单机和内部局域网为主要应用场景，尚未影响司法活动本身。信息化2.0是加快建设法院外网并启动智慧法院建设的阶段，以办案自动化、网络化和数据互联互通为主要特征，重点开始转向改进审判管理和以当事人为中心的司法服务上，并全面应用于互联网，局域网不再是主要的应用场景。2006年前后，部分地方法院开始探索网上审判，利用电子邮件、QQ聊天软件等审理异地或跨国案件。信息化3.0是"嵌入式数字化管理"和"司法+互联网"的阶段，着力提升智慧法院的服务性、全面性、共享性和均衡性，通过重塑司法程序、再造诉讼流程，使法院的组织结构、诉讼活动被塑造出全新"形态"：虚拟的法庭代替了物理的法院，诉讼由线下转到线上，由"面对面""共时""同步"变成"网对网""错时""异步"，等等。司法机关在换"活法"，主动到网页和移动端去开荒辟土，不断拆除司法公正的"生产围墙"，将其推向社会化大生产，[④]极大地推动了诉讼网络化、数字化、智能化。这些技术上的变革和诉讼流程的再造，深刻反映了"司法互联网化"的过程。

2015年4月，浙江法院为适应迅猛发展的电子商务对司法服务便捷

---

① 参见刘楠：《司法信息化：从效率提升到价值发现》，载《人民法院报》2017年5月18日，第2版。

② 1996年，最高人民法院召开全国法院通信及计算机工作会议，发布了《全国法院计算机信息网络建设规划》，第一次构想了司法系统信息化建设的全景。

③ 参见中华人民共和国最高人民法院：《人民法院信息化建设五年发展规划（2016—2020）》，载《中国审判》2016年第5期。

④ 参见芦露：《中国的法院信息化：数据、技术与管理》，载《法律和社会科学》2016年第2期。

性、数据化、互联互通的新需求,探索设立了电子商务网上法庭,专门审理网上的电子商务纠纷,但仍依附于传统法院,没有专门的审判机构、法官和技术队伍。2017 年 8 月 18 日,根据中央深改组审议通过的决议,全国乃至全球首家互联网法院——杭州互联网法院挂牌成立,开启了互联网案件集中管辖、专业审判的新篇章。这是世界司法制度发展史上的一大创举,被誉为“司法领域里程碑式的事件”。①至此,“互联网司法”作为一个区别于“司法 + 互联网”和“互联网 + 司法”的概念被正式提出。

综上所述,互联网司法是“司法互联网化”和“互联网司法化”双重过程的产物。“司法互联网化”为“互联网司法化”做了充分的条件准备,“互联网司法化”在促进互联网空间治理法治化的同时,也对“司法互联网化”提出了更高要求。因此,“互联网司法”至少可以有以下三层含义:一是专指技术层面的“互联网化的司法”,即司法互联网化,司法被互联网技术所改造、重塑,传统的诉讼原理面临挑战。二是特指治理层面的“互联网的司法”,即互联网司法化,互联网本身成为司法调整的对象,反映了全面依法治国战略向互联网领域拓展和延伸。三是“互联网化的司法”和“互联网的司法”的综合体,是一个跨越技术、组织、程序、实体等不同领域的综合性概念。

从国内研究成果来看,目前学界多从第一层意义来理解和分析“互联网司法”,一些学者以“电子司法”“电子诉讼”“电子法院”等题目开展相关研究,取得了积极成果。但是互联网司法不应被限制在“司法互联网化”这一意义上,因为“司法互联网化”是信息时代的大势所趋,却并不意味着未来只有互联网司法,而没有其他司法;互联网司法也不应被限制在“互联网司法化”这一意义上,因为对互联网社会的司法治理天然地要求司法本身,无论是运行方式还是裁判内容,都是高度互联网化的;发生在互联网上的行为或纠纷,与线下行为或纠纷有很大的不同,其诉讼管辖、事实认定和法律适用都打上了深刻的互联网烙印,需要建立一整套全新的行为规则、诉讼规则和裁判标准。互联网司法的第一层含义和第二层

① 参见徐隽:《互联网法院回应时代需求》,载《人民日报》2017 年 8 月 22 日,第 5 版。

含义，分别代表了互联网与司法融合发展的两个不同面向，都应当成为互联网司法的重要内容。互联网与司法相互融合、相互促进、相互迁移，形成了强烈的“正反馈”，即不是压制变化而是促进变化，不是保持稳定而是向稳定挑战，甚至推翻稳定。世界正在从崩溃中迅速地出现新的价值观念和社会准则，出现新的技术，新的地理政治关系、新的生活方式和新的传播交往方式的冲突，需要崭新的思想和推理、新的分类和观念。[①] 互联网研究需要跨学科角度，互联网问题往往不能从单一的理论角度获得。互联网司法应互联网社会而生，反映了司法从形式到内容、从手段到对象的全面变革，也必须采取新的综合方法，而不只是分析方法；应当更加注重从全面而不是零碎地观察问题，更加注重研究事物的结构、关系和整体。“一种概念就像一盏灯——一经点燃，就不会只照亮房间的一角”，[②] 互联网司法的概念也必然会将其光辉投射到互联网时代司法工作的每一个基本问题上。

（二）“互联网司法”之“司法”的界定

我国法律没有对“司法”作出明确界定，理论界关于“司法”的性质和范围，主要有四种观点。一是最狭义的司法，认为“司法即审判”，是审判机关适用法律解决争议的活动，司法权就是审判权，法院是唯一的司法机关。[③] 二是狭义的司法，认为“司法即诉讼”，是国家专门机关适用法律的诉讼活动，司法权包括审判权、检察权，司法机关包括法院和检察院，依据是我国《宪法》在“国家机构”一章中规定的“人民法院和人民检察院”。这是我国学界的主流观点。[④] 三是广义的司法，认为司法指“公检法司”的活动，包括法院、检察院以及在刑事诉讼中参加一定诉讼活动的公安机关、国家安全机关、领导并管理监狱工作的司法行政机关的职权活动。依

① 参见［美］阿尔温·托夫勒：《第三次浪潮》，朱志焱、潘琪、张焱译，生活·读书·新知三联书店出版社1984年版，第46页。

② 冀朝鼎：《中国历史上的基本经济区与水利事业的发展》，朱诗鳌译，中国社会科学出版社1981年版，第3页。

③ 参见陈瑞华：《司法权的性质——以刑事司法为范例的分析》，载《法学研究》2000年第5期；杨依：《关于“司法”语义及其阐释》，载《理论探索》2016年第5期。

④ 参见沈宗灵主编：《法学基础理论》，北京大学出版社1988年版，第373页。

据是《刑法》第94条规定:“本法所称司法工作人员,是指有侦查、检察、审判、监管职责的工作人员。”四是最广义的司法,认为司法即适用法律解决纠纷,核心是法院审判,外围包括仲裁、调解等“准司法”活动,侦查、监狱等“涉司法”活动,以及国际审判、仲裁等“超司法”活动。①

笔者认为,“审判说”过于狭义,不符合我国司法权的分配原则,也不符合现代社会司法的特点。② “法律解决纠纷说”将仲裁、调解、公证等纳入司法的范畴,超越了司法作为一项国家职能的本质属性,既没有法律依据,也不利于准确界定司法的功能、运行机制以及有针对性地研究解决实践问题。比较妥当的界定是,互联网司法之“司法”是国家专门机关解决互联网纠纷的诉讼活动,包括审判、检察、侦查等活动。这既有理论根据、法律依据,也符合我国司法实践的客观实际。但鉴于审判与检察、侦查等活动在性质、运行机制等方面存在较大差别,为了研究的集中化、条理化,如无特别说明,本文以下仅在最狭义的“审判”概念上指称“互联网司法”。

(三)互联网司法与相关概念之辨析

1.“互联网法院”。互联网法院的设立是互联网司法最终形成的标志。但互联网司法并不是一夜形成的,因为实践总是走在理论的前面。在杭州互联网法院设立前,域外及我国在互联网司法方面都已经有了不少实践探索和研究成果。互联网法院秉持“网上案件网上审”的二元思维方式,目的是“扬网络技术之长,克网络治理之短”③,它不仅强调诉讼方式的非亲历化,更要求管辖范围的互联网性,④集中体现了互联网司法的两重内涵,但它又不等同于互联网司法。互联网法院的实质是法院的专门化建设,是组织法上的实体法院,是互联网司法的积极探索者、实践

① 参见杨一平、俞静尧:《司法概念的现代诠释》,载《中国社会科学院研究生院学报》1997年第2期。

② 法院除审判事务外,还承担了大量的非讼程序事件,如人身安全保护令、公示催告程序、督促程序、无主财产的认定、指定法定代理人。纠纷的庭外解决以及通过非讼事件不断扩大司法救济功能,是现代司法的发展趋势。

③ 参见陈国猛:《网络法院:网络法治时代的智慧法院》,在第三届世界互联网大会上的发言,2016年11月17日于浙江乌镇。

④ 参见张兴美:《电子诉讼制度建设的观念基础与适用路径》,载《政法论坛》2019年第5期。

者、促进者。互联网司法不专属于互联网法院,而是与所有法院相关。未来的法院都将加入互联网司法中来,把互联网司法作为它的日常。

2.“互联网诉讼”。互联网诉讼指因涉互联网因素的争议所引发的诉讼。它侧重于从诉讼构成要素来研究和分析涉互联网纠纷的立案、取证、开庭、裁判等诉讼活动,其特点体现在诉的要素与互联网因素的融合交织之中。诉的要素通常包括诉讼当事人、诉讼标的、诉讼理由、诉讼行为、法律适用等。从广义上讲,只要在任何一个要素中有互联网因素的介入,都可以称为互联网诉讼,包括民商事、行政、刑事各类诉讼。互联网诉讼是互联网司法的重要内容,甚至是越来越核心的内容,但互联网司法并不限于互联网诉讼,它关注的不仅仅是诉讼本身,还包括司法运行的新技术、新形式以及由此而带来的互联网治理新规则、新内容。

3.“电子诉讼”“电子司法”“电子法院”“在线法院”。这四个概念都是从技术层面分析信息时代司法的新形态,但侧重点不同。电子诉讼与线下诉讼相对应,是指依托信息技术,实现起诉与受理、审前准备、开庭审理、执行等诉讼程序网上进行的诉讼形态。电子司法比电子诉讼的外延大一些,是指在整个司法管理系统中应用信息与通信技术,包括互联网联络(如信息安全、电子签名)、程序电子化(如视频庭审)以及内部司法管理的电子化(如电子案卷、电子档案)等内容。电子法院指作为组织实体的提供远程诉讼服务的电子化法院,包括内部电子法院(办公和司法管理电子化)和外部电子法院(诉讼活动电子化)。在线法院,专指外部电子法院。2001 年 2 月,美国密歇根州议会通过《电子法院法》。2002 年 10 月,密歇根电子法院正式成立,成为世界上第一个电子法院,拥有与其他法院一样的权力,但并不是专门审理网上纠纷的法院。2016 年 9 月,英国发布《司法体制改革报告》,提出要开发一个用于启动和管理刑事、民事、家事和裁判所案件的单一在线系统,并计划于 2020 年 4 月成立在线法院。英国首席大法官伯内特称要借鉴中国杭州互联网法院。[①] 但截至

① 参见[英]伯内特:《在线法院:系统信息化与程序数字化的大势所趋》,赵蕾译,载《人民法院报》2019 年 3 月 29 日,第 8 版。

目前,还没看到有什么实质性成果。无论是电子诉讼、电子司法,还是电子法院、在线法院,都只是司法活动的在线化、电子化,并不触及互联网纠纷的专门审理问题。

二、互联网司法的特征和基本法理

互联网对司法产生了全方位的影响,推动着司法的理念重塑、模式重构、流程再造,并衍生出越来越多的功能和应用场景。同时,司法也日益彰显其在促进互联网社会治理法治化方面的力量和效能。互联网司法就是要揭示这两方面的内在联系、特征和规律。它跨越了技术规则、组织法、程序法、实体法等不同领域,主要呈现以下特征:

1. 诉讼活动在线化。与传统的诉讼活动不同,互联网司法的程序运行基础方式发生了根本性变革,在线沟通取代纸面沟通,电子证据取代纸质证据,起诉、立案、送达、举证、庭审、宣判等诉讼各环节全面网络化、信息化、数字化。现阶段,我国各地法院在线诉讼主要有两种模式。一是"阶段性模式",即在诉讼过程中的立案、庭审、举证、送达、执行等某个或某些阶段引入信息技术,作为线下诉讼的辅助手段,关注的是单一阶段或众多单一阶段的集合,具有板块式特征,如浙江法院依托淘宝网首创的全公开、全透明、零佣金的司法网络拍卖。二是"全程性模式",即将信息技术全面引入诉讼过程,形成具有综合性和系统性的在线诉讼制度,具有全景式特征,如杭州互联网法院。近年来,浙江省高级人民法院立足于全程性制度建构,着力解决法院信息化建设碎片化问题,大力整合现有各类平台系统,努力打造全省统一的办案办公和诉讼服务平台,把立案、质证、开庭、审理、执行等法院所有业务串联起来,实现法院工作"全业务、全方位、全天候、全流程"覆盖,将司法数据从时空限制中解放出来,将法官从如山的案卷和人工查找的繁重劳动中解放出来,用诉讼成本的"减法",换取当事人获得感的"加法"和司法效率的"乘法"。

2. 当事人账号化。大量个体从现实社会的法律关系中转移到网络法律关系中,以往有血有肉的自然人或由人财物聚合的法人或组织实体,逐渐抽象为以网名、昵称、代号等字符串所代表的网络账号,以见面、签字、捺印等为主要形式的身份认证也被密码、密钥、证书等数字手段取代,法律认可的已不再是传统意义上的自然人或法人，而是以数字形式呈现的网络账号。由此导致互联网司法首先要解决当事人的在线身份认证问题，特别是诉讼参与人真实性与同一性问题。从各国电子诉讼实践看，多采用“外观主义”解决这个问题，依据是电子诉讼以互联网媒介为依托，诉讼权利状态以电子信息为表象，诉讼参与人需要以用户名、密码等电子信息为凭证登录电子诉讼平台远程实施诉讼行为；当电子信息的所有人与实施诉讼行为的主体相分离，诉讼参与人真实性受到挑战时，有必要通过适用外观主义来保证各方诉讼参与人的诉讼利益，即使外观事实与真实事实不一致，仍然依照外观事实认定行为发生诉讼法上的效力。① 适用外观主义的重要前提，是在技术上已经能够保证电子信息外观所代表的诉讼参与人是真实的、唯一的、不可替代的。杭州互联网法院是借助专有诉讼平台系统，通过手机号码、身份证件、人脸识别等进行网络实名注册认证的。需要注意的是，“面对面”的审核转变为远程审核，只是审核方式的转变，人民法院的职责内容和合法性审查标准在互联网司法中仍应得到坚守。

3. 诉讼规则现代化。习近平总书记指出：“没有信息化，就没有现代化。”②信息化也是司法现代化的重要推动力。“网路”日益成为诉讼服务的“主路”，司法日益从时间线单一、场景封闭、参与方固定的传统模式，逐步转向时间线开放、场景灵活、多方参与交互的线上线下融合新模式，“从广场化的司法到剧场化的司法之后又进入另一种形式化的广场化”③。司法程序的线上实现，不是对线下诉讼规则的简单复制，而是诉讼流程的重构和理念的重塑，对现有诉讼规则构成了重大挑战，迫切要求对诉讼程序进行根本性的现代化改造。程序，不是纯粹的形式，它是各种矛盾的交汇点，迅速、效率必须与正义密切相连，行为自由必须与机会均

---

① 参见张兴美：《电子诉讼制度建设的观念基础与适用路径》，载《政法论坛》2019 年第 5 期。

② 参见《习近平主持召开中央网络安全和信息化领导小组第一次会议强调 总体布局统筹各方创新发展 努力把我国建设成为网络强国》，载学习强国网 2014 年 2 月 27 日，https://www.xuexi.cn/d329ea8d2ee4c58b16c80615b01a4483/e43e220633a65f9b6d8b53712cba9caa.html。

③ 宋朝武：《电子司法的实践运用与制度碰撞》，载《中国政法大学学报》2011 年第 6 期。

等紧密结合。技术决定行动的方式,但最终要服务于诉讼过程,并服从于程序的理性构建。[①] 因此,在线诉讼程序建构是一个系统性的诉讼现代化过程,不能仅仅通过一些调适性的修法活动来解决,既需要具体规则的调整,也需要理念和原则的应对。[②] 首先,它应当是一种增量性改革,必须充分尊重当事人的程序选择权。其次,应当具有与线下诉讼的功能等值性,不得减损当事人的实质性程序利益。再次,应当坚持最大诚信原则,无论是当事人还是法院,都不得利用非亲历性诉讼方式实施不诚信的诉讼行为。[③] 最后,应当建立适应互联网规律和特点的管辖、电子文书(包括卷宗)、证据[④]等诉讼制度,重新定义"到庭""在场"[⑤]等诉讼规则。比如,杭州互联网法院首创了异步审理模式,当事人利用空余时间,不同时、不同地、不同步地参与诉讼活动,诉讼各环节均可在规定期限内按照各自选择的时间登录平台以非同步方式完成;上线了全国首个司法区块链平台,让电子证据可信、可用、可保存,并通过个案裁判形成了"区块链"电子证据的认定规则。[⑥] 2018 年 9 月,最高人民法院在总结杭州互联

---

① 参见王福华:《电子诉讼制度构建的法律基础》,载《法学研究》2016 年第 6 期。

② 参见张兴美:《电子诉讼制度建设的观念基础与适用路径》,载《政法论坛》2019 年第 5 期。

③ 互联网司法在便利当事人诉讼的同时,也降低了不诚信诉讼行为成本,进而可能提升恶意诉讼、虚假诉讼、拖延诉讼、随意下线等行为恣意性风险的概率。参见张兴美:《电子诉讼制度建设的观念基础与适用路径》,载《政法论坛》2019 年第 5 期。

④ 传统的民事诉讼中,法院遵循的是被动、消极原则,并不直接介入证据的获取,除非当事人提出申请且确有必要。杭州互联网法院结合涉网纠纷特点,确立了在线调取证据的权利,并被《最高人民法院关于互联网法院审理案件若干问题的规定》第 5 条所吸收:"互联网法院审理案件所需涉案数据,电子商务平台经营者、网络服务提供商、相关国家机关应当提供,并有序接入诉讼平台,由互联网法院在线核实、实时固定、安全管理"。

⑤ 在不改变法律思维基本属性的基础上,远程通信技术补强了在场原则,即时通信软件补强了口头原则。芦露:《中国的法院信息化:数据、技术与管理》,载《法律和社会科学》2016 年第 2 期。

⑥ 杭州互联网法院审理的"杭州某文化传媒有限公司诉深圳市某科技发展有限公司侵害作品信息网络传播权纠纷案"提出了审查区块链电子存证的"四要素":一是电子数据来源的真实性。二是电子数据存储的可靠性。三是电子数据内容的完整性。四是与其他证据相互印证的关联度。《最高人民法院关于互联网法院审理案件若干问题的规定》第 11 条第 2 款规定:"当事人提交的电子数据,通过电子签名、可信时间戳、哈希值校验、区块链等证据收集、固定和防篡改的技术手段或者通过电子取证存证平台认证,能够证明其真实性的,互联网法院应当确认。"

网法院试点经验的基础上出台了《最高人民法院关于互联网法院审理案件若干问题的规定》，明确了当事人身份认证、立案、应诉、举证、庭审、送达、签名、归档等在线诉讼规则。2019年全国“两会”期间，笔者作为全国人大代表向会议提交了“关于制定中华人民共和国电子诉讼法的议案”，并附有《中华人民共和国电子诉讼法草案（建议稿）》。[①] 2019年12月23日，最高人民法院周强院长在向全国人大常委会作“关于开展民事诉讼程序繁简分流改革试点工作的说明”中，提出要健全电子诉讼规则。这些变化已不仅仅是对现有诉讼制度的补充或修饰，而是一种革命和蜕变。

4. 法院电子化。以严谨、烦琐、封闭、程式化为特征的传统法院，难以满足互联网时代公众对司法服务便利化、快捷化、开放化、个性化的需求，电子法院、在线法庭应运而生。以杭州互联网法院为例，与传统法院相比，它具有四个特点：一是大平台。建立起一个集成化、开放化的内外互通的大平台，诉讼全流程均通过这一大平台在网上完成，并引入跨域立案、“7×24”在线服务，当事人无须舟车劳顿，打官司像网购一样便捷。二是小前端。采取小型化的审判团队，在线审理案件、评议案件、签发文书，保持高效的应对力，并通过全程留痕进行质量监控。三是高智能。互联网法院的后台基于云计算、大数据、机器学习等技术沉淀，融汇“人工智能”和“群体智能”，为审判前端和司法管理提供智慧支撑。四是重协同。依靠大数据，与行政执法、人民调解、公证机关建立起无缝数据对接，构建起一个以法院为终端、漏斗型的在线矛盾纠纷多元化解体系，把纠纷更多地化解在源头。

5. 审判智能化。各地法院依托大数据、人工智能、云计算、机器学习等先进技术，积极研发智能办案系统，推动审判由数字化向智能化跨越。如浙江法院坚持“世界眼光”的站位和“整体智治”的理念，深入推进以“平台＋智能”为重点的智能化建设，努力打造以知识驱动为核心的智能立案、智能送达、智能审判、智能执行的信息时代司法新模式：一是结构化起诉。引入智能诉状生成系统，根据诉讼的不同类型分别设置自动生成

① 参见李占国：《应当尽快制定电子诉讼法》，载《法制日报》2019年3月2日，第3版。

的起诉状,对诉讼请求、赔偿数额、法律依据等事项进行结构化、类型化的梳理,列明可选择的条目,当事人一般只需根据案件具体情况,勾选相应选项即可完成起诉。二是智能化评估。依托司法大数据,建立各种公开、透明、可预测的法院处理结果平台系统。例如,“浙江在线矛盾纠纷多元化解平台”提供的在线评估服务,每一份评估报告都是基于对上万份裁判文书的智能分析得出。当事人可以在纠纷进入诉讼前就提前预估裁判结果,调解员也可在调解过程中申请中立评估报告,大大提高了调解成功率。又如,浙江省杭州市余杭区人民法院首创的交通事故损害赔偿案件“网上数据一体化处理”平台,与公安交管部门、保险公司等无缝对接,实现纠纷数据“一次形成,综合利用”,为老百姓提供定责、鉴定、调解、诉讼、赔付在线“一条龙”服务,当事人可以在平台中输入各项条件进而预估可能获得的结果,大大提高了纠纷诉前调解率,该做法已在全国推广。三是智能化调查。合并当事人举证与法院调取证据的环节,实现在线证据的自动提取、引入诉讼。比如,杭州互联网法院通过对接纠纷多发的电子商务平台,实现数据共享,只要输入相关的订单号码,系统会自动连接电子商务平台,提取当事人身份信息、订单、聊天记录、物流信息、借款合同等数据,并利用第三方技术平台,对全部数据进行保全固定,自动转换为证据。四是智能辅助办案。目前基本完成包括立案、送达、调解、证据交换、庭审、裁判、执行等节点的智能司法应用体系建设,实现繁简分流、庭审语音识别、量刑规范、类案和法条推送、文书智能生成等功能应用,为法官办案和当事人诉讼提供全方位智能化支持。

6. 网络治理司法化。习近平总书记强调:“互联网不是‘法外之地’。”[①]互联网法治是中国之治的重要组成部分。由于技术的快速迭代、商业模式的快速转换,现有法律对网络空间的规制存在大片空白,或者存在调整过度问题。法院负有不得拒绝裁判的义务,通过个案裁判逐步确定网络空间行为规范、权利边界和责任体系,以司法的包容性、灵活性、示

---

① 习近平:《在网络安全和信息化工作座谈会上的讲话》,载人民网2016年4月25日,http://jhsjk.people.cn/artical/28303260。

范性有效弥补立法滞后的不足，推动互联网立法完善和网络空间治理法治化。比如，杭州互联网法院审理的全国首例大数据权属案，确立了数据资源确权、流通、交易的行为规范①，以及全国首例因售卖“比特币”等数字财产而引发的网络交易案，建立了虚拟财产的产权保护机制；②北京互联网法院审理的“人工智能著作权案”，首次明确了人工智能作品的权利保护方式；③广州互联网法院审理的“网络游戏著作权案”，对计算机软件生成内容是否具有著作权及如何保护问题进行回应。针对涉网案件呈现极强的“平台”属性，杭州互联网法院于 2019 年 10 月上线了全国首个区块链智能合约司法应用，实现网络行为“自愿签约——自动履行——履行不能智能立案——智能审判——智能执行”的全流程闭环，提升智能合约执行效率，通过低成本高效率处理少数违约行为，促进电商平台纠纷率从 5% 降到 0.01% 以下，对于推动形成互联网时代契约订立及履行的新形态，再造网络信用新体系，具有重要意义。

三、互联网司法的发展趋势和面临的基本课题

人类生活向数字世界全面迁徙，既是时代性课题，也是不可阻止的人类命运。④ 互联网日益由工具、实践层面抵达社会安排或制度形式的层面，我们将面临一场“旧制度与数字大革命”的冲突。⑤ 司法活动与互联网双向赋能，机遇与挑战并存。其中，司法互联网化取得了重大成就，并且仍在迭代升级、加速发展之中；互联网司法化刚开始破题，发展方向和未来前景尚不可知，也将引发一些攸关司法发展，甚至人类命运的严肃课题。

（一）互联网司法的发展趋势

1. 司法越来越公开透明可接近，传统司法危机有望真正解决。20 世纪中叶以来，各国司法普遍遭遇危机，最突出的是高额的诉讼费用与漫长

① 参见杭州铁路运输法院民事判决书，(2017)浙 8601 民初 4034 号。

② 参见杭州互联网法院民事判决书，(2019)浙 0192 民初 1626 号。

③ 参见北京互联网法院民事判决书，(2018)京 0491 民初 239 号。

④ 徐昊、马斌：《时代的变换：互联网构建新世界》，机械工业出版社 2015 年版，“前言”第 X 页。

⑤ 胡泳：《旧制度与数字大革命》，载[美]马克·格雷厄姆、[美]威廉·H. 达顿：《另一个地球：互联网 + 社会》，胡泳等译，电子工业出版社 2015 年版，“序言”第 LX 页。

的诉讼过程,越来越多的人认为司法变得越来越遥不可及。司法的目的在于实现社会正义。司法的危机也就是正义的危机。① "一种真正现代的司法裁判制度的基本特征之一必须是司法能有效地为所有人接近,而不仅仅是在理论上对于所有人可以接近。"②信息技术和互联网的广泛应用,为司法的可接近性提供了基础设施意义上的先进工具与实施方式,突破了诉讼活动的时空约束,实现了诉讼材料的实时共享、诉讼流程的实时公开与审理程序的全程留痕,有效弥合司法程序严格性与可接近性之间的鸿沟,提升了司法公开透明度,其不仅在程序上使接近正义成为可能,而且在实体上大大促进了公平正义的实现程度。特别是伴随新一轮技术革命,大数据、人工智能的作用不断增强,案多人少的传统司法危机有望得到解决。杭州互联网法院首创的异步审理模式,使当事人可以将原本无价值的碎片化时间用来进行更高价值的诉讼活动,平均每案节约当事人在途时间约 6 小时,诉讼成本几乎被降至最低。③ 2020 年疫情防控期间,移动微法院等在线诉讼"大显身手"。2020 年 2 月 3 日至 7 月 3 日,全国法院网上立案 280 万件、网上开庭 44 万次、网上调解 129 万件,同比分别增长 46%、895% 和 291%,电子送达 848 万次,创造性地解决了疫情防控期间诉讼服务难题。法新社、The Lawyer 等外媒专门予以报道,称"在线上诉讼领域创新方面,中国已处于世界领先地位"。④

2. 司法越来越无边界性,成为无间断无限制的制度供给。主要体现在三个方面:一是调整对象的无边界性。实体社会与网络社会并行、网上网下活动交织、线上线下界限越来越模糊,很难再特别区分什么是网上什么是网下,人类生产、生活逐渐跨越时间与空间、虚拟与现实,世界变成了

① 参见齐树洁:《英国民事司法改革及其借鉴意义》,载《河南省政法管理干部学院学报》2001 年第 4 期。

② [意]莫诺·卡佩莱蒂等:《当事人基本程序保障权与未来的民事诉讼》,徐昕译,法律出版社 2000 年版,第 40 页。

③ 参见段厚省:《远程审判的程序正当性考察——以交往行为理论为视角》,载《政法论丛》2020 年第 2 期。

④ 参见周强在最高人民法院网络安全和信息化领导小组 2020 年第一次全体会议、2020 年 9 月 2 日全国高级法院院长座谈会上的讲话。

一张扁平化的“网”。二是司法管辖的无边界性。涉网纠纷具有当事人分布跨地域、行为虚拟化、交流在线化等新要素，按照现有管辖规则进行诉讼，成本高、流程长、难度大。互联网的无边界性和管辖连接点的多样性，事实上已使传统的地域管辖形同虚设。当事人可以利用网络条件下“侵权行为地”的不确定性、多元化以及增加共同被告等方式，任意选择于己有利的管辖法院。杭州互联网法院受理的案件中，身处加拿大、德国、日本等地的当事人通过在线方式顺利参加庭审、完成诉讼。同时，司法长臂管辖的适用范围日益扩大，被视为涉及司法主权的域外电子送达，也在越来越多的国家以更为宽松的条件得到适用。比如，美国法院在裁决是否允许当事人进行域外电子送达时，主要的法律依据是《联邦民事诉讼程序规则》第4(f)(3)、4(h)(2)条，即当事人就传票和起诉状副本可以通过法院指定的其他不为国际条约所禁止的方式进行域外送达；同时必须符合美国最高法院在“Mullane案”中所阐释的正当程序要求，即该送达“经合理考量，在所有情况下，都能够就未决诉讼对有关当事人进行通知，并给予其提出异议的机会”。[①] 三是司法供给的无间断性。人民法院利用网络信息点对点、全覆盖、高效传输的特点，向社会公众提供全天候、零距离、无障碍的司法产品。传统诉讼的物理空间限制被彻底打破，法庭完全演化成一个抽象的概念，其在空间上扩张于无限，存在于无形。诉讼程序的参与者无须在特定的日期聚集于一个物理意义上的法庭之中，而是可以分处各地，通过互联网传递语音、文字和图像等信息来完成整个诉讼过程。[②]

3.司法越来越个性化、扁平化，选择法官和共享法官成为可能。工业时代遵循线性控制的逻辑，表现为流水作业和科层制结构；在互联网时代网状协同的逻辑下，“标准化”的时代已逐渐消退，“个别化”的时代悄悄来临。[③] “一个优良的司法制度应当帮助人们解决他们的生活问题。如

---

① 邓宇：《关于参加海牙国际私法会议〈送达公约〉研讨会的总结报告》(2019年12月10日至12日)。

② 参见段厚省：《远程审判的程序正当性考察——以交往行为理论为视角》，载《政法论丛》2020年第2期。

③ 参见阿里数据经济研究中心：《激活生产力——DT时代的模式升级与范式转移》，载阿里研究院网2015年12月28日，http://www.aliresearch.com/cn/in-dex。

果一个司法制度无法体察公众之所需,或者只关注自身的司法程序,那么这个司法制度便徒有虚名。"①世界各地的司法系统都在以更迅速、更廉价的方式解决纠纷为目的,朝着在线法院和数字化发展的方向迈进。我们必须要解决一个基础性的问题:法院到底是一项服务还是一个地方?为了解决纠纷,当事人及其律师是否必须聚集到一个特定地点,当面向法官陈述观点?为什么不用虚拟法院或在线协同解决纠纷呢?② 英国学者理查德·萨斯坎德提出法律工作"大宗商品化"(commoditizing the law)的概念,认为任何实质性法律工作都可以被分解成可管理的小任务,未来的法律工作将以非律师化(de-lawyering)、异地(relocating)、离岸(off-shoring)、外包(out-sourcing)、共同处理(co-souring)、租赁(leasing)、在家处理(home-sourcing)、众包(crowd-sourcing)等各种新方式进行分解和处理,包括多头处理(multi-sourcing)。③ 目前,法院采取计算机随机分案,但案件分到不同的人办理,可能就决定了当事人一生的命运,而当事人毫无选择。互联网从技术上为共享法官和当事人选择法官提供了可能,可以通过应用区块链等颠覆性技术变革来改变现有业务模式,进而实现法官跨院、跨域共享,即根据不同专业能力形成不同法院的法官协同办案。全球化作为影响21世纪司法的重要环境因素之一,将使许多法官卷入他们不熟悉的法律争议中,也会促进法官在国际社会中流动,如来自一国具有某一专长的法官被授权审理另一国的来自世界不同地方的当事人、律师和证人的案件。④

(二)互联网司法面临的基本课题

1.程序正当性问题。程序效率与程序正当是诉讼程序的并列价值,

---

① [加拿大]沃伦·K.温克勒:《一位大法官对律师的忠告》,龙飞译,载《人民法院报》2015年12月11日,第8版。

② See Richard Susskind, *Tomorrow's Lawyers*, 2nd edition, Oxford University Press, 2017, p. 109.

③ See Richard Susskind, *Tomorrow's Lawyers*, 2nd edition, Oxford University Press, 2017, p. 25 – 42.

④ 澳大利亚北部区域首席法官布莱恩·马丁(Brian Martin)在第三届亚太地区法院会议上的发言(上海,1998年10月)。参见上海一中院研究室:《二十一世纪司法制度面临的基本课题》,载《法学》1998年第12期。

程序效率的价值并不能当然取代程序正当的价值。① 电子诉讼是信息技术的"工具理性"或"效率理性"价值在诉讼领域的成功运用。但是,电子诉讼在提高诉讼效率和便利度的同时,在一定程度上弱化了诉讼的仪式性,减损了直接言词原则的程序功能。② 由此,在程序正当性上面临三个追问:一是欠缺传统诉讼程序之在场性与仪式性,是否减损或者否定了程序的正当性?二是远程异步审判中当事人和证人的异步回应,是否减损乃至否定了程序的正当性?③ 三是跨国远程审判的实践会遭遇法庭空间的无线延展性与不同法域司法主权之边界有限性之间的张力,是否减损乃至否定了程序的正当性?④ 如何在提高诉讼效率和便利度的同时,保障诉讼程序的正当性?有学者提出通过限制电子诉讼的适用范围来解决程序正当性问题,包括实体上要受制于诉讼权利的重要程度及案件性质;程序上除小额诉讼和督促程序等特殊诉讼程序可以全程电子化外,其他诉讼仅能阶段性适用电子化。⑤ 这一方案的可操作性不强,也忽视了技术变革本身解决问题的能力。社会历史学家指出,人们对技术的恐惧,掩盖了人们对技术已经带来的人际和社会结构变革的担忧。我们选择我们

---

① 参见段厚省:《远程审判的程序正当性考察——以交往行为理论为视角》,载《政法论丛》2020 年第 2 期。

② 参见张兴美:《电子诉讼制度建设的观念基础与适用路径》,载《政法论坛》2019 年第 5 期。

③ 这一种做法引发的担忧有:一是通常诉讼中的言语交往都是即时依序发生,法官也是通过当事人的即时回应,来获取争议事实信息。好处在于当事人若想进行不真实的陈述,可能没有充分的时间来组织语言,法官可以通过其慌乱或者沉默或者拖延时间进行思考的言语行为来窥到真相。但是在异步审判的情形中,当事人有充分的时间来进行思考,精心组织语言,对相对方的攻击进行有效防御,必然增加法官发现真相的难度。二是异步审判意味着诉讼程序乃是断续进行的,在间隔期间,程序参与者被允许下线,以传统诉讼程序法理来看,这种下线实际上意味着当事人离开法庭,脱离了法官与其他程序参与者的视线,法官无法控制离开法庭后的当事人的行为。当事人不仅可以有充分的时间和机会思考对策,甚至可以在此期间与证人或者其他当事人密谋,恶意阻碍法官发现真相。段厚省:《远程审判的程序正当性考察——以交往行为理论为视角》,载《政法论丛》2020 年第 2 期。

④ 参见段厚省:《远程审判的程序正当性考察——以交往行为理论为视角》,载《政法论丛》2020 年第 2 期。跨国远程审判可以有两种解释:一是当事人通过互联网技术的应用参加了国内的庭审。二是审理案件的法院将其司法权延伸到了域外。前者提供了程序正当性的理由,但却无法解释后者:一国司法主权怎么能在他国境内行使?

⑤ 王福华:《电子诉讼制度构建的法律基础》,载《法学研究》2016 年第 6 期。

使用的技术作为替罪羊,而不是审视社会和个人的天性和弱点。[①] 对互联网司法的担忧似乎也是如此。有的论者提出,更可取的态度是,如何寻找到一种超越诉讼程序之形式正当性的更为实质的正当性,或者说我们能不能穿透程序法的制度规定,深入更为基础的层面,建构出能够作为程序制度和程序实践之正当性的共同评价标准的一种实质正当性?[②] 笔者赞成这一观点。这是未来互联网司法必须认真研究和解决的理论问题。

2. 互联网法院的定位和发展方向。这个问题自杭州互联网法院设立以来就一直存在争议。一种观点认为互联网法院本质上是传统诉讼运行模式之在线化,仍为一家普通法院。[③] 另一种观点认为互联网法院是专门法院,其目的在于将涉网案件从现有审判体系中剥离出来,依托互联网技术构建专业、高效、便捷的司法体系,以法治的理念、司法的手段加强网络空间治理,树立司法现代化标杆。这种观点上的分歧也体现在互联网法院的设立程序和决策过程中。从设立程序看,由最高人民法院批复设立,而没有由全国人大常委会专门作出决定,应为普通法院;从决策层次看,中央全面深化改革领导小组专题审议并通过决议,明确赋予杭州互联网法院"提升审判效能""完善审理机制""探索案件诉讼规则""推进网络空间治理法治化"四项任务,说明互联网法院具有重大制度创新意义,应当具有专门法院的地位。笔者认为,互联网法院目前的定位只是阶段性的,它绝不是简单地将法院的审判职能转移到线上,以提高审判效能、便利群众诉讼,其更大使命在于推进互联网空间治理法治化。当前理论界和实务界在互联网法院的定位上普遍存在对智慧法院、远程审判等的误读,并过分渲染互联网法院的司法效率优势。此种误读和模糊性认识不但矮化了互联网法院真正的时代价值,也遮蔽了互联网法院应有的重

---

① [美]马克·格雷厄姆、[美]威廉·H. 达顿:《另一个地球:互联网 + 社会》,胡泳等译,电子工业出版社 2015 年版,第 3 ~ 13 页。

② 段厚省:《远程审判的程序正当性考察——以交往行为理论为视角》,载《政法论丛》2020 年第 2 期。

③ 占善刚、王译:《互联网法院在线审理机制之检讨》,载《江汉论坛》2019 年第 6 期。

大制度性创新和方向性突破。互联网法院作为一个新型的治理平台,应当成为探索创新互联网新型规则的“孵化器”。因此,互联网法院未来应当定位为专门法院,建议全国人大常委会适时作出决定或者通过修改人民法院组织法来加以确认,并逐步扩大其管辖范围,合理引入长臂管辖规则,使其能更好地维护互联网时代的国家利益、民族利益和司法主权。

杭州互联网法院的专门性,主要体现在其管辖案件的专业性和管辖权的跨地域性上。这与我国专门法院的发展方向是完全一致的。专门法院是司法专门化的产物。设立专门法院的理由一般有二:一是管辖地域的特殊性,即在特殊的地域和物理空间设立专门法院(如铁路运输法院)。二是管辖案件的专业性(如海事法院)。发展趋势是专门法院管辖地域的特殊性让位于管辖事由的专业性,比如,森林法院、农垦法院、石油法院逐步退出舞台,知识产权法院、金融法院等应运而生。从世界范围看,专门法院的管辖主要也是以事务管辖(如少年法院、财政法院、劳动法院等)为分工依据,而不是以地域特点来确定。[①]

党的十九大报告提出要“建立网络综合治理体系”。互联网法院作为网络法治化的一个支点,是国家建设网络法治的重要组成部分。当今中国的法院并不是一个单纯的裁判机关,作为国家管治机构的一部分,它需要在整体性的管治构造中发挥一种对有关法律事务的“主动”及“联动”的作用。[②] 互联网法院要树立“立足当前着眼未来、立足国内眺望世界”的战略思维,突破“智慧法院”“远程审判”等审判机关的局限,通过纠纷处理、数据积累、机制优化、规则树立、价值引领等实现从注重技术规则向诉讼规则、社会规范的转变,从而服务保障数字经济发展、网络治理以及网络安全,逐步转型成为具有世界级影响力的网络秩序治理机构,真正展示我国社会主义司法制度的优越性。

3. 人工智能的司法应用及其限度。这一问题不仅关系信息技术在司法中的应用,而且关系司法的本质和人类未来的处境。自从笛卡尔提出

① 参见占善刚、王译:《互联网法院在线审理机制之检讨》,载《江汉论坛》2019 年第 6 期。

② 参见龙宗智:《重建民众对司法的信任感——当前司法的难题及应对》,载《南方周末》2010 年 7 月 15 日,第 F31 版。

“人体二元论”以来,智能与大脑(身体)二元论就成为哲学争论的中心问题之一。这种争论的内容是人类是什么和机器人的未来将是什么。① 从世界范围看,人工智能正从四个层面介入司法:一是逐步代替人力从事法条查询、案例检索、案件分类、庭审录入等相对简单机械、重复性高的工作。二是作为助理,完成司法咨询、合同审核、证据获取、裁判文书辅助生成等辅助性任务。三是对海量裁判文书进行统计分析并作出预测,为法官裁判提供参考信息。四是直接参与决策或进行局部裁判,如进行再犯风险评估、嫌疑人逃脱可能性判断、合理量刑测算等。② 我国亦大抵如此,如第一层次的庭审语音识别、电子卷宗随案生成及深度应用等机械化、可替代化程度高的工作;第二层次的自动生成诉讼文书、辅助生成简单案件的裁判文书等工作;第三层次的类案检索,为法官裁判提供参考;第四层次的参与核心裁判任务。总体上,人工智能促使司法活动产生了前所未有的深度变革,但仍只是辅助性作用,主要在外围、边缘的工作中有所成效,而在凝结了法律人智慧的核心判断性工作中仍难以胜任。作为司法活动核心的裁判工作面对的是人类日常生活的巨量知识,这些知识具有高度的逻辑性和复杂性,很难将这些非形式化的知识传达给形式化的计算机程序。计算机擅长做我们觉得困难的事情,而我们擅长于它们“觉得”困难,甚至不可能办到的事情。计算机具有无人能胜的速度和精确性,然而它们却无法“看清”事物的本质。③

人工智能的基础是数据,核心是算法。互联网时代,“人、事、物”都在被数据化,人的存在和意义都被变成了数据。④ 司法活动的质效也凝结在数据中,能随时还原全部司法过程和全部系统事实以及裁量权的正常波动。人工智能在未来司法中的应用深度,取决于计算机对裁判活动

① 参见[英]约翰·格里宾等:《历史焦点》(下卷),朱善萍等译,江苏人民出版社 2000 年版,第 615 页。

② 参见栗峥:《人工智能与事实认定》,载《法学研究》2020 年第 1 期。

③ 参见[英]约翰·格里宾等:《历史焦点》(下卷),朱善萍等译,江苏人民出版社 2000 年版,第 632 ~634 页。

④ 参见[美]马克·格雷厄姆、[美]威廉·H. 达顿:《另一个地球:互联网 + 社会》,胡泳等译,电子工业出版社 2015 年版,第 32 页。

的学习深度。[①] 随着深度学习的不断发展，司法活动未来将不断地被人工智能“解码”和“理解”，算法定义裁判、判决成为“算决”[②]也将成为可能。但是，要防止两个极端。一个极端是“算法黑箱”和“算法霸权”。[③]因为算法并非一种客观存在，而是隐含着价值偏好，甚至是偏见的一种决策。另一个极端是判决的单一化和司法的机械化，以致造成“单向度的人”和“单向度的社会”。当在线诉讼服务将司法转移出了物理空间，藏身于屏幕之后的法官对当事人而言是面目模糊的，似乎只剩下了数据的公开与互动。[④] 虽然法治原则是法官“依据法律”判决，而不是他们的个人观点，然而，法官是人，不是机器，司法的过程更多的是一门艺术而不是科学。著名心理学家弗洛伊德认为：无意识的头脑是人类创造力和情感问题的来源。[⑤] 现代社会的一大特征就是变化，它在运动，在迁移，在进化，在不断变化中。社会变化带动着法律理论一并前进。法官生活在社会之中，当他们周围的世界发生变化时，他们的思维方式也自觉或不自觉地发生变化。[⑥] 世界是一个无穷无尽的“变成”（becoming）。在法的发展史上，那些一度被认为是例外的后来成了规则，而那些一度被认为是规则的可能成了例外。如果机械地、整齐划一地适用法律就是法官的全部天职，那么人类就不会对司法有什么认知上的兴趣，而那些对案件卡片有最佳索引的人也就成为最睿智的法官。[⑦] 因此，电脑可以辅助法官办案，但不能取代法官。“机器人法官”只能是一种比喻，它不可能真正人格化，也不可能有责任能力。

---

① 参见栗峥：《人工智能与事实认定》，载《法学研究》2020 年第 1 期。

② 审判将在人工智能的辅助甚至操作下，从传统的“判决”走向未来的“算决”。参见王涌：《道义逻辑、人工智能与法律——霍菲尔德法律关系形成理论的应用》，载《经贸法律评论》2020 年第 2 期。

③ 参见马长山：《司法人工智能的重塑效应及其限度》，载《法学研究》2020 年第 4 期。

④ 参见芦露：《中国的法院信息化：数据、技术与管理》，载《法律和社会科学》2016 年第 2 期。

⑤ 参见［英］约翰·格里宾等：《历史焦点》（下卷），朱善萍等译，江苏人民出版社 2000 年版，第 621 页。

⑥ 参见宋冰编：《程序、正义与现代化——外国法学家在华演讲录》，中国政法大学出版社 1998 年版，第 124～128 页。

⑦ 参见［美］本杰明·卡多佐：《司法过程的性质》，苏力译，商务印书馆 1998 年版，第 9～14 页。

4. 网络社会治理的未来。加强网络社会治理,既是一个全球性的课题,也是我国治理体系和治理能力现代化的重要内容。目前,全世界有25亿有线网络用户和60亿无线网络用户,互联网成了各行业、各领域的中流砥柱,[①]并把世界变成了“地球村”。网络社会治理,不同于治理一个现实社会,但也绝不仅仅是治理一个虚拟社会,而是治理现实社会与虚拟社会相结合产生的“新社会”。[②] 与农业社会的“地域性”熟人社会和工业社会的“中心—边缘结构”陌生人社会相比,网络社会是彻底打破边界的“去中心”脱域化社会,且正在突破领域、族阀的限制,[③]对治理方式提出了非常大的挑战。运用法治思维和法治方式化解矛盾,以明确预期、稳定信心、激发活力,是优化网络治理的必然要求。

网络社会依法治理,首先面对的是网络主权问题。网络自由主义者认为,网民与传统主权国家之间不存在任何社会契约,网络空间也不存在于任何国家的边界之内,国家对网络空间没有主权;[④]网络主权肯定论者认为,如同电话和电报一样,互联网仍然是一种通信技术手段,因此完全可以受到国家管制;[⑤]还有学者提出“网络主权的分层法律形态”理论,认为网络主权的概念必须在物理层、逻辑层和内容层三个层面进行更为精细的界定。[⑥] 我国是网络主权论的坚定捍卫者。习近平总书记2014年7月16日在巴西国会演讲、2014年11月19日向首届世界互联网大会致贺词、2015年9月22日接受《华尔街日报》书面采访和2015年12月16日在第二届世界互联网大会开幕式上的讲话,都鲜明地强调了网络主权观。

---

① 参见[美]马克·格雷厄姆、[美]威廉·H. 达顿:《另一个地球:互联网+社会》,胡泳等译,电子工业出版社2015年版,“序言”,第2页。

② 参见张权:《网络空间治理的困境及其出路》,载中国发展观察网2016年9月5日,http://www.chinado.cn/?p=4258。

③ 参见张康之、向玉琼:《网络空间中的政策问题建构》,载《中国社会科学》2015年第2期。

④ 参见[美]约翰·巴洛:《网络空间独立宣言》,李旭、李小武译(达沃斯论坛,1996年于瑞士)。转引自王明进:《全球网络空间治理的未来:主权、竞争与共识》,载《人民论坛·学术前沿》2016年第4期。

⑤ 参见于雯雯:《网络治理法治化是依法治国的应有之义》,载《学习时报》2017年7月10日,第A3版。

⑥ 参见刘晗、叶开儒:《网络主权的分层法律形态》,载《华东政法大学学报》2020年第4期。

网络空间依靠网络连接一切,具有天然的开放属性,但作为现实社会的投影,它仍受制于现实社会的国家格局,不能突破主权国家的限制。理论上无边界的网络,实际上是由一个个界限分明的国家网络组成的。由此也产生了司法管辖权确定上的难题。比如,传统的刑法理论以时空范围和物理空间去确认刑事管辖权,包括领陆、领水、领空以及浮动空间,但网络空间没有国界限制,行为人的犯罪行为在网络空间中可能同时跨越数个国家,使得以属地原则为主,属人原则、保护原则为辅的传统刑事管辖权难以适应。尤其是网络跨国犯罪的迅猛增长,不仅挑战国内司法管辖,亦挑战国际司法管辖与合作,滋生网络社会治理国际司法合作调查协助取证难、收集固定证据难、提取转化运用证据难、司法裁判协助执行难、资产追缴返回难等棘手难题。① 这是需要各国认真研究和解决的问题。

当前,逆全球化抬头,一些国家推出"净网"计划,各国网络主权意识强化,国家间网络互通合作的不确定性增加,发展国内网络自循环的需求进一步强化。但开放仍然是网络不可磨灭的优秀基因。未来的网络社会应该是一个自由与秩序、规则与技术、安全与发展、主权与开放等不同价值高度统一的和平、安全、开放、合作的网络空间命运共同体。司法在这个发展过程中能否作为以及如何作为,是摆在我们面前的重大课题。法院裁判是社会秩序形成的方式之一,②互联网司法的核心价值就是要及时对互联网纠纷作出调整,积极确立和完善互联网领域的裁判规则,实现互联网领域的规则治理,特别是要积极输出裁判规则,推动形成国际标准和准则,增强我国在互联网空间和网络社会治理的规则制定权和国际话语权,为构建网络空间人类命运共同体贡献中国方案和中国智慧。

原文首发于《法律适用》2021 年第 3 期

① 参见徐汉明、张新平:《网络社会治理的法治模式》,载《中国社会科学》2018 年第 2 期。

② See Fuller, L. , *The Forms and Limits of Adjudication*, 92 Harvard Law Review(1978).

“全域数字法院”的构建与实现

李占国*

信息时代的法院究竟是什么模样？法院究竟是一个场所还是一项服务？① 正如先前在农业社会中演化形成的、主要是回应农业社会问题的普通法显然不能满足工业化、城市化调整发展的社会需要一样，②建立在工业化条件下、在工业化社会中形成的现有司法制度同样也不能满足信息化时代的社会发展需要。随着人类社会生产生活日益在线化，公众对司法的需求也在发生深刻变化，除了最基本的公开、公平、公正与程序性权利的保障外，公众还期待司法服务更加便利、快捷、开放、普惠、均等。以严谨、封闭、程式化为特征的现行司法应当作出怎样的调整，特别是在法院架构、诉讼制度、理论范式等方面应当进行哪些变革，才能及时有效地应对互联网浪潮的冲击，才能以数字正义实现更高层次的公平正义？③ 这已是摆在我们面前无法回避的时代命题。习近平总书记指出，我们要主动应变、化危为机，深化结构性改革，以科技创新和数字化变革催生新

---

* 李占国，浙江省高级人民法院院长。

① 参见[英]理查德·萨斯坎德：《法律人的明天会怎样？——法律职业的未来》（第2版），何广越译，北京大学出版社2019年版，第127页。2017年，萨斯坎德受邀在有2000位左右神经外科医生参加的集会上谈未来，他提出“病人们并不是真的想要神经科医生，病人想要的是健康”，同样我们也可以按照这种“结果思维”来反问，社会需要的究竟是法院，还是正义？参见[英]理查德·萨斯坎德：《线上法院与未来司法》，何广越译，北京大学出版社2021年版，第46页。

② 参见[美]本杰明·卡多佐：《司法过程的性质》，苏力译，商务印书馆1997年版，“译者前言”第2页。

③ 参见[美]伊森·凯什、[以色列]奥娜·拉比诺维奇·艾尼：《数字正义：当纠纷解决遇见互联网科技》，赵蕾、赵精武、曹建峰译，法律出版社2019年版，第56页。

的发展动能。[①] 司法机关应坚持创新思维、数字思维，以数字化改革撬动司法各领域改革，加快从信息化向智能化转变，进一步推动审判体系和审判能力现代化。本文在总结近年来中国互联网司法实践探索的基础上，结合浙江法院全面推进数字化改革的探索经验，提出"全域数字法院"这一全新命题，并从改革内涵、时代背景、现实基础、功能目标、基本要求、实现路径、具体样态等维度作一个宏观的勾勒，为新时代人民法院现代化建设之路提供一种新的可能和想象空间。

一、"全域数字法院"建设的时代背景和现实基础

（一）时代背景：互联网司法发展的良好基础

"我们塑造了工具，此后工具又塑造了我们。"[②]当前，人类社会正处在一个数字变革的新时代。网络信息技术变革在改造自然的同时，也日益改造着社会关系和结构，并向人们提出了法律变革上的诉求。例如，当前大量的涉网案件具有当事人分布跨地域、行为虚拟化、交流在线化等新要素，按照现有管辖规则进行诉讼，成本高、流程长、难度大，而互联网的无边界性和管辖连接点的多样性，事实上已使传统的地域管辖形同虚设。司法必须及时回应这些全新的挑战，形塑一个全新的司法运行模式，互联网司法应运而生。

近年来，我国互联网司法快速发展，为建设"全域数字法院"提供了良好的实践基础。自 2016 年 1 月最高人民法院提出"智慧法院"[③]的概念以来，中国互联网司法先后经历了"司法 + 互联网"、"互联网 + 司法"、"互联网司法"三个发展阶段，最后以"杭州互联网法院"为代表的"网上纠纷网上审"的方式方法，开启了用互联网方式治理互联网空间的新篇

① 参见习近平：《勠力战疫 共创未来——在二十国集团领导人第十五次峰会第一阶段会议上的讲话》，载中华人民共和国中央人民政府网 2020 年 11 月 21 日，http://www.gov.cn/gongbao/content/2020/content_5567741.htm。

② [加拿大]马歇尔·麦克卢汉：《理解媒介——论人的延伸》，何道宽译，商务印书馆 2000 年版，第 17 页。

③ 2016 年 1 月 29 日，最高人民法院信息化建设工作领导小组举行 2016 年第一次全体会议，最高人民法院院长、信息化建设工作领导小组组长周强首次提出建设立足于时代发展前沿的"智慧法院"。

章。这一时期的探索和显著成效为提出“全域数字法院”至少奠定了三方面的基础：一是制度性供给的积累。“改革要于法有据”是人民法院各项改革的基本原则，在“司法的互联网化”探索中，传统的组织法、程序法、实体法不断受到挑战，在立法没有明确规定的前提下，以互联网法院为代表的试水者在获得中央特别授权的前提下不断尝试适应在线诉讼、电子诉讼的新规则、新模式，最终形成涵盖各审判领域、覆盖诉讼全流程的《人民法院在线诉讼规则》，①为“全域数字法院”提供了制度性基础。二是技术性支撑的成熟。正如最高人民法院院长周强所强调的，司法改革与智慧法院建设如车之两轮、鸟之双翼。近年来，全国各地信息化建设中积累的各类顶层规划、技术方案、应用系统与推广经验以及日益普及的5G、大数据、人工智能、云计算等技术也都在司法领域有了不同程度的尝试与应用成效，为“全域数字法院”提供了成熟的技术土壤。② 三是数字化认知的培育。随着中国移动互联网与智能终端的普及，公众在积极参与在线诉讼的实践中逐步了解、熟悉、接受和认同互联网司法，尤其是2020年新冠肺炎疫情暴发期间，“非接触式诉讼”成为新常态。法官群体在运用信息化手段办案的过程中也逐渐培养起“用户习惯”与“互联网思维”，整个社会的数字意识与数字认知有了全面的提升，为推进“全域数字法院”改革奠定了良好的社会基础。

（二）现实基础：从信息化法院迈向数字化法院

要理解“全域数字法院”，首先必须要理解“数字化”与“信息化”的区别。“信息化”的本质与最鲜明的特征是“技术赋能”，即通过计算机、互联网等信息化手段提升传统业务流程的质效；而“数字化”本质和最鲜明的特征是“数字赋能”，根本要求是“制度重塑”。目前，信息化已经日新月

① 2021年6月16日，最高人民法院发布了首个规范人民法院开展在线诉讼工作的司法解释——《人民法院在线诉讼规则》。

② 在技术层面，人工智能使物联网获取了感知与识别能力，物联网为人工智能提供训练算法的数据，这也使智能物联网（AIoT）这一概念在国内兴起，而在虚拟世界中构架出的比较庞大的、具有可操作性的法律知识体系，已经可以在相当程度上实现案件处理、法律沟通、法律判断的自动化。参见苏宇：《算法规制的谱系》，载《中国法学》2020年第3期；季卫东：《人工智能时代的法律议论》，载《法学研究》2019年第6期。

异,而数字化仍处于起步阶段,还是一片需要攻坚克难的改革“无人区”。

第一,数字化改革是一场重塑性的制度革命。在我国,数字化时代加剧了传统、现代性与后现代性的碰撞交融,形成了特有的“中国问题”,这在西方现代化进程中未曾遭遇且与其他发展中国家明显不同,很难通过“移植”或者“比附”来参照解决。[①] 法院作为社会矛盾的最终裁判机关,必须通过数字化改革提升应对信息时代“中国问题”的数字化思维和数字化能力。这场革命是从技术理性向制度理性的跨越,核心是破除体制机制障碍,而不是简单地把数字化应用场景叠加到传统的体制机制上,也不是简单化、表面化的信息化建设、场景应用开发,“仅仅把技术工具用到旧有工作方式上……这种情况意味着技术只实现了自动化的效果,而没有实现转型。也就是说,各类系统把传统工作方法流程化和便捷化了,但没有实现彻底不同的工作方式……而非全面变革”。[②]

第二,数字化改革是法院现代化的关键路径。习近平总书记指出,没有信息化就没有现代化。[③] 这一重要论断深刻揭示出信息化与现代化的紧密联系,对司法现代化建设具有重大指导意义。现代化包含理念、制度、机制、方法和手段的现代化,数字化改革使技术深度融入司法,为以技术为牵引,重塑法院业务流程、组织架构乃至诉讼制度提供了前所未有的机遇。笛卡尔率先提出了经验直观、数学推理与自然世界之间的普遍必然联系,而信息技术的发展使科学研究与人类活动生产的数据呈指数级增长,一种新的透镜——大数据日益成为我们认识世界、改造世界的主导方式,[④]司法也与基于大数据分析的人工智能产生了密切的联系,[⑤]大量

① 参见马长山:《迈向数字社会的法律》,法律出版社 2021 年版,第 9 页。

② [英]理查德·萨斯坎德:《线上法院与未来司法》,何广越译,北京大学出版社 2021 年版,第 113 页。

③ 参见《习近平谈治国理政》第 1 卷,外文出版社 2014 年版,第 198 页。

④ 参见段伟文:《大数据知识发现的本体论追问》,载《哲学研究》2015 年第 11 期。

⑤ 在法律行业,人工智能的影响也在逐渐扩大。一些公司利用自然语言处理和信息检索技术,发明了让计算机阅读和分析法律文献的软件,可以代替大量人工。位于硅谷的 Blackstone Discovery 公司发明了一种法律文件自然语言处理软件,可以使律师效率提高 500 倍,而打官司的成本下降 99%。参见吴军:《智能时代——5G、IoT 构建超级智能新机遇》,中信出版社 2020 年版,第 585 页。

的人工智能技术已经贯穿于分案、审理、庭审、判决等司法全部流程中,①促进了司法审判效能的提升,推动了审判能力现代化进程。但在现有司法模式下,由于大多数法院仍停留在传统纸质办案阶段,智能司法的数据量严重不足,不足以引发大数据的质变效应。司法智能化的发展要求数据的整合与开放,即在数据的互联流通中达成跨界跨域的机器学习和知识生产。而这一过程必然会冲破建制化基础上的信息壁垒,促使条块分割、自我封闭的“信息孤岛”逐渐联通,这是构建“全域数字法院”的技术之需。

第三,数字化改革是全面提升法官现代化能力的重要契机。目前,案多人少已经成为全国性的现象,已经从过去的次要矛盾和局部矛盾上升为我国司法的一对基本矛盾。② 实践证明,仅仅依靠传统的手段工具、方式方法、机制体制很难彻底解决案多人少、审判监督等难题。充分发挥数字化这个当今世界最大变量的牵引作用,通过数字赋能推动制度重塑,可以最大限度优化审判资源配置,实现跨区域、跨层级、跨法院调配司法资源,有效解决法官忙闲不均、监管存在盲区等问题。同时,人工智能在审判实践中应用日益广泛,使算法技术和法官认知集合为一个新的裁判认知系统,③必将带来裁判形成方式的重大变革。不难预见,在交通事故、网购、民间借贷、信用卡等这些法律关系简单、纠纷类型化、要素结构化程度高的案件中,人工智能的全面替代可能会在不久的将来就能实现,④法

---

① 例如,北京市海淀区人民法院建设微信立案服务平台;广州市中级人民法院对 300 万件同类案件进行大数据分析,形成“智审辅助量刑裁决系统”;上海市高级人民法院通过运用大数据技术对上海原有司法数据进行分析,推出“上海刑事案件智能辅助办案系统”;浙江三级法院通过大数据技术,对网络购物合同、道路交通事故、金融等案件进行结构化分析,推出“凤凰智审”等产品,加大智能审判力度。

② 参见孙笑侠:《“案多人少”矛盾与司法有限主义》,载《北京日报》2016 年 11 月 7 日,第 14 版。

③ 参见肖峰:《认知的算法阐释:人工智能对当代认识论研究的启示》,载《学术界》2021 年第 2 期。

④ 目前,国际领先的互联网公司 eBay 和阿里巴巴等均成立了 ODR 程序在线解决争议,并在争议解决前期采取的是无人工干预、完全由智能软件程序基于海量数据分析引导争议双方达成一致解决方案的方式,仍然可以让双方感受到一种不偏不倚的公平。参见[美]伊森·凯什、[以色列]奥娜·拉比诺维奇·艾尼:《数字正义:当纠纷解决遇见互联网科技》,赵蕾、赵精武、曹建峰译,法律出版社 2019 年版,“译者序”第 1 页。

官则可以集中精力审理疑难复杂案件，进一步有效解放和发展司法生产力，促进公平正义目标的实现。

（三）命题提出："技术+制度"的"全域数字法院"

无论从"时"还是"势"的角度分析，数字法院已经成为矗立在人民法院迈向现代化道路上的必经阶段。得益于在互联网应用与基础设施方面的领先地位，中国社会在全球率先进入数字化时代，因而中国法院也成为世界法治文明进程中第一个直面"数字法院"历史命题的法院。

"全域数字法院"是"智慧法院"建设的拓展和升级，是对互联网司法内涵的深化与完善，是信息时代现代化法院的理想样态。一般认为，互联网司法有以下三层含义：一是专指技术层面的"互联网化的司法"。二是特指治理层面的"互联网的司法"。三是"互联网化的司法"和"互联网的司法"的综合体。[①] "全域数字法院"从上述第一层内涵"互联网化的司法"出发，通过技术与制度的交互正向促进，实现了对传统法院的彻底数字化改造，达到全域化、一体化、智能化和制度重塑等目标。因此，从某种意义上看，"全域数字法院"是一种以"法院"为视角的互联网化司法的高级形态，目前它还只是一个形成中的新概念。

关于"全域"的界定，"全域"有全区域、全领域、全方位、全覆盖等含义，之所以在数字法院之前加上这样的限定，主要是为了凸显这项改革不是一个信息化项目，也不是局限于一地区、一法院、一事项、一流程，而是覆盖所有法院、贯穿所有流程、涉及所有要素的全局性改革。如果说互联网法院、移动微法院、在线法院分别只是一个点，"全域数字法院"则是一个面，是从"风景"到"全景"的集成融合、蝶变升级。所谓"全域"，具体体现在以下三个维度：一是司法领域的全业务覆盖、全要素优化、全周期管理。二是物理空间（线下）和数字空间（线上）全覆盖。三是法院嵌入或深度融入社会治理，实现跨层级、跨地区、跨部门的全覆盖。因此，"全域数字法院"不是一家实体法院（不同于具有实体意义上的"互联网法院"），也不是法院的一个业务系统或平台（不同于技术概念上的"智慧法

① 参见李占国：《互联网司法的概念、特征及发展前瞻》，载《法律适用》2021年第3期。

院”),而是“技术+制度”的现代化法院新样态。

二、“全域数字法院”的功能与目标

“全域数字法院”应数字时代而生,其欲实现的功能就是充分利用数字化手段破解司法困局。相较于“智慧法院”而言,“全域数字法院”在高度信息化的基础上,更加注重诉讼流程的再造、诉讼制度的变革与法院组织架构的重塑。

(一)优化审判资源:为提升法院生产力提供原动力

“全域数字法院”通过对整个传统法院体系、组织架构、管理模式的彻底重塑,实现对所有司法资源与业务流程的优化,并对现有司法人员的职责与定位重新界定分配,全面推进审判体系和审判能力现代化。

1.审判组织与业务流程的变革。法院内部组织由员额法官、法官助理、书记员、司法行政人员等不同类别的人员组成,司法改革后,典型的最小审判单元是“一审一助一书”。因为编制、经费等限制,在中、高级人民法院更多的采取“三审一助一书”模式,其运作逻辑就是前文所述的基于工业时代的“卷宗主义”思路。在“全域数字法院”体系中,传统物理空间的办案模式被线上的平台式司法逐步替代,所有审判资源均依托于统一平台完成线上的整合与数字化的转型,这种技术上的创新正在逐渐倒逼人民法院组织架构的变革,也为重新规划法院内部组织提供了无限的想象与可能。[①]

审判组织所承担的任务按其与裁判核心事务的距离远近可以划分为“司法辅助事务”(送达、记录、归档、排期等)与“司法核心事务”(主要指裁判权的行使),而介于两者之间还有“类核心事务”(立案审查、管辖确定、案款发放等各类事务)。人民法院“四五”“五五”改革纲要中均明确提出要推进司法辅助事务的“集约化、社会化、智能化”改革。[②] 如果以法

---

① 目前,浙江全省法院正在开展的司法事务集约化就打破了传统法院或团队包案到底的模式,将一个案件办理过程中不同流程环节分别交由不同专业团队完成,并依托平台实现以往难以完成的线上协同,既发挥了专业化的优势,也改变了传统的司法责任制模式,为全国法院司法改革中的“三化”改革提供了成功的样板。

② 如苏州市中级人民法院、南京市中级人民法院的数智工厂,深圳法院的集中编目中心,福建省高级人民法院的全省集约送达中心,湖州市中级人民法院、温州市中级人民法院的市级集约中心等,根据笔者实地调研考察的了解,上述法院集约事项的范围、集约程度均有较大差异。

院审级和事务类型为两个维度对这类集约改革作一个区分，可以将法院组织架构的集约化改革划分为以下不同模式：从县级法院内部辅助事务的集约改革，到全省域法院各类事务，甚至到司法核心事务的集约化改革，数字法院转型中对传统法院组织架构的重塑甚至颠覆程度也由浅入深。

第一，基层法院流程整合。传统办案模式在县级法院层面即开始发生变化，打破“一人一团队包案到底”的形态，将纠纷解决全过程中的不同环节拆解开来，分段集约、流水线作业，立案、送达、保全、记录、发放案款等不同辅助事务不再由一个法官或合议庭完成，而是改为每个环节固定由特定司法人员来负责全院所有案件的上述事务。例如，原来每个案件的送达由承办该案件的助理或书记员来完成，现在改由专业团队来完成全院所有案件在不同阶段的送达工作，并将送达结果通过平台自动反馈给各个案件的审判团队，法官真正将精力集中在最核心的事实查明、法律适用上，法官只负责“提刀走进手术室”，而所有“体检、化验、消毒、术前准备、术后复查”等均由专门的辅助团队完成。

第二，市域司法资源集约。即从一个法院内部到跨法院间的集约化改革，在地市级范围内实现了两级法院司法事务的重新组织与司法资源的统筹调配。以执行案件“分段集约化办理”模式为例，将市域内同一案件中的执行实施权分解、配置给不同机构或人员行使，将不同案件中的同类权力集中交由同一机构或团队行使。具体而言，通过将执行工作中涉及的不同环节模块化，建立起立案、初次接待、制作发送程序性文书、网络查控、收发委托执行请求、录入失信被执行人信息、网络拍卖辅助工作等不同工作单元，由不同团队专门集约化实施各类辅助性事务，服务执行实施团队。大量的信息收集和处理由各个专业工作单元承担，单元与单元之间的协助就像机器的齿轮一样，环环相扣，相辅相成。

第三，省域司法机制重构。即全省范围内的司法资源实现了跨市域再分配。例如，全省设置“一个立案庭”，负责审查案件是否符合立案标准，以解决各地立案标准不一导致“立案难”的问题。需要指出的是，这里的“一个立案庭”，并不是一个实体化、建制化的立案庭，而是全域法院共建共管共享的“线上协同作业共同体”，通过技术手段、跨域立案、共享法庭等方式提供均等、普惠、便捷的立案服务。一个个案件的具体审理仍按照诉讼法的规定确定管辖,并不会影响当事人的管辖利益、审级利益。即使当事人选择采取传统的线下方式申请立案,在全域数字法院的条件下,也完全有条件通过就近跨域方式申请立案。再如,在司法核心事务方面,各地法院法官可以在线组成合议庭完成案件的阅卷、开庭、合议等流程。从某种意义上说,全域法院依托一个平台“不破行政隶属,破除行政壁垒”。①

2. 司法人员职责定位的转型。加塞特曾提出一个精彩的命题“技术就是人们为了省劲而费的劲”,②并随之提出两方面的追问,这两条追问同样适用于数字法院建设:一是法官、助理、书记员等“省下来的力气”要重新分配到哪里去。二是当80%的司法事务是由20%的人通过不断整合法律专业知识与技术创新来提升效率、节省力气完成后,大多数司法人员将因为各类便捷而能力日益退化,而少部分人既精通审判业务又不断参与技术研发而愈加专业,从而形成司法人员群体内部的两极分化。

一种观点认为,如果长期使用智能辅助审判系统,法官很可能逐渐从主体性角色转变为客体性角色。在机器的刚性智能约束下,法官需要有非常强的自主性才会去挑战算法做出的决定,法官最终很有可能变成程序智能的确认者。③ 这时,辅助审判系统就会变成真正的审判系统,而人类行为则变成了辅助。这一点与黑格尔的“主奴”辩证法逻辑非常相似。这种观点从技术上讲是可能的,随着数字赋能的不断深入,特别是算法的改进或新算法的发明,人工智能应用于司法领域的广度和深度也会不断扩展,推动越来越多的人工司法辅助事务、类核心事务,乃至核心司法事务被智能化应用所替代。与此同时,随着司法流程不断数字化与算法化,也会需要更多的法官来参与组织海量复杂法律材料和流程,并对其建模。

---

① 这种省域层面司法资源的整合首先遇到的就是《法官法》《法院组织法》等法律的制约,但目前已有法院通过跨市借调法官、异地人大任命的方式,为法官跨域办案提供授权。

② 参见[西班牙]敖德嘉·加塞特:《关于技术的思考》,载吴国盛编:《技术哲学经典读本》,上海交通大学出版社2008年版,第269页。

③ 季卫东认为人工智能等技术是实现司法正义的手段,不可急于求成。参见季卫东:《人工智能时代的司法权之变》,载《东方法学》2018年第1期。

未来法官会将平台与系统所节约下来的时间与精力越来越多地投入到算法与模型的建构中，逐渐实现从“个案的审理”向“类型案件裁判规则的提炼”、“知识图谱的整理”及“智能算法的开发”转型，将个案的规则、审理的技巧、裁量的尺度通过代码输出给其他所有法官、所有案件。正如有学者所言，未来的法律行业可能会出现“法律知识工程师”“法律技术专家”“法律流程分析师”“法律数据科学家”等10大类新角色。① 我们相信，这种趋势将会在法学院、律师事务所、检察院、法院甚至行政机关、立法机关等大量涌现，而且这些新角色的部分或全部活动将渐渐融入法官的传统工作中去，未来数字法院的法官也必将承担起完全不同于传统司法语境下的法官职责。

但是，我们也必须清醒地认识到人工智能在司法应用中的限度问题。它不仅是一个关系到司法能否数字化以及如何数字化的技术问题，而且关系到何为司法以及司法如何作为的重大司法伦理问题。面向算法的认知阐释不能被视为一种无所不能的理论，至少就目前而言，人的认知中还存在若干方面不能被算法所阐释。认知的可算法化与不可算法化的划界问题，可能会随着算法能力的增强而不断变动，但不可能被完全突破。② 算法对于可量化、可计算、可交换的交易型纠纷可能比较擅长，但对于婚姻家庭纠纷、继承纠纷、人身侵权、劳动争议等伦理性较强的案件，仅具“片面而深刻”的“有限合理性”，可能作出让人无法接受的判断。

（二）实现更高水平的正义：从“接近正义”迈向“可视正义”

公平与正义永远是司法追求的价值目标。传统环境下，司法裁判对正义的追求受制于物理时空的资源限制、区间阻隔和机制障碍，个别案件中还受到人情因素、法官认识水平的影响，导致诉讼费用高昂、诉讼过程烦琐漫长、“同案不同判”等影响正义实现的难题一直客观存在。20世纪中叶以来，“司法危机”在世界范围内大面积出现。为了摆脱这一困境，

① 参见[英]理查德·萨斯坎德：《线上法院与未来司法》，何广越译，北京大学出版社2021年版，第156页。

② 参见肖峰：《认知的算法阐释：人工智能对当代认识论研究的启示》，载《学术界》2021年第2期。

人们发起了旨在为当事人接近法院、实现诉权提供实质保障的“接近正义”运动。但“接近正义”运动需要付出较高成本和代价,面临诸多难题。① 信息革命的到来,给“接近正义”运动的整体转型提供了巨大动力和难得契机,“为更加接近正义奠定了现实基础”。②

第一,重塑司法运行模式,推动正义可视化。“全域数字法院”能够实现全部诉讼活动在同一个平台进行,法官与当事人在平台上每点击一次鼠标就留下一串数据,每天不断积累海量的身份数据、行为数据、关系数据、财产数据等,这些数据以高度结构化、要素化的方式采集、存储、分析,深刻重塑着司法运行模式,具体表现在:在案件办理上,支持全流程在线审理,办案过程智能辅助,审理信息全方位在线公开。在监督管理上,实现重点案件自动化标识、标签化处理、节点化控制,建立智能化、自动化、精准化监管机制。在平台载体上,实现内部平台整合对接,外部数据互联互通,形成系统集成、集约高效、信息共享的平台建设模式。③ 司法运作的这种平台化转向,能够“让数据发声,使数据关联,用大数据思维发现审判规律、提高审判质效”,④在微观(司法机关内部)、中观(司法机关与当事人)和宏观(司法机关与全社会)三个层面实现不同程度的数据分享和在线互动,实现了正义的可视化。

第二,司法决策建模化,促进实质正义的实现。面对日常生活中种类繁多、情节复杂的案件,传统的法律规则很多情况下难以做到直接适用,自由裁量不可避免。即便是最智慧的大法官,也只能作出分散性、个体性的裁判,无法克服个体决策的有限性,导致司法实践中出现“同案不同判”的情况,影响公平正义的实现。在“全域数字法院”中,司法人工智能

---

① 参见[意]莫诺·卡佩莱蒂编:《福利国家与接近正义》,刘俊祥等译,法律出版社2000年版,第5页。

② [美]伊森·凯什、[以色列]奥娜·拉比诺维奇·艾尼:《数字正义:当纠纷解决遇见互联网科技》,赵蕾、赵精武、曹建峰译,法律出版社2019年版,第64~65页。

③ 参见胡仕浩:《中国互联网司法发展的路径与方向》,载《人民法院报》2019年9月7日,第2版。

④ 李阳:《打造智能时代司法文明新坐标——人民法院智慧法院建设工作综述》,载《人民法院报》2019年3月10日,第7版。

通过数据标注识别、案件要素抽取、知识图谱构建来进行算法建模，这个“机器人法官”拥有的不再是法官个体或合议庭法官的有限能力和个体经验，而是来自海量类似案件信息及裁判结果的数据库运算，它所作的每一份判决，都是一项数据庞大的实证法研究和综合衡量。① 这样才真正可能创造出“聚合的奇迹”，这相当于整合、提炼了所有裁判案件法官的集体智慧和最佳方案，既为解决“同案不同判”问题提供了客观基础，也最符合整体正义观。

（三）实现更高水平的智能化：深度融入社会治理大格局

司法是解决社会矛盾纠纷的有效途径，是社会治理体系中的重要组成部分，但受制于传统理念中司法被动性、有限性的特点，司法如何有效融入社会治理体系是实践中的难题，也是理论争议的焦点。随着平台化、无纸化的完成，依托平台实时汇聚沉淀的大数据，利用“算法 + 模型”进行综合分析运用，可以实现法院与其他党政机关、企事业单位之间信息的双向互通，构建起多维度当事人的画像体系，为事前精准治理提供数据支持。利用诉讼中获取的民事刑事判决记录信息、个人未履行生效判决信息、失信被执行人信息等，通过公共数据平台共享给民政部门、通信运营商、证券保险公司、银行等，可以构建覆盖全社会、全行业的个人信用体系，在行业准入、享受政策福利、求职就业等不同领域将失信被执行人的情况纳入参考，并在奖励和荣誉、②任职资格、③政府支持或补贴、特殊市场交易、④高消费、从事特定行业和项目、⑤行业准入资格⑥等方面进行相

① 参见马长山：《迈向数字社会的法律》，法律出版社 2021 年版，第 29 ~ 31 页。

② 例如，在授予文明村镇、文明单位、文明家庭、道德模范、慈善类奖项上的限制，失信被执行人在其工作单位评先、评优上的限制。

③ 例如，在担任国企高管、事业单位法定代表人、金融机构高管、社会组织负责人上的限制；在招录（聘）为公务人员、担任党代表、人大代表和政协委员上的限制；入党的限制以及在入伍服役、评先上的限制。

④ 例如，在从事国有资产交易，使用国有林地、草原及其他国有自然资源利用上受限。

⑤ 例如，在设立金融类公司、发行债券、设立社会组织、参与政府采购活动、参与工程项目的招投标活动上进行限制。

⑥ 例如，在海关认证上，从事药品、食品等行业上，房地产、建筑企业资质上，检验检疫业务上实行限制性管理。

应限制。另外,法院的数字化改革实践还可以撬动、带动行政机关的数字化改革,[①]协同推进社会治理水平,真正发挥司法对提升国家治理体系和治理能力现代化水平的重要作用。

传统社会的层级结构和层级势能所依靠的物理时空基础和载体,正在逐渐被数字时代的扁平化、个别化、流动化的社会关系和社会结构所消解。网络纠纷巨量化、数据鸿沟日益扩大、算法歧视无处不在等新问题,更是超出了它的涵摄和能力所及的范围。与此同时,日益崛起的网络化、数字化和智能化平台,却不断地加速万物联通、业务覆盖和智能升级,使人力、物力和财力能够突破以往的物理时空限制而进行全景融合、高量赋能且成效获得指数级放大。这种发展趋势深刻地改变了社会治理体系,孕育了全新的智慧治理,进而从层级“势能”转向数字化“动能”,发挥智慧治理的支撑作用。[②] 人民法院只有遵循数字社会的治理逻辑,致力于数字善治,让更多的人能够分享新兴科技所带来的进步、福利和便捷,成为数字时代的主人而不是“信息社会的囚徒”,[③]通过自身数字化改革积极融入社会治理的大格局中,才能更好地发挥司法的功能和作用。

三、“全域数字法院”的基本要求及实现路径

(一)“全域数字法院”的基本要求

“全域数字法院”作为一项系统性、重塑性改革,目的在于最终建成全业务平台通办、全时空泛在服务、全流程智能辅助、全领域资源整合、全方位制度变革的现代化法院,必须同时实现以下三方面的深度融合、共享协同、互联互通:

第一,线上线下深度融合。相比于互联网法院“网上案件网上审”,

---

① 例如,上海市青浦区人民法院、苏州市吴江区人民法院、浙江省嘉善县人民法院共同研发上线“长三角示范区执行在线”平台,依托三地的“最多跑一次”机关内部协同办事平台,分别对接属地政府、公安、税务、住建等高频协作单位,推动不动产、公积金、车辆查控等16个事项线上跨域办理,办理事项最短仅需5分钟,该项目已入选《法治日报》2021年全国社会治理创新案例。

② 参见马长山:《迈向数字社会的法律》,法律出版社2021年版,第274页。

③ [英]卢恰诺·弗洛里迪:《信息伦理学》,薛平译,上海译文出版社2018年版,第360页。

“全域数字法院”还需要处理大量线下纠纷，同时囿于当事人意愿等客观情况，其纠纷解决流程不可能全流程在线，更多情况下是以一种“部分线上、部分线下”的方式为社会提供诉讼服务，①这就要求法院实现线上线下无缝衔接、自由切换。如果不考虑互联网法院作为组织法上的专门法院，当所有普通法院实现数字化改革后，可以认为，从技术角度看，“全域数字法院”即意味着每家法院均是“互联网法院”。② 需要厘清的是，无论是阶段性模式，还是全程性模式，线上办案并不等同于无纸化办案，例如，当事人以纸质材料到法院起诉的，法院可以通过扫描、OCR 识别对诉状与证据材料完成数字化、电子化，即使后续的调解、庭审过程中，双方到线下法庭参加诉讼，法院依然可以利用上述电子卷宗进行质证、记录、签章等无纸化办理。未来还应不断完善语音识别等技术手段，逐步实现线下诉讼活动的自动电子化、数字化，打造更高水平的线上线下深度融合。

第二，内网外网共享协同。目前，由于我国法院的网络架构采取的是专网与外网物理隔离的模式，法院主要的业务系统、司法数据均部署、存储在内网，全国 3484 家法院、30 万名干警主要在内网办案办公。社会公众与当事人必须从与法院专网物理隔离的互联网端才能获得司法服务、参与诉讼活动，公安、检察、国土、税务、民政等其他机关、金融机构、行业组织、公司企业的数据、业务也只能通过专线或互联网与法院进行共享、协同。“全域数字法院”将在确保安全的前提下，打造具有强大支撑能力的数据中台和业务中台，实现法官在内网的办案活动与群众在外网的诉讼行为互联互通、高效协同，实现公安、检察等单位的数据

① 2021 年 5 月 18 日最高人民法院审判委员会第 1838 次会议通过《人民法院在线诉讼规则》，第 4 条第 2 款第 3 项规定“部分当事人同意适用在线诉讼，部分当事人不同意的，相应诉讼环节可以采取同意方当事人线上、不同意方当事人线下的方式进行”。在可以预见的未来，线上线下相结合将会是一种诉讼新常态。

② 当然，互联网法院作为专门法院在网络空间治理以及在线诉讼规则探索方面具有不可替代的作用，这是不容置疑的，也是中央将杭州互联网法院推广至北京、广州两地的原因。中央全面深化改革领导小组专题审议并通过决议，明确赋予杭州互联网法院“提升审判效能”“完善审理机制”“探索案件诉讼规则”“推进网络空间治理法治化”四项任务，说明互联网法院具有重大制度创新意义，应当具有专门法院的地位。

共享、业务协同。[①]

第三,有线无线互联互通。随着移动互联网的普及,智能手机、平板电脑逐渐成为百姓生产生活的重要工具,司法部门利用专业 APP、微信小程序等无线端的通道为社会提供在线司法服务也成为时代的刚需。基于微信小程序开发的移动微法院具有"无需下载、扫码即用、用完即走"等轻量化应用的特点,对于一辈子可能只打一次官司的普通民众来说,能够满足其低频次、易学习、轻应用的技术需求。但小程序的弊端也很明显,即功能相对简单、承载力弱。对于律师、银行等高频诉讼群体,则需要通过 PC 端来提供更加丰富、全面、专业的诉讼服务,以满足其多样化、差异化、精细化的业务需要。因此,只有有线无线的相互配合,才能够较全面地覆盖数字办案的各类应用场景。

(二)"全域数字法院"的实现路径

构建"全域数字法院",需要一定的技术支撑并满足司法运行的特定要求,结合已有的探索经验与试错教训,可以大致总结出一条符合中国法院的改革路径,即"平台化 + 无纸化 + 智能化"三阶段方案。

第一阶段,平台化整合,实现"碎片化应用"到"一平台通办"的转变。传统法院业务系统建设中的"碎片化"问题,已经成为严重制约法院信息化建设、影响群众司法获得感的"瓶颈"。[②] 近年来,最高人民法院大力推动"两个一站式"建设,[③]在物理空间上解决了"只进一扇门"的问题。当事人通过互联网参与诉讼还是存在申请立案、保全、执行等分别不同入

① 各国民事诉讼模式出现了从辩论主义向协同主义的转向,在当事人之间对抗的同时强调他们之间的合作与协同,在法官与当事人之间相互制约的同时强调他们各自发挥积极作用协同促进诉讼。1978 年德国著名法官瓦塞曼(Rudolf Wassemam)出版的《社会的民事诉讼——社会法治国家的民事诉讼理论与实务》一书认为,"社会法治国家中的民事诉讼之模型是以'作业共同体'为其特征的。这种法院与当事人之间的协力既可构成一种行动倾向,亦可将其主义化为'协同主义'"。参见张珉:《协同主义诉讼模式:我国民事诉讼模式的新选择》,载《国家检察官学院学报》2005 年第 6 期。这一理念和诉讼模式在"全域数字法院"的条件下更能得到全面贯彻。

② 据不完全统计,有的法院业务系统多达 80 余套,对外服务群众诉讼也有若干入口,严重影响用户体验。但回顾诸如阿里这样大型商业平台的发展历程,也大多都经历过从碎片化到平台化的过程。

③ 即"一站式诉讼服务中心"与"一站式多元解纷机制"建设。

口、多次登录、反复录入信息的情况。对于法官也存在同样的问题，无法真正实现“全流程”数字化办案。

平台化建设旨在接通在不同业务、不同领域和不同层级之间存在的数字化“断点”，形成“全域数字法院”的基础支撑能力。具体包括：一是建成“一个平台”。加强系统集成与数据融合，整合人民法院传统信息化建设中的所有业务系统，从审判到执行，从一审到二审、再审，从调解、信访到审执业务，从司法行政到人事管理，建成上下贯穿、横向联通、前后衔接的“一体化办案办公平台”。二是实现“中台支撑”。中台一般包括“业务中台”、“数据中台”和“智能中台”。[①] 首先，将不同业务场景中共同的功能整合、沉淀到“业务中台”，为法官和当事人“两端”赋能，为快速创新提供便利。其次，“业务中台”将各应用场景产生的数据沉淀于“数据中台”，由“数据中台”对全域的数据进行汇聚、清洗、加工、挖掘。最后，“智能中台”则通过智能化的工具为“业务中台”提供语音识别、文字识别等通用化的智能服务。[②] 三是积累“知识能力”。依托覆盖全域的“数据中台”，集质效分析统计、报表生成、指标速算等服务能力于一体，为审判权力运行监督、司法管理以及国家治理提供基于司法大数据的决策参考服务。

第二阶段，无纸化改革，实现“传统线下办案”到“全流程网上办案”的转变。依托于一体化办案办公平台，在立案、审理、执行、归档等环节全面推行以全流程“电子卷宗单轨制”为核心的无纸化改革，不再保留纸质卷宗或纸质材料。[③] 这项改革是面向法院内部办案办公方式的彻底转

---

① 中台架构是基于互联网技术与业务相结合的多年实践、积累而产生的新一代应用架构体系的核心，是前端应用敏捷构建的主要支撑，也是“互联网 + 政务”转型成功以及该过程中业务能力创新的保障之一。参见钟华编著：《企业 IT 架构转型之道：阿里巴巴中台战略思想与架构实战》，机械工业出版社 2017 年版，第 15 页。

② 阿里集团发展早期也遇到同样的“碎片化”问题，从 2015 年开始施行“集团中台化战略”。参见钟华编著：《企业 IT 架构转型之道：阿里巴巴中台战略思想与架构实战》，机械工业出版社 2017 年版，第 8 页。

③ “电子卷宗随案同步生成与深度应用”是数字法院的基础，也是最高人民法院智慧法院 3.0 发展规划的重要内容，经过近年来的探索，浙江法院在 2020 年年底实现“以电子卷宗为主、纸质卷宗为辅”的单轨制无纸化办案，全省法院无纸化办案率达到 98%。

型,而不是强制当事人必须进行线上诉讼,即向群众提供线下诉讼之外的“增量”服务。无纸化改革的关键与难点在于转变法官的办案方式,要让法官习惯于全流程无纸化办案的前提是“法官作为平台设计师”,让法官从用户角度参与平台的开发与建设、迭代与完善。①

无纸化改革包括三方面内容:一是全面加强卷宗治理。鼓励当事人、律师通过微法院、法院网等平台进行网上立案、提交诉讼材料,对于到立案窗口提交纸质材料的,通过现场扫描进行电子化处理。二是全面加强流程治理。深度应用电子卷宗于调解、庭审、评查等案件全生命周期,形成全流程、全要素、全覆盖的无纸化办案机制。三是全面加强行为治理。从分案、审批、阅卷、合议等法官的日常行为入手,全流程实现在线化、数字化、电子化,引导法官将网上办案作为一种自觉和常态。

第三阶段,智能化赋能,实现“司法信息化”到“司法智能化”的转变。充分利用“算法+数据”的优势,在智审、智执、智服、智管各方面全面发力,积极探索人工智能与司法活动的深度融合。一是深化审判节点智能化。依托OCR文字识别、ASR语音识别、NLP自然语义处理等技术为办案人员提供立案信息回填、繁简自动分流、笔录智能生成、类案智能推送、文书智能纠错等审理全流程伴随式智能辅助。二是探索类案裁判智能化。以裁判规则相对简单清晰的类型化纠纷为主攻方向,由法官总结梳理该类纠纷的所有裁判规则并形成最小颗粒度的知识图谱,并由算法专家根据业务场景选择算法模型和编制代码,使其具有分析案卷材料、庭审实时归纳争议焦点、同步生成裁判文书等功能,以人工智能的感知、分析、学习能力辅助法官,实现案件当庭宣判、当庭送达、当庭归档。三是推动网络治理智能化。积极探索智能化背景下的诉讼制度变革和法学理论创新,大力推动网络空间行为准则与治理规则的完善,探索“代码+法律”

① 当然,对于这点也有不同声音,有观点认为,在线上法院开发初期,让规则委员会扮演“系统架构师”的角色,本质上就是要他们在纸面上预先设计好整套系统,这显然是行不通的,他们不能预见到开发过程的方方面面,同时这会要求规则详尽到不切实际的程度,往往也并无此必要。参见[英]理查德·萨斯坎德:《线上法院与未来司法》,何广越译,北京大学出版社2021年版,第162页。

的融合治理，变事后的裁判为事前的预防，加快从“事”到“制”、从“治”到“智”的转变。①

四、“全域数字法院”的具体样态

在平台化整合、无纸化改革、智能化赋能三阶段基本完成后，人民法院所有审判活动全流程、全方位转至平台上办理，各类业务流程与审判资源不再受到物理空间的束缚，传统诉讼制度与法院组织架构因此有了彻底变革和重塑的可能性。未来的“全域数字法院”主要呈现为以下四方面的具体样态。

（一）全生命周期的司法平台

在平台化建设的基础上，“全域数字法院”以“案件全生命周期”为核心，②注重各个业务流程、各方诉讼主体之间的耦合性和协同性，打破传统各个业务系统的“信息孤岛”与“数据烟囱”，实现从多业务系统到全生命周期司法平台的转变。

1. 全业务平台“一站通办”。“全域数字法院”视角下的一体化司法事务平台，即对外提供统一的在线诉讼服务通道，对内建成一体化办案办公平台，两者互联互通、高效协同：一是为诉讼参与人提供网上立案、调解、缴费、送达、庭审等全流程诉讼服务，为法官提供阅卷、审批、合议、撰写文书、监管等所有办案办公服务，实现贯穿案件立案、审判、执行的全链条、全业务、全场景的响应。③ 二是上下级、不同地区法院之间在案件移

---

① 值得注意的是，与平台化、无纸化不同，智能化是一项永无止境的事业，没有明确的终点或分界点，因此，对于“全域数字法院”的智能化水平需要达到一个怎样的水平，目前很难提出一套类似于无纸化办案率、平台化整合率的客观指标。

② 有一种观点认为，司法是一种公共产品，其并非法律人自给自足、自我欣赏与消费的对象，而纯粹是一种以外部社会成员为供给对象的公共产品，亦是公共服务法律体系的组成部分。因而对司法的评价应尊重“消费者体验”，这里的“消费者”是指包括国家、社会、当事人在内的运用司法并从司法中获益（是否获益与胜诉败诉无关）的主体。参见顾培东：《人民法院改革取向的审视与思考》，载《法学研究》2020 年第 1 期。

③ 以浙江为例，在 2020 年 2 月新冠肺炎疫情最严重的月份，浙江法院依托“一云两端”网上立案 2.8 万件，网上开庭 2000 多次，鄞州区人民法院法官黄文娟被困湖北 50 天，在没有纸质案卷的情况下，在线办案 50 余件。此可谓司法领域的“山川异域，风月同天”，因为无论身在何处，法官都能够为群众解纠纷，办好案。

送、跨域立案、管辖指定、委托执行等事项上实现全面的线上协作。三是法院与公安、检察、司法等政法单位,与不动产、税务、银行等协作单位之间实现全面的“多跨”协同,从而达到实现全生命周期“一站通办”的效果。通过这种跨部门、跨系统、跨业务的平台协作,可以倒逼社会治理各个领域的平台化建设。

2. 全周期数据“深度连接”。一是以数据流动为驱动覆盖调、立、审、执全节点所有办案流程,[①]以数据的流动代替当事人和法官跑腿。二是以数据连接为驱动,推进协同一体化突破,纵向覆盖不同审级法院,横向实现与公安、检察、司法对刑事案件的在线协同,实现与行政执法、行政复议机关对行政案件的在线协同。[②] 三是以数据运用为驱动,推动司法监督模式再造。汇聚全域法院的案件信息,将司法人事、司法政务、司法研究、信息化管理、外部数据等数据体系作为数据资源,形成覆盖人、案、事、物全方位所有司法政务环节的大数据,为审判权力运行的智能化、静默化管理奠定基础,实现从“用数据说话”到“让数据说话”。

3. 全链路融合“数字生态”。平台和生态总是以孪生状态出现。[③] 构建全生命周期司法平台的另外一个突破,即在司法领域引入“生态思维”,构建起“大平台、小前端、富生态”的“全域数字法院”体系。通过中台构建,“全域数字法院”将提供一个类似于“操作系统”的底层平台,拥有丰富可用的组件工具和标准通用的能力接口,从而为各类精细化场景开发相关应用系统、业务流程提供强有力支撑,使法院信息化从传统单向的司法服务输出转向提供基础数字平台、完备数据服务,使党政机关、科

---

① 数据体量能够在短时间内迅速增长,就是因为它具有“流动性”这一显著特征。See Keith J. Bybee, *Open Secret: Why the Supreme Court has Nothing to Fear from the Internet*, Chicago-Kent Law Review, Vol. 88, p. 309(2013).

② 有学者认为,虽然存在“数据孤岛”、数据壁垒问题,存在如何通过人工处理将纷繁复杂的信息转化为机器能够识别的语料问题,以及如何让机器准确读取、抓取有用信息等技术问题,但这些问题依靠技术进步可以在一定程度上得以缓解。参见李训虎:《刑事司法人工智能的包容性规制》,载《中国社会科学》2021 年第 2 期。

③ 参见何圣东、杨大鹏:《数字政府建设的内涵及路径——基于浙江“最多跑一次”改革的经验分析》,载《浙江学刊》2018 年第 5 期。而提供“平台”服务的企业则称为双边平台企业,简称平台企业,参与其中的所有上下游企业和平台共同组成了平台“生态”。

研院所、数据企业成为协作创新和数据治理的推动者。通过能力接口和数据开放,供上述主体依托该平台在司法服务、社会治理领域进行“应用创新”、“场景创新”和“数据挖掘”。[①] 一个可持续的平台应当能够随着时间的推移而不断迭代和丰富,以适应社会和司法不断变化的新需求,成为一个以用户需求为导向、社会各方主体共建共享的良性发展模式。

(二)全时空在线的司法服务

只有依托“一体化办案办公平台”与“全流程单轨制无纸化办案”,为百姓诉讼、法官办案、社会治理提供全天候、全时空、泛在化的服务才能成为可能。

1. 服务民众诉讼:打破物理空间的桎梏。“更广大的民众其实不太关心专业化还是非专业化的纠纷解决,他们关心的是纠纷怎样才能够顺利、公平、有效和便利地被解决”,[②]“全域数字法院”立足于在线诉讼不受时空约束的特质,实现案件受到跨地域、跨国界、跨时间的司法服务。[③] (1)立案阶段。线上服务可以让当事人通过有线、无线端等多种方式,在境内、境外,工作时间或8小时之外,完成所有事务、接受全类服务,彻底打破时空壁垒;通过“智能+人工”立体式自助服务,让不善于使用互联网的人也享受到互联网新科技带来的便利。(2)审理阶段。当事人可以在线提交材料、申请阅卷、举证质证、参与庭审,避免“时间差”“异地难”带来的诉讼不便,[④]也可以采取一方线上、一方线下,部分线上、部分线下,同步审理、异步审理相结合的方式使“数字—物理”空间

① 《最高人民法院办公厅关于推进司法数据中台和智慧法院大脑建设的通知》(法发〔2021〕198号)明确要求,最高人民法院组织建立全国人民法院知识服务名录发布和更新机制,鼓励具备条件的人民法院开展“增量创新”,以保持“服务生态”中的良好竞争环境。

② 参见苏力:《法律与文学——以中国传统戏剧为材料》,生活·读书·新知三联书店2006年版,第201页。

③ “以信息化为核心的时代里,人与人之间的山川阻隔被彻底消除,整个世界成了平的。”参见[美]托马斯·弗里德曼:《世界是平的》,何帆、肖莹莹、郝正非译,湖南科学技术出版社2006年版,第42页。

④ 参见刘峥、邓宇:《全球视野下中国互联网法院改革的启示与展望》,载《人民法院报》2020年4月10日,第5版。

无缝衔接。① (3)执行阶段。通过跨地区、跨层级、跨部门的线上协作,破除传统线下执行的查人找物、财产处置、精准惩戒三方面难题。如不动产司法拍卖中,当事人原需到资规、税务、公安、民政、水电气公司等十余个部门,分别处理不动产上的违章建筑、欠缴税费、户籍占用等各类业务,在法院平台与上述部门实现对接后,可以为当事人提供“一站式”、一件事的在线服务。

2. 服务法官办案:破除纸质卷宗的束缚。不同岗位的司法工作人员在平台使用电子卷宗后,能够实现审判所有环节事项从“串联式”处理向“并联式”处理的转变,书记员送达排期、法官助理组织调解、承办人撰写文书、合议庭成员阅卷等不同事务可以平行展开,不需要等到一个环节结束才能进行下一个流程,这使提升办案质效、转变办案模式有了根本性的变革。另外,利用区块链技术提前固化电子证据材料,弥补电子证据的虚拟性、脆弱性、易篡改性,可以有效打消法官和当事人对证据真实性的顾虑。② 利用“3D 扫描 + AI 三维视觉算法”实现实物证据数据化存储的 1∶1 还原,通过办案系统直接实现物证数据采集、上传、上链、查看、送达、随卷移送、归档等功能。③ 将司法数据从时空限制中解放出来,就是将法官从卷宗和重复劳动中解放出来,并以此换取司法效率的“乘法”效应。④

① 参见杭州互联网法院发布的《涉网案件异步审理规程(试行)》第 1 条。另外,广州互联网法院也在其运行一周年之际出台了《广州互联网法院在线审理规程(试行)》,并将“异步审理”界定为:当事人及其他诉讼参与人在本院规定的期限内,自主选择时间登录诉讼平台,完成陈述、答辩、举证、质证、接受询问并充分发表意见后,法院不再开庭审理,径行调解或判决的审理方式。

② 2018 年 9 月 3 日公布的《最高人民法院关于互联网审理案件若干问题的规定》中,首次对以区块链技术进行存证的电子证据真实性作出司法解释。区块链存证的具体应用,可以参见孙伟、张帆:《司法区块链让网络空间共建共治共享——北京互联网法院“天平链”建设工作纪实》,载《人民法院报》2019 年 12 月 9 日,第 4 版;余建华:《全国首例区块链存证刑事案宣判》,载《人民法院报》2019 年 11 月 1 日,第 3 版。

③ 当然,除此之外立案风险自动拦截、敏感案件自动标识预警、庭审智能语音识别技术,辅助录入、辅助阅卷、文书智能纠错、类案检索、智能图像和文件识别技术,解决了一部分重复性强、判断性低的辅助事务智能化处理问题,也将检察官、法官从简案处理和烦琐文牍中解脱出来。参见李训虎:《刑事司法人工智能的包容性规制》,载《中国社会科学》2021 年第 2 期;何帆:《我们离“阿尔法法官”还有多远?》,载《浙江人大》2017 年第 5 期。

④ 参见李占国:《互联网司法的概念、特征及发展前瞻》,载《法律适用》2021 年第 3 期。

（三）全流域智能的司法模式

第一，基于效率的节点智能化。审判流程节点的智能化以无纸化为基础，利用机器的“听”“说”“读”“写”能力，即通过智能化建模和算法“理解”语义、图片、视频等外界输入的内容和逻辑关系，进行学习和推理，在无人工干预的情况下自主完成司法辅助性事务，并通过反馈不断优化行为。以“智能送达”为例，融合公安、电商、快递、网络运营商等外部机构提供的大数据，打破网络壁垒，多渠道获取当事人住所地、常用电话、电子邮箱、活跃社交账户等关键信息，智能筛选并推荐成功率最高的送达方式，实现直接送达、留置送达、电话送达、电子送达、公告送达、委托送达等覆盖线上线下的立体送达，大幅提升送达效率、节约司法资源。

第二，基于公正的裁判智能化。随着大数据、人工智能的广泛应用，通过建模和算法来提升司法决策的客观性、效率性、可靠性，①已成为必然的趋势。近年来，各地法院都在积极探索建设智能化裁判辅助系统，无论是民事案件中简易案件类型化审理、刑事案件中的审判偏离度预警，还是关联法条、类型案件的智能检索、智能推送，②都试图在不同方向上为人工智能在司法领域的应用寻找突破点。③ 从目前实践经验与前沿成果看，以“知识图谱 + AI 算法”开发的法律人工智能仍将是主流技术路线。④ 在深挖司法大数据的基础上，结合人工智能技术，基于法律知识图谱，辅助法官快速进行案情梳理、精准推送类案法条、预警审判偏离度、自动生成裁判文书、智能辅助规范量刑，为法官办案提供全方位的智能化辅

---

① 参见马长山：《智慧治理时代的社会组织制度创新》，载《学习与探索》2019 年第 8 期。

② 如上海法院的“刑事 206”系统、浙江法院的金融借款及民间借贷“凤凰智审”系统、北京法院的“睿法官”智能研判系统及“同案不同判预警”系统，以及各类科技法律公司推出的法条检索、案例推送平台等。

③ 基于推算认知、学习—行为认知、本能认知这三种不同的认知观，决定了人工智能模拟的不同目标和技术路径，进而形成人工智能的三重进路。参见肖峰：《人工智能与认识论的哲学互释：从认知分型到演进逻辑》，载《中国社会科学》2020 年第 6 期。

④ 知识图谱对案件数据、模型的颗粒度要求较高，颗粒度越高其效果越好，但问题是可复用性也就越差。参见左卫民：《关于法律人工智能在中国运用前景的若干思考》，载《清华法学》2018 年第 2 期。

助。[①] 以金融借款纠纷为例,前期需要法官根据法律法规、典型案例、主流学说与审判实务,绘制该类案件的最小颗粒度的详尽裁判规则图谱,结合人工智能算法形成机器可以执行的代码,再由人工对以往生效的裁判文书进行标注并提供给算法预学习,不断提升算法的准确度与科学性。在案件审判过程中,通过文字识别将当事人提交的起诉书、答辩状、证据材料中的事实要素提取出来,自动选择具体裁判规则进行分析推理,结合庭审中双方辩论意见归纳争议焦点,最终得出判决结果并生成完整文书。此类智能化已经涉足司法的核心事务,即事实认定与法律适用,因此也必然会带来司法伦理与理论范式的根本性变革。

第三,基于监督的管理智能化。“全域数字法院”的“平台 + 智能”建设,形成了“法院—平台—法官”的互动构架,使借助数据分析强化在线监管、法官自身管理以及平台本身治理成为未来监管模式的主要方向。首先,法院监管部门通过设计监管规则,让在线监管融入整个平台治理。通过聚焦案件质量管控体系涉及的各项业务数据,进行多维度的分析研判,针对不同类型案件的不同特点,分析现有样本、梳理出规律和特征,为趋势研判、质量评查、风险评估、业绩评价提供全方位依据。其次,全流程在线办案使案件承办法官在案件办理过程中所涉及的各个流程节点都可视化、可追溯,能够反映其办案过程是否规范,实现审判管理从传统事后管理向智能化、数据化、事中化管理的转变。当然,法官可以对现有监管规则算法提出批评和建议。最后,大量规整的数据汇集使精准预判风险成为可能。数据治理是法院智能化转型的基础,也是审判体系和审判能力现代化的重要抓手,应以有效的数据治理实现数据价值的释放,驱动司法和治理现代化的跃迁。[②] 通过提取司法数据中的有效特征、分析数据间的关联关系,可以获得很多未知却具有潜在利用价值的决策支撑信息。[③]

① 参见左卫民:《如何通过人工智能实现类案类判》,载《中国法律评论》2018 年第 2 期。

② 参见周蓉蓉:《数据治理:审判体系与审判能力现代转型跃迁之道——以技术类知识产权数据的一体化司法应用为中心视角》,载《中国应用法学》2021 年第 1 期。

③ 参见陈根编著:《数字孪生》,电子工业出版社 2020 年版,第 46 页。

(四)全方位变革的司法制度

现有司法制度无不建构在“物理空间”与“自然人理性”两个基本前提之上。随着网络空间与物理空间的交融、人工智能在社会生活中的广泛应用,这些传统的工业时代的业务流程、组织架构都发生着变化,以往的司法制度在面对与处理新型社会关系时已经暴露出越来越多的不适应与不匹配。

1.基础理论范式面临的挑战。舍恩伯格等学者认为,“大数据时代绝对不是一个理论消亡的时代,相反地,理论贯穿于大数据分析的方方面面”。[①] 通过前文对“全域数字法院”全生命平台、全时空服务、全流域智能的讨论分析可知,传统工业时代建构于物理空间之上的程序规则、实体规则将被彻底重塑,而支撑这些规则的基础理论与价值追求也面临着根本性的挑战。伴随这种新旧交替而来的就是传统法学基础理论范式对司法实践支撑不足,集中表现在对三对主要矛盾的回应与解释力不够。

(1)司法供给与解纷需求之间的“接近正义”难题。立案难、超期审判、拖延执行、选择性执法等困扰当事人的一系列问题根本上都有一个共同的原因,即司法资源供给满足不了社会对矛盾纠纷化解的需求。而司法又被视为社会公平正义的最后一道防线,“接近正义”是每个公民基本权利的重要保障,[②]因此不可能通过限制立案、大幅提升诉讼成本等方式来压制需求侧。目前又无法通过大幅增加司法人员来提升供给侧,[③]因此只能向互联网、人工智能、大数据寻求新解决方案。算法是处理大量纠纷的基础,只有引入算法才能帮助我们前所未有地“接近正义”。

(2)个案裁判与类案同判之间的“共识达成”难题。[④] 无论是成文法

① “大数据不会叫嚣‘理论已死’”,反而会“从根本上改变我们理解世界的方式”。参见[英]维克托·迈尔-舍恩伯格、[英]肯尼思·库克耶:《大数据时代》,盛杨燕、周涛译,浙江人民出版社2013年版,第94页。

② 据不完全统计,全世界有接近54%的人不受法律保护,这是一个触目惊心的数字。参见[英]理查德·萨斯坎德:《线上法院与未来司法》,何广越译,北京大学出版社2021年版,第46页。

③ 参见[美]伊森·凯什、[以色列]奥娜·拉比诺维奇·艾尼:《数字正义:当纠纷解决遇见互联网科技》,赵蕾、赵精武、曹建峰译,法律出版社2019年版,第56页。

④ 参见高奇琦:《智能革命与国家治理现代化初探》,载《中国社会科学》2020年第7期。

系国家,还是判例法系国家,对既往判例的尊重及类案同判的遵守都是司法稳定性与可预期性的基本要求。但在中国这样一个超过14亿人口、省域经济社会文化差异极大、年均收案高达3000万件的超大型法域,要通过法官个人能力来实现“类案同判”几乎是一件不可完成的工作。人工智能的基础是大数据,监督学习的思路就是通过将事先确定的规则在海量数据的不断学习中获得更加精准、有效的算法来处理个案。因此,随着算力的提升与司法大数据的沉淀,法院将一步步逼近“类案同判”的终极目标,真正让人民群众在每个司法案件中感受到公平正义。

(3)“司法—社会”交互需求的“信息过载”难题。现代性司法的一个根本特征在于回应社会对公正的需求,这种回应能力也成为衡量司法文明水平的重要标志。① 近年来,人民法院通过信息化建设不断丰富与完善司法公开与诉讼服务的线上渠道,但民众要在海量的网页、APP、平台上寻找自己需要的信息与服务,往往淹没在烦琐庞杂甚至相互矛盾的各类专业系统与公开信息中,造成民众需求依然难以得到针对性满足。以人工智能为代表的数字法院变革将依托自然语义理解、司法大数据分析、法律专业知识库等为民众提供更有针对性、及时性的个性化服务。② 也可以说,数字法院呈现给社会与民众的将会是一个千人千面的公共服务。

2. 司法基础范式的转型。关于法律服务本质和法律过程本质的基础假定,因为技术和互联网的到来而受到挑战并被其改变。③ 数字法院彻底颠覆了建构在物理空间与自然人理性基础上的法律秩序,因此需要提出一个全新的“框架”来重构价值体系与理论模型。

(1)主体上从“自然人法官”向“AI+法官”过渡。互联网司法带来的

---

① 达尔在评价民主时,采用了公民参与的效能感来评价政府对公民的回应能力。参见[美]罗伯特·A. 达尔、爱德华·R. 塔夫特:《规模与民主》,唐皇凤、刘晔译,上海人民出版社2013年版,第40页。

② 参见[英]理查德·萨斯坎德:《线上法院与未来司法》,何广越译,北京大学出版社2021年版,第127页。

③ 参见[英]理查德·萨斯坎德:《线上法院与未来司法》,何广越译,北京大学出版社2021年版,第144页。

不仅是当事人的“账号化”趋势,[1]更多的是司法活动逐渐的自动化、智能化,以“算法+数据”为基础的人工智能将与法官等自然人主体共同完成部分甚至全部的裁判过程,因此基础理论体系中的主体必须要考虑相应的切换,从法官的裁量权到算法的可解释性,从司法权力运行监督制约到算法公开、个人数据赋权、反算法歧视等,[2]通过场景化规制来实现“负责任的智能裁判”这一目标。

(2)逻辑上从“三段论”式推理向“联结主义”演化。目前占主流的联结主义人工智能的一个特征在于,它只关注相关性,而不关注因果关系。从逻辑学分类,法官裁决运用的是演绎法,即在前提真实的情况下,进行从前提到结论的必然性推理。而大数据的运算规则是归纳法,通过数据的全面性和完备性,使结论的或然性无限逼近必然性。[3] 因此整个司法逻辑必然要实现从“三段论”式推理向建构在统计学基础上的“联结主义”的转型,从“大前提—小前提—结论”,变成“小前提—大数据—概率性—结论”。

(3)结构上从“法律—行为”到“法律—代码”切换。法律确定规则来评判具体的行为,这种传统的司法范式将逐渐演变成为法律通过算法固定为可以执行的代码,运行代码来辅助确定案件事实、法律适用,甚至可能出现法律提前固化为社会生产生活中的系统规则,如随着自动驾驶的普及,将禁止闯红灯、超速的规则写入车辆自动驾驶程序,则可以从源头上杜绝交通违法。

3. 传统诉讼制度的再造。现代的诉讼制度也是建构在“物理空间”与“自然人理性”两个基本概念之上的纠纷解决规则,如诉讼制度中的地域管辖、回避、证据等更多的是基于物理空间而设计的,而级别管辖、审级制度等则是基于理性人假设而建构的,但这两个基础目前正受到前所未有的挑战。

(1)物理空间的消融。传统司法制度中的地域管辖、回避制度、证据

---

① 参见李占国:《互联网司法的概念、特征及发展前瞻》,载《法律适用》2021年第3期。

② 参见丁晓东:《论算法的法律规制》,载《中国社会科学》2020年第12期。

③ 参见徐骏:《智慧法院的法理审思》,载《法学》2017年第3期。

制度、送达制度等一系列基础性规则都建构在物理空间的概念之上，如“地域管辖”中合同纠纷的管辖分别有被告住所地、合同履行地等连接点，主要设计初衷是方便法院查明被告财产、强制被告履行、调查履行情况、确定违约事实等，但在以平台经济为代表的互联网世界中，各类平台的住所地（注册地）对于上述考虑往往没有实质性意义，而合同履行通常又是全程或部分在线上完成，如何确定其履行地成为一个模糊不定的伪命题。虽然最高人民法院通过司法解释对三家互联网法院的受案范围作了明确规定（网购合同、网络服务合同、网贷合同等 11 类纠纷）①，但除上述纠纷外，大量线下发生的传统民事行为往往也与网络深度融合交织在一起，例如，民间借贷的签订、履行可能部分通过社交工具、支付软件完成，部分在线下交付或出具欠条，此时对于所谓的物理空间上的履行地与虚拟空间中的履行地已经很难作出清晰划分。

（2）自然人理性的动摇。人类社会从农耕时代迈入工业时代，机器与技术极大地解放了人类的生产力、拓宽了人类生存与发展的空间，但技术始终只是辅助人类的工具。人工智能目前主要停留在辅助法官裁判的阶段，但从“人工智能”对法官或书记员工作的“1%”的替代开始，人类司法就注定进入了一个全新的时代，即开始致力于用与人的自然智力相匹敌的“他者”即智能体来替代人的“身体自然”，②这已经是一个质的变化。这样的进程开启之后，除了显而易见的司法效率的提升外，最值得思考的问题是基于“自然人理性”的各类诉讼制度的存在价值，如“审级制度”。无论是大陆法系还是英美法系无不将二审、三审终审作为保证司法公正的最后一道防线，其正当性与合理性建立在一个假设之上：上一级法官拥有更渊博的法律知识、更专业的业务能力与更丰富的审判经验。但如果一个纠纷解决中的部分甚至大部分工作是由“人工智能”来辅助或替代完成的，而一审、二审法院使用的又是同一套“智能系统”、同一套“算法

① 参见《最高人民法院关于互联网法院审理案件若干问题的规定》（法释〔2018〕16 号）第 2 条。

② 参见李河：《从“代理”到“替代”的技术与正在“过时”的人类?》，载《中国社会科学》2020 年第 10 期。

模型”,上下审级法院表现出越来越明显的“同质化”,那么二审对一审的监督、纠错意义必将随着“人工智能”在司法中应用的深入而不断下降。[1]另外,以智能合约技术为代表的区块链技术在交易、治理、信用体系中的深度应用,也带来了法律的不断“代码化”与算法的不断“法律化”。[2] 综上所述,随着自然语义理解、逻辑推理、智能合约为代表的人工智能与区块链基础之上的社会信任体系的不断演化,自然人理性这一现代性司法大厦的基石将不断被侵蚀和动摇。

结语

时代发展永无止境。我们相信,“全域数字法院”不会是法院或司法的“终极形态”,随着区块链对纠纷解决方式的颠覆、人工智能与大数据对社会治理的重塑,未来法院是否可能完全泛化为一项前置性、嵌入式的算法服务,司法的重心是否可能从个案的裁判转移至规则与算法的规制,法官的角色与软件工程师是否会逐渐混同,这些略显遥远的想象完全可能随着技术的加速迭代而提前到来。虽然技术与应用、理想与现实、理论与实践还有相当的距离,但只有真正站在后天设计明天,才能指导今天。在全球真正实现数字化的那一天,中国“全域数字法院”建设的探索必将成为镌刻在世界法治文明史上的一个重要篇章。

原文首发于《中外法学》2022 年第 1 期

① 算法从三个方面挑战了法律的基本原则:一是“算法黑箱”可能挑战人类决策的知情权与自主决策。二是算法可能威胁个体的隐私与自由。三是算法可能导致歧视与偏见。参见丁晓东:《论算法的法律规制》,载《中国社会科学》2020 年第 12 期。

② 哈佛法学教授劳伦斯·莱斯格(Lawrence Lessig)提出“代码即法律”的观点,即技术资源、信息资源和平台提供者(控制者)往往以代码技术规则为基础,来设定相应的数字化交易规则,而这些“交易规范可以直接内化在交易活动中,具有直接实施的效力”,而区块链则在技术基础上形成更加刚性的、不可违背的“绝对法律”,参见[美]劳伦斯·莱斯格:《代码 2.0:网络空间中的法律》,李旭等译,清华大学出版社 2009 年版,第 6 页;周辉:《变革与选择:私权力视角下的网络治理》,北京大学出版社 2016 年版,第 64 页;See Myung SanJun, *Blockchain Government-A Next Form of Infrastructure for the Twenty First Century*, Journal of Open Innovation: Technology, Market, and Complexity, Vol. 4, p. 5 (2018)。

网络社会治理法治化之司法维度

杜　前*

2019 年 8 月,杭州互联网法院成立两周年。两年来,杭州互联网法院秉持改革初心,不断加大互联网司法供给,持续推动形成监管有序、行业自律、国际协作的网络社会治理法治化路径,为全球互联网依法治理贡献了“杭州智慧”。笔者结合该院两年来的探索与实践,重点探讨网络社会治理法治化的司法维度,论述互联网法院的使命与担当。

一、深刻理解互联网,树立网络社会治理基本方略

互联网技术及其应用的快速发展,在人类历史上第一次构建了与物理空间并存交融的网络空间,全面、深刻地改变着人们的生产生活方式、社会组织方式及国家治理方式,从而形成了一个独立于现实世界、具有实在性的数字化社会空间。理解互联网,不能局限于互联网的技术向度,而应立足于互联网的社会向度,即在技术与社会相互融合的结果中去理解互联网。

网络社会治理法治化是全面推进依法治国的题中应有之义,是现实社会治理逻辑向网络社会的自然延伸。“法治化”既是网络社会治理的基本思维和基本方式,也是网络社会治理的目标状态,在网络社会治理综合体系中居于基本方略的地位。互联网不是法外之地。网络空间是虚拟的,但运用网络空间的主体是现实的。习近平总书记指出,要坚持依法治网、依法办网、依法上网,让互联网在法治轨道上健康运行。①

---

* 杜前,湖州市中级人民法院院长(时任杭州互联网法院院长)。

① 参见习近平:《在第二届世界互联网大会开幕式上的讲话》,载人民网,http://CPC.people.com.cn/n1/2015/1217/c64094-27938930.html。

二、推进司法供给侧结构性改革，满足网络社会司法新需求

有效的司法供给是推动网络社会治理法治化的重要保障。不断推进司法供给侧结构性改革，才能满足网络社会日益增长的司法新需求。

作为互联网法院的先行者，探索破解传统诉讼规则不适应涉网案件审理特点的难题，形成可复制、可推广的经验，是杭州互联网法院的职责使命之一。杭州互联网法院将司法与现代信息技术深度融合，构建了全流程在线的新型审理机制。在构建新型审理机制中，杭州互联网法院牢牢把握"不减损当事人的诉讼权利，做好增量服务"的原则，正确处理守正与创新的关系。该院积极探索公告案件适用简易程序审理，创设了前置调解程序和默示同意规则，搭建了电子证据平台和区块链应用平台，首创"5G+区块链"执行模式，并在诉讼规则和技术应用两方面，建立了新型的在线诉讼机制。

笔者认为，深入推进互联网司法供给侧结构性改革，需要进一步完善互联网法院的管辖范围，构建统一的诉讼平台，不断修改、完善与之相配套的法律法规。

三、发挥专业审判职能，提升综合治网水平

推动网络社会治理法治化，亟须完备的法律规范，并充分发挥司法判例的作用。杭州互联网法院通过个案裁判树立规则、指引行为、提供价值判断，有效促进网络社会治理法治化。具体而言：一是维护网络交易秩序。杭州互联网法院强化实质性审查，严厉打击网络黑灰产业，制裁虚假宣传、恶意投诉、欺诈等行为；正确适用惩罚性赔偿条款，引导公众理性维权；妥善处理网络服务合同格式条款，明确平台自治与法治的边界。二是强化知识产权保护。杭州互联网法院秉持"创新、法治、开放"的理念，促进知识共享与产权保护之间实现平衡；通过审理全国首例涉大数据产品权利归属案，确立了数据资源确权、流通、交易行为规范；通过审理首例涉微信小程序案，明确了适用"通知删除"规则的网络服务提供者范围；强化信息网络传播权案件的权属审查，建立赔偿数额确定体系，规范商业维权。三是防范化解互联网金融风险。杭州互联网法院确立了电子借款合同成立和生效的标准，明确了诉前约定电子送达的效力，构建互联网金融案件快审机制，助推杭州打造互联网金融发展新高地。四是营造清朗网

络空间。杭州互联网法院明确网上言论的法律边界,依法制裁利用社交平台、即时通信工具等传播虚假信息、泄露他人隐私等侵权行为。同时,确立网络信息转载者的必要审查义务,合理界定平台的注意义务和信息披露义务,不断强化个人信息权利保护,净化网络空间。

杭州互联网法院在两年的司法实践经验基础上,总结梳理了争议较大、影响裁判尺度统一的法律问题,发布了《网络社会治理审判观点》,充分彰显了互联网法院在推动网络社会治理法治化中的角色定位和职能作用。杭州互联网法院挖掘利用司法大数据,积极尝试人工智能辅助审判;发布电子商务审判、知识产权审判、互联网金融审判等司法大数据分析报告,促进行业风险防范能力提升;研发"互联网发展司法指数",为网络社会治理提供决策参考的新维度;牵头联合上海市第一中级人民法院、江苏省苏州市中级人民法院、安徽省合肥市中级人民法院,共建"长三角司法链",共促长三角法治一体化发展。

笔者认为,为充分发挥专业化审判在依法治网中的重要功能和作用,需要实现审判队伍专业化、审理法院专门化及互联网司法数据与前端纠纷数据、政府职能部门数据的互联互通。

四、贡献互联网司法"中国方案",共建网络空间命运共同体

网络空间治理的国际竞争与合作,不仅包括网络核心技术的"硬实力",而且包括网络法治的"软实力"。笔者认为,加快提升我国对网络空间治理的国际话语权,不仅要在芯片、操作系统、通信协议、核心节点设备等技术领域实现自主,也要不断提升网络社会治理法治化水平,从而实现跨越式发展。

从互联网法院的实践来看,司法与互联网的深度融合,加强了对全网空间的管辖约束。司法机制的国际竞争、合作与输出,关系网络空间国家利益的实现。互联网法院通过发挥专业审判机制的优势,可以抢占先机,积累实践样本,率先总结、提炼、输出跨境贸易相关规则,在国际协议制定中贡献"中国方案"。同时,互联网法院为国际在线诉讼提供了全新的技术方案,国际影响力与日俱增。

原文首发于《中国审判》2019 年第 18 期

关于加强数字法治建设的若干思考
——以算法、数据、平台治理法治化为视角

洪学军*

引言

党的十八大以来，以习近平同志为核心的党中央高度重视数字化发展，不断加强数字中国建设的顶层设计。2021年9月26日，习近平总书记在致世界互联网大会贺信中，强调让数字文明造福各国人民，推动构建人类命运共同体。我国数字化覆盖程度、经济体量、产业样态均处于全球领先地位，需要具备与综合国力和国际地位相匹配的数字法治软实力。数字中国建设法治化是法治中国建设的题中应有之义。① 当下，随着信息技术革命不断深化，算法、数据、平台作为互联网经济社会三大要素呈现一体化、协同化的发展图景。互联网司法一般来说有三层含义：一是技术层面的“互联网化的司法”。二是治理层面的“互联网的司法”。三是“互联网化的司法”和“互联网的司法”的综合体。② 故在数字法治建设路径上，我们应当从技术层面和治理层面双重维度，推进以“算法、数据、平台”为基础的“法治数字化”和“数字法治化”，构建适应数字时代发展要求的司法治理机制，实现从理念、模式、制度等维度全方位法治变革。

一、根据网络社会矛盾纠纷变化，明确数字正义供给的重点方向

随着数字时代的到来，原来的物理“围墙”逐渐被虚拟空间击碎；原

---

* 洪学军，杭州互联网法院院长。

① 王伟、任豪：《数字中国建设的法治保障》，载《法律适用》2021年第12期。

② 参见李占国：《互联网司法的概念、特征及发展前瞻》，载《法律适用》2021年第3期。

来生物形态的身体、行为、言语,原来物理形态的财物、流转及其关系等,逐渐增添了一种“无形流动”的数字形态。① 算法、数据和平台日益成为互联网经济社会运转的三大要素,网络社会矛盾纠纷性质发生了深刻变化,社会呼吁建立更契合数字世界需求的治理体系。

(一)明确算法在数字社会及其法律秩序中的核心地位

随着算法理论和方法向治理领域的延伸,国家和社会治理的科学化、程序化、智能化日渐显现,现代化的算法思维方式正在与法律思维和法治思维融合而形成治国理政的程序思维、智能思维、法理思维。② 同时,算法借助算力和架构实现对数据的占有、处理和结果输出,日益成为调配资源、构建网络秩序和伦理规则的权力工具;在数智社会中变得日益重要,逐渐从科技之“法”转化为社会之“法”。在建构网络世界规则的某种意义上,算法即权力,算法治理成为网络治理的底层架构。但基于本体算法的不可解释性和算法嵌入价值的非中立性,算法在推动生产自动化、生活智能化和治理智慧化的同时,出现了算法黑箱、算法歧视、算法错误等问题,影响了正常传播秩序、市场秩序和社会秩序。因此必须从“权力制约”而非“技术规制”的维度去规制算法,设计和生成合理法权关系,构建促进和保障人民美好生活的法律秩序。

(二)确立数据法律关系作为数字治理逻辑展开的起点

在世界数字化转型的格局下,“数据”已跃升为与土地、劳动、知识并驾齐驱的关键生产要素。③ 在生活形态上,个人用户拥有的图片、视频、文档等数字化物品和资料逐渐从个人控制终端转移到平台控制的云端,数据逐渐共享化;在生产方式上,“财产数字化”和“数字财产化”双向叠加,数据成为数字经济最关键生产要素。从更深层次上说,数据不仅成为数字社会不可或缺的珍贵资源,也成为新时代人权价值表达的重要载体。塑造“数字人权”理念,保护数字公民人格尊严、隐私权、信息权、数据权、表达权等权利,既十分必要,又甚为迫切。

---

① 参见马长山:《司法人工智能的重塑效应及其限度》,载《法学研究》2020 年第 4 期。

② 参见张文显:《构建智能社会的法律秩序》,载《东方法学》2020 年第 5 期。

③ 参见许可:《数据爬取的正当性及其边界》,载《中国法学》2021 年第 2 期。

（三）厘定平台在数字社会治理中的基础性作用

在数字技术驱动下，平台经济逐渐形成了一个新型的经济系统。平台作为数字经济时代最重要的社会生产组织形式，通过制定和实施平台规则，在其塑造的内部秩序中，已初步形成了完整的"准立法权""准行政权""准司法权"等"准公权力"或者"私权力"的架构与运行体系，并基于此承担维护网络经济秩序、保障用户权益等公共职能作用。但仅靠传统私法规范约束和网络市场竞争机制的自我调适，难以有效规制平台"准公权力"的运用。这是数字法治需要迫切解决的难题。因此，引导平台合理行使自治权力和制定自治规则，是当前数字治理的重中之重。

（四）推进"算法、数据、平台"三要素的协同治理

"算法、数据、平台"三位一体共同构成了数字经济时代经济社会发展的推动器和治理阈。[①] 三要素具有高度黏合性，在运行机理上是相互融合的，其中数据作为新兴生产资料是连接平台与算法的中转点。从生产意义上说，算法是收集处理数据、挖掘数据价值的生产工具，也是人工智能时代平台架构和运行的方式；从社会意义上说，算法成为了支配数据流动的权力。[②] 作为数字技术驱动经济发展的重要新型载体，平台在自治管理和商业模式创新中嵌入了算法。平台是支撑算法挖掘、生产、加工、分配数据资源和价值的动态组织系统，其存储的海量数据资源为算法运行和提升精确度提供物料基础。而算法则通过计算为平台经济体筛选和生成有价值、可利用的数据资源，持续优化平台架构、应用部署、商业规则及纠纷解决机制。在这一关系模式下，数据权益保护与开放利用，算法合谋、算法歧视以及平台治理等问题也是交织生成的，需要用系统集成方法，结合法治手段实现治理。换言之，"算法、数据、平台"治理必须是系统治理和协同治理并重的过程。

二、遵循纠纷治理需求导向，发挥互联网司法功能作用

矛盾纠纷和司法审判同处在信息化、智能化巨变中，网络司法平台向

---

① 参见陈兵：《数字经济时代法治观澜》，人民出版社2021年版，第5页。

② 参见张凌寒：《权力之治：人工智能时代的算法规制》，上海人民出版社2021年版，第4页。

综合性、全程化不断延伸，司法对网络社会规则治理、协同治理、技术治理作用日益突出。[①] 互联网司法包括“以互联网为手段”和“以互联网为对象”的司法，互联网法院是互联网司法两个层次的统一，根本在于“以互联网为对象”的司法。换言之，“以互联网为对象”即“以数字方式生产正义”和“生产数字空间的正义”。在数智时代，“以互联网为对象”的司法应具化为对“算法、数据、平台”三要素一体化治理。

（一）重塑算法在数字法治中的嵌入效应

1. 探索“算法治理”在司法中的发展路径。智能算法的技术发展催生了算法发挥效力的新的层次：算法的自主决策。[②] 算法凭借架构优势，深度嵌入行政司法、公共服务、经济发展、媒体传播等运行结构，塑造和拓展数字治理模式。算法对认知的驱动作用源自算法技术本身极具活力，[③]智能解纷、数据检索、数字取证、模拟裁判、机器人法官系统等领域都有算法的身影。但必须明确的是，算法系统难以取代法官法律思维。在算法应用于司法时，必须正视算法作为技术商业秘密与公权力公开透明原则冲突等问题，让法官裁量建立在算法公开、算法可解释、反算法歧视等技术安全基础上，确保算法始终行驶在良善法治的轨道上。

2. 明确“算法治理”的主要内容和方向。立足数字法治视角，当前司法重要任务在于通过规制算法权力、预防和消除算法风险，建立健全算法治理机制。在司法实践中，应积极创设新的法律场景化规制、行为模式和法律后果等，着重应对算法技术、架构与嵌入机制，规制算法异化风险。算法作为平台底层技术逻辑应成为直接监管对象，算法设计部署的主观意图亦应成为追责依据；算法治理范围应涵盖算法设计与部署应用、自主决策、算法价值等，特别是要将“解释算法的算法”和“监督算法的算法”纳入治理框架。

---

① 参见李占国：《网络社会司法治理的实践探索与前景展望》，载《中国法学》2020 年第 6 期。

② 参见张凌寒：《权力之治：人工智能时代的算法规制》，上海人民出版社 2021 年版，第 34 页。

③ 参见肖峰：《认知的算法阐释：人工智能对当代认识论研究的启示》，载《学术界》2021 年第 2 期。

3. 注重将公共利益原则融入"算法治理"的制度设计。算法建模在研发、部署、使用中嵌入了设计者选择、安排与价值观,算法自诞生之日起就带有强烈价值判断。实践中,有必要通过预设道德准则对算法进行技术伦理指引,甚至越来越多的机器人专家呼吁,在机器人和自动化系统上安装"道德黑匣子"以记录机器的决定与行为。[①] 在司法场景中,必须坚持社会主义核心价值观和技术向善原则,保证算法驱动下的信息传播、网络经济形态、社会舆论符合安全真实的公共利益原则;同时引入第三方审查机制,将算法透明、算法解释、算法审计等需求嵌入算法系统,赋予个人不受算法决策限制的自由,以司法补强数字社会的信任机制。杭州互联网法院在审理平台违法处理公民个人信息案[②]中,明确平台作为个人信息处理者,应当全面审查网络产品及服务协议中涉及的个人信息内容,未经许可不得通过算法设计向内置支付软件提供用户信息,应配置用户个人权利对抗算法权力机制等。这无疑是司法对算法价值引导的一种尝试。

(二)努力建构数权司法保障体系

1. 在数据治理效能维度,努力构建数字善治的法治秩序。大数据时代将要释放出的巨大价值使我们选择大数据的理念和方法不再是一种权衡,而是通往未来的必然改变。[③] 在数据资源和技术赋能下,社会治理呈现"超现代性"的面向:以数字孪生城市为导向的新型智慧城市逐渐成为数字化治理重要载体,结合丰富的大数据资源要素供给,有效回应了增强数字治理效率的关键诉求。在司法领域,既要从技术层面构建多维价值均衡发展的司法技术伦理规范,实现更高质量的司法智能化;也要重塑大数据时代的司法创新思维,实现鼓励创新和普惠均等的价值导向并重。如杭州互联网法院对平台适龄化改造的尝试,通过建立老年当事人绿色通道等,着力解决老年人运用智能技术困难问题,更好为"数字弱势群

---

① 蔡映洁:《人工智能,以法律和伦理为界》,载《人民日报》2017 年 8 月 23 日,第 5 版。

② 杭州互联网法院:《平台未经许可向内置支付软件提供用户信息,法院:违法!》,载微信公众号"杭州互联网法院"2021 年 10 月 29 日,https://mp.weixin.qq.com/s/MArtUWlTnEM8PAL_Ji0ceg。

③ [英]维克托·迈尔-舍恩伯格、[英]肯尼斯·库克耶:《大数据时代:生活、工作和思维的大变革》,盛杨燕、周涛译,浙江人民出版社 2013 年版,第 94 页。

体”在线维权提供服务保障。在人工智能时代到来之际，数字法治目的不仅是让技术学会像法官那样去思考、解决司法辅助问题，更是让法官能够以更前瞻性的思维站在技术发展前沿，以强大的数理逻辑和内心确信去思考、构建更高水平的数字正义。

2. 在数据价值实现维度，优化和激活数据的价值驱动作用。随着工商业社会向信息/智慧社会的转型升级，数据信息便成为新时代的“石油”。① 随着生产方式、社会关系和权利形态逐渐数字化，数据信息演化为新兴权利，②数据在经济发展中的作用已成为衡量一个国家或地区数字经济发展水平的重要标尺。在数字治理成为全球数字化转型强劲引擎的背景下，有必要根据我国《数据安全法》等新法规范，通过灵活、包容的司法判例确立数据市场配置、流通交易、开放共享、安全合规、跨境流通等数据行为规则，为完善大数据环境下的数据分类分级保护，构建以数字经济为核心的现代化经济体系起到导向规范作用。

3. 在人与数据关系维度，推动数字人权的制度化。数字人权体现数字社会中人的数字化生存样态和发展需求的基本权利。③ 相较于填补网络行为规则，司法治理思路更应从技术治理为中心转向以权利保障为重心，积极构建以数权保障为价值导向的法律秩序，强化数权法理的价值表达，推进人们平等实现数字化生活权。个人信息蕴含人格权的主体价值与尊严属性。④ 互联网司法应当聚焦培养数字素养与技能过程中的法律难点问题，以典型判例明确个人数据信息自主权、知情权、表达权和公共数据公平利用权等，确立数字社会的行为准则，为构建普惠共治的法治社会秩序提供样本。

---

① 参见马长山：《智慧社会背景下的“第四代人权”及其保障》，载《中国法学》2019 年第 5 期。

② 参见马长山：《智慧社会背景下的“第四代人权”及其保障》，载《中国法学》2019 年第 5 期。

③ 参见大数据战略重点实验室著、连玉明主编：《数权法 3.0：数权的立法前瞻》，社会科学文献出版社 2021 年版，第 38 页。

④ 参见陈敬根、朱昕苑：《论个人数据的法律保护》，载《学习与实践》2020 年第 6 期。

(三)推进平台自治在法治框架内发展完善

一方面,在规范平台秩序层面,审慎界定平台“看门人”的主体责任。平台企业在数据与算法双轮驱动下,逐步实现产业发展的一体化、生态化和智能化,但也出现了资本无序扩张、平台垄断、不正当竞争等问题。强化平台治理是保障平台公共服务正向价值的基础。在明晰平台责任上,或可跳开传统“主体—行为—责任”的认定思路,通过综合考量平台算法对不同侵权行为的实际控制力、结果预见度、主观意图和救济措施等,形成与平台设计、部署和应用责任能力对等的算法归责体系。如杭州互联网法院审理的“消费者因检索服务状告电商平台违约案”①,确定审查平台检索服务算法时应充分考虑电商平台功能定位、人工智能发展阶段等因素,得出平台在精确匹配程度上可以低于搜索引擎的标准。在个案审理中,既要考虑消费者对平台推荐结果的依赖性进而严格审查检索算法的合理性,也要尊重电商平台的自主经营权。

另一方面,在支持平台自治层面,合理分配平台公共治理职能。平台兼具网络服务者、规则制定者、市场参与者三重身份,既是网络空间重要治理主体,也是主要治理对象。在探讨以法治助推平台有序发展的问题上,依法规范平台“权力”与支持平台自治必然是一体两面、相互促进的。互联网司法或可从行政法基本原理、价值要求和制度实践中汲取治理经验,对平台“准立法权”“准行政权”“准司法权”等进行正向引导,确保其遵守基本数字正义标准,发挥平台在网络生态维护的重要作用。通过判例进一步明晰《电子商务法》等相应条文规定,依法认定平台交易、信用评价、知识产权保护、争议解决等规则的法律效力,明确平台信息管理、安全保障的权责边界,让平台在法治监管下当好“网络平台规则的制定者和执行者”。

三、契合数字法治基本架构,形成更具专业性的案件管辖体系

推进数字治理法治化是互联网法院必须承担的职责使命。作为创新型法院,互联网法院功能的动态性和多元性,决定了司法管辖必须是动态

① 杭州互联网法院:《网购平台搜索结果不合预期,构成违约吗?》,载微信公众号“杭州互联网法院”2021年2月9日,https://mp.weixin.qq.com/s/TAVu3iW5Jh5YTL7tvtSBgg。

发展的过程,我们应当根据数字法治的内在规律来探索司法管辖的发展方向与未来进路。

(一)坚持"数字治理法治化"的管辖目标定位

1. 互联网司法管辖的基本发展脉络。我国关于互联网司法系统性的实践探索,最早可追溯至浙江省高级人民法院于2015年8月上线的"浙江法院电子商务网上法庭"。其诞生背景是迫切需要解决电子商务类型纠纷案件多发频发问题。在既有管辖经验基础上,2017年8月18日,杭州互联网法院揭牌成立;2018年9月6日,《最高人民法院关于互联网法院审理案件若干问题的规定》颁布实施,确立了三家互联网法院集中管辖所在市的辖区内应当由基层人民法院受理的11类特定类型互联网案件。

2. 互联网司法管辖的发展方向。目前的集中管辖制度,是在总结网上法庭、互联网法院运行经验,审视和设计既有管辖规则基础上作出的制度安排;这一管辖机制创新契合互联网法院成立初期数字社会治理需求,具有充分的合理性和积极意义。正是依托集中管辖特定类型互联网案件的制度优势,互联网法院审理了一大批具有填补空白、树立规则、先导示范意义的互联网案件,作出了示范性裁判,实现了这些纠纷的系统规范治理。《最高人民法院关于审理网络消费纠纷案件适用法律若干问题的规定(一)》以及《最高人民法院关于涉网络知识产权侵权纠纷几个法律适用问题的批复》等,让原本规则空白或者模糊的新型案件变得不再"新型",逐渐都能在现有实体法律关系中找到类案治理依据。同时,基于集中管辖机制带来的大量涉网案件资源,互联网法院在审理案件过程中逐渐形成了常态化在线纠纷解决机制,并进一步得到复制推广,从实践创新走向制度创新。如2021年修正的《民事诉讼法》增加了线上诉讼活动条款;《人民法院在线诉讼规则》、《人民法院在线调解规则》和《人民法院在线运行规则》三个既各有侧重又相互配合、有机衔接、三位一体的规则体系,推动构建中国特色、世界领先的互联网司法模式。① 杭州互联网法院首创异步审理模式,被誉为审判模式革命性变革,对全球司法服务转型升

① 参见最高人民法院:《最高法发布〈人民法院在线运行规则〉(附全文)》,载微信公众号"最高人民法院"2022年2月22日,https://mp.weixin.qq.com/s/xglUGbXqaHXPZQfgGrSGew。

级产生深远影响。异步审理模式叠加人工智能辅助，高效化解了大量互联网金融纠纷、侵害作品信息网络传播权纠纷案件等。这些网络治理和规则创新成果，一方面，彰显了互联网案件集中管辖制度的时代意义；另一方面，也表明随着互联网社会从网络化向数字化、智能化发展演进，互联网法院继续审理这些规则业已明确的案件，会出现消耗大量司法资源却不能提升司法生产力的情况。互联网法院管辖案件应当向“专”而“精”的方向发展，集中管辖类型新颖、疑难复杂、具有规则确立意义的互联网案件，提升审判专业性和专门化程度。①

3. 必须注重实体法律关系变化来推进司法管辖制度的变革。从规则之治层面，互联网案件地域管辖规则的设计应着眼于互联网、互联网法院的特性，②有效回应社会系统的发展变化。随着数字技术快速发展，数字设施、数字行政、数字服务、数字生活逐渐走入人们视野，互联网司法治理方向发生了巨大变化，已从单纯化解涉网纠纷到推进全域数字治理并重。如前文所述，智能互联网发展深刻改变了法律关系的时间、空间和客体，“算法、数据、平台”成为互联网发展的三大要素。因此，当前互联网法院应根据网络社会矛盾纠纷新特点，建立起以三要素为核心的专门管辖体系，继续探索符合新阶段功能定位的管辖制度，积极回应互联网发展对数字治理提出的新挑战和新需求。

（二）确立数据法律关系作为互联网法院案件管辖的基点

1. 互联网时代复合型法律关系的基础源于数据。传统社会层级结构和层级势能所依凭的物理时空基础和载体，正逐渐被数字时代扁平化、个别化、流动化的社会关系和社会结构所消解。③ 与之相适应，互联网时代法律关系是复合型和多层次的。如信息网络买卖合同，除了商家与消费者的网络购物合同关系、商家与物流的运输合同关系、消费者与支付结算类机构的委托支付合同关系之外，围绕信息、数据入口和媒介终端，必然

① 参见张春波：《李少平委员提案建议 明确互联网法院法律地位》，载《中国审判》2020年第10期。

② 参见肖建国、庄诗岳：《论互联网法院涉网案件地域管辖规则的构建》，载《法律适用》2018年第3期。

③ 参见李占国：《“全域数字法院”的构建与实现》，载《中外法学》2022年第1期。

会随着电子交易产生数据生产、收集、流通、利用的法律关系。延伸来说，如互联网知识产权纠纷背后的文字数据信息确权、流动、共享关系；涉网人格权纠纷背后的个人信息保护与数据利用平衡问题；互联网不正当竞争纠纷背后的大数据资源确权和利益分配问题；数据竞争与垄断、数据安全治理问题等。数据法律关系是互联网时代复合型法律关系区别于传统法律关系的最鲜明特点。（见图1）

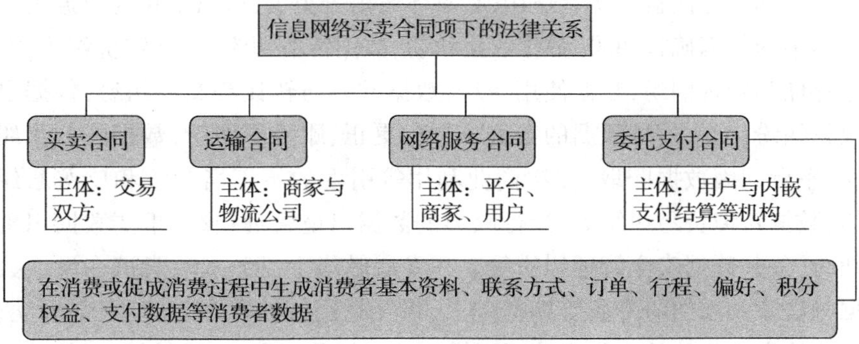

图1　信息网络买卖合同项下的法律关系

2. 数据法律关系管辖专门化是鼓励和保护数据要素价值合理实现的应然要件。针对劳动、资本、土地、知识等生产要素，我国均通过专门法院来处理相应法律关系，推动资源配置效率不断优化。在数字经济时代，信息数据正在成为经济社会发展的重要资源，丰富的信息数据表征和践行着财产性利益内涵。[①] 对于数据纠纷来说，也需要专门法院和专门司法规则体系去处理。在探索专门管辖路径上，应对互联网法院现管辖的11类案由进行梳理，将仍适用传统实体法律的纠纷予以剥离，重新归属传统法院处理。对于没有传统法律关系能与该纠纷形态有效对应的，如虚拟财产纠纷、网络数据权利纠纷、网络安全纠纷、算法设置纠纷等，[②]统一归

① 参见杨惟钦：《价值维度中的个人信息权属模式考察——以利益属性分析切入》，载《法学评论》2016年第4期。

② 参见刘峥：《推进互联网司法建设的四个重点》，载《学习时报》2021年10月27日，第2版。

为互联网技术催生的数据法律关系纠纷范畴进行专属管辖。

3. 数据法律关系专门管辖发展路径的探索。具体来说，专门管辖范围既包括数据全生命周期的法律关系，又包括数字社会结构秩序、公民数字权利义务等。理论上，数据法需要重点解决以下三个核心议题：数据权利保护与数据流动的平衡；数据确权和利益分配机制的实现；国际数据秩序和竞争规则的确立。① 为确立数据从生产到使用的合法规则，解决数据权益和其他法益的协调适用，在具体案由分类上，可以细化为数据生产过程中的数据确权纠纷，数据收集纠纷，数据传输纠纷，数据定价纠纷，数据存储和管理纠纷，数据使用纠纷，数据共享与转让等交易纠纷，数据自决权纠纷，个人信息数据的查询、复制、更正、删除等纠纷，数据匿名化纠纷，平台间因数据爬取、二次商业利用等引发的不正当竞争和反垄断纠纷，数据跨境贸易纠纷等，涉行政类的数据出境管理纠纷，重要数据识别纠纷，公共数据安全管理纠纷等。在发展脉络上，第一步，尝试在设立数据等法律关系纠纷专属管辖基础上，将互联网特性突出、利于规则确立、专业技术性强的特定类型涉网纠纷案件和部分二审互联网纠纷案件纳入互联网法院管辖范围，以确保人案均衡度和管辖规则演变的梯度性；第二步，待上述机制运行成熟后，重构与数字法治秩序相适应的管辖制度，与传统管辖并行于两个空间体系。在涉外管辖上，积极推动辖区内跨境平台完善协议管辖，让更多商事主体选择我国司法解决跨境数据纠纷，有效避免外来“长臂管辖”。

（三）建立涉平台类纠纷的专业化管辖机制

1. 根据平台“治理”与“服务”的不同功能属性进行分类管辖。目前互联网法院管辖与平台有关联的主要是网络服务合同纠纷，在主体分布特征上，不少被告是兼具网络服务和管理功能的大型平台。从纠纷事由来看纠纷主要有：平台依据规则对平台内经营者诸如非法刷单、暗刷流量等涉嫌违规经营行为进行处罚，经营者对相应处罚行为不服引发的纠纷；平台用户不满平台调处行为提起的诉讼；平台对买家用户涉嫌恶意投诉、恶意退款、商业维权等行为规制引发的纠纷；围绕平台是否违反合同约定

① 参见何渊主编：《数据法学》，北京大学出版社2020年版，第4页。

泄露、使用用户信息等引发的纠纷。从纠纷成因上看，除基于网络服务逻辑引发的纠纷外，还有大量平台在行使自治权过程中产生的纠纷。网络服务合同纠纷这一案由显然无法精准囊括上述纠纷类型，故应在实务中分离出“平台治理”和“平台服务”两类案由并予以细化，通过司法塑造利于平台运行的内部治理结构和生态环境，更好满足“政府—平台—大众”软法硬法并重、多元互动构架的网络治理需求。

2. 强化对“治理平台类”纠纷的管辖机制建设。随着互联网经济和社会架构平台化，平台通过算法设计和应用部署，加速数据要素生产、匹配、使用、反馈、再生产过程，逐渐成为高效配置生产要素和网络治理的重要主体。因此，除了通过对平台“治理”与“服务”类纠纷的处理，也要以平台为治理对象，对平台自治权力、自治规则和自治行为进行司法审查，避免平台私权力溢出既有法律规范的约束。可以说，这类案件应当成为互联网法院处理涉平台案件重点之一。换言之，通过个案定性分析，强化对平台规则制定权、日常管理权、违规处罚权、纠纷调解权的规制和矫正，将其涵摄于相应数字法治治理规范之中。（见图2）

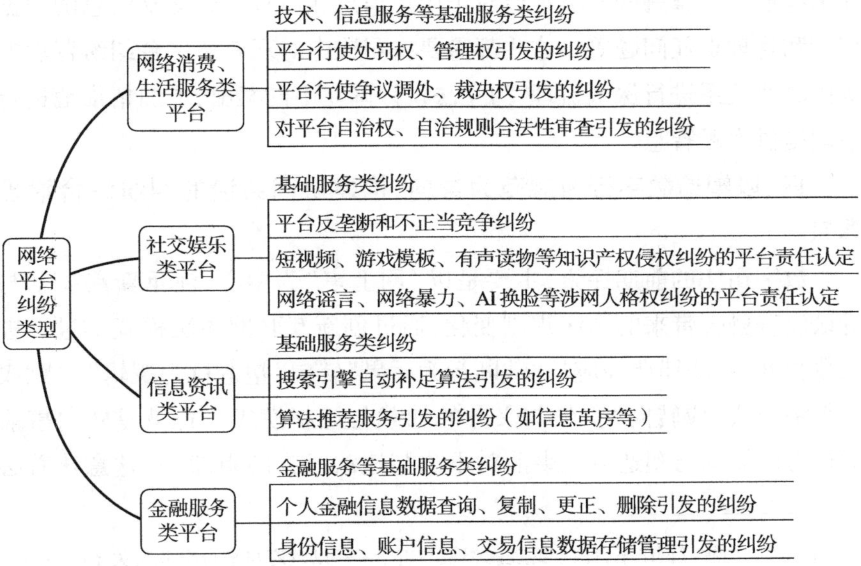

图2　网络平台纠纷类型

3. 注重从体系层面来考量和完善涉平台专业管辖制度机制。网络平台私权力的崛起打破了传统的“公权力—私权利”的二元架构,“公权力—私权力—私权利”的三元乃至多元新架构逐渐显现。[①] 在此架构下,涉平台纠纷主要可分为以下三类:平台网络服务引发的纠纷;平台“软”法之治引发的纠纷;审查和规制平台私权力引发的纠纷。从实体法律关系上看,这三类纠纷递进显现类行政纠纷的属性特征。故在设计管辖规则时,应在充分评估民事管辖规则基础上,适度导入涉网行政管辖理念进行体系性优化。同时,互联网司法应秉持系统思维,以不同平台关系处理需求为管辖案由区分点,对平台架构下商业模式、应用程序、内容价值判断、数据流动共享竞争关系和平台治理规则等进行分类管辖。如网络消费、生活服务类平台如何履行搜索算法结果提供义务,进行算法推荐和算法定价等,甚至包括平台与用户之间权利势差纠偏问题。社交娱乐类平台如何将公共利益原则引入社交媒体新闻的治理,准确界定结果监管下的内容审核和平台责任等。信息资讯类平台作为信息发布者是否存在帮助侵权情况;是否应当为搜索引擎自动补足算法承担法律责任及具体责任承担形式。金融服务类平台对于用户信息、账户信息、交易信息的数据存储和管理责任问题等。这些都需要在司法中对现有涉平台纠纷背后的实体法律关系进行深入梳理,为立法设计确立不同案由,更加精细地进行治理提供实践智慧。

四、以塑造数字行为规范为导向,构建协同共治的纠纷综合治理体系

数字司法的前期探索,主要是以“网上审”为中心,注重新兴技术与诉讼流程融合带来的司法规则变化,通过创新互联网司法模式推进。进入数智社会,法律调控应从“裁断行为后果”转向“塑造行为逻辑”,“赋权与救济模式”应转向“责任与义务的加载与规制模式”,也就是转向事前对行为的规训与塑造以及事前对不法与违法行为的阻却。[②] 这意味着必

① 参见周辉:《网络平台治理的理想类型与善治——以政府与平台企业间关系为视角》,载《法学杂志》2020 年第 9 期。

② 参见齐延平:《数智化社会的法律调控》,载《中国法学》2022 年第 1 期。

须改变传统司法侧重事后处置、以权利救济为核心策略的调控模式，从法律秩序调控、技术治理升维和自治模式转型等角度，去构建多元治理格局，实现规制与创新、发展与安全、公平与效率的动态平衡。

（一）“法治”维度：深化发展“以互联网案件”为中心的互联网司法新模式

以数据为先导、算法为中心的当代科技正从架构层面改造社会合作和人际互动关系，我们要从技术给互联网案件带来的内在属性和特征变化，探讨审理规则和程序变革问题，推进诉讼制度、组织构架、运行机制的创新和深度变革。换言之，互联网司法探索路径要从以“网上审”为中心转向以“网上案件”为中心，程序创新要趋向实体处理与程序设计相融合，从网上纠纷内在规律去构造与之相适应的类型化审理机制。

从当前互联网案件结构来看，占比较大的互联网金融、电子商务、侵害作品信息网络传播权等案件呈现数量大、事实争议小、结构清晰等特点。这些案件特征变化，推动着法官审查难点和重点从事实查明转向法律适用。“庭审对抗”必要性进一步弱化，可以对庭审程序进行正当性改造，构造非诉程序，让不开庭成为该类案件审理新常态。强化互联网审判程序多元性，重构网络司法的权利分配和程序设计，基于不同类别互联网纠纷案件的内在特点，建立审判程序与实体裁决、责任承担形式相衔接的特别诉讼程序，推进互联网司法从应用创新走向制度创新。如涉网人格权案件，传统赔礼道歉和消除影响等责任形式已难适应和满足互联网时代法治需求。设置特别诉讼程序后，当事人可在提供规范数字化证据材料基础上，向法院申请“谴责令”，法院审查后直接在相应平台上发布，无须再启动执行程序利用传统纸质媒体进行公布。

（二）“智治”维度：探索新型涉网纠纷的数字预防机制

在数字生态中，数字信任是解决与预防数字纠纷的关键性要素，大量纠纷正是因为无法满足相互对等的信任而产生。新技术发展使一些从未预想到的新问题在创设规范前出现，需要重新定位技术创新对于建立网络纠纷预防性法律机制的意义。互联网法院在引领技术创新发展路径方面，持续推动人工智能、区块链、大数据等前沿技术形成司法应用标准，通过纠纷处理、数据积累、机制优化、价值引领等实现从技术辅助司法向驱动社会治理转变。如杭州互联网法院首创司法区块链,溯源解决电子证据可信问题,实现事实回溯性再现,促进了诉源治理。

沿着该路径,可尝试通过构建以金融智能合约、版权智能合约、电商智能合约、司法智能合约等应用为代表的新型社会信用体系,将行政监管机构、公证机构、存证平台、行业协会、调解中心等纳入共同开发监管体系,建立更加良性有序的协同共治生态。通过构建信用降级、自动扣划、司法救济三个层级数字信用矩阵,将当事人履约数据、企业交易数据、物流数据、不动产信息、电信数据等,与司法审判数据、执行数据、失信数据等融合,以达到敦促履约目的,让大量纠纷在司法解纷程序之前有效化解。

一种新的透镜——大数据日益成为我们认识世界、改造世界的主导方式,这种方式不仅使科学进入数据密集型科学的新范式,而且为用数据认识人类自身开启了可能性空间。① 在司法领域,"全域数字法院"②的构建推动数据在互联流通中达成跨界跨域的价值生产。下一步,互联网法院有必要通过建立和强化互联网司法大数据中心等,塑造"用数据决策"的实时预防式智慧治理体系,将数字信用融入社会经济生活,使信用社会与信用国家成为网络伦理规范和价值认同。

(三)"自治"维度:深化运用涉网纠纷平台前置化解机制

平台治理是网络空间治理的重要组成部分,其关联要素特别复杂且具有动态性,因此网络空间治理体系需要进行多维的且能够包容多个主体和多个要素的复杂体系建构。③ 在"政府—平台—大众"的协同治理模式中,强化平台的纠纷自我净化能力,对于高效化解涉网纠纷尤为必要。杭州互联网法院在试点探索阶段,曾创造性地提出"前置调解制度",尝

---

① 段伟文:《大数据知识发现的本体论追问》,载《哲学研究》2015 年第 11 期。

② "全域数字法院"是由浙江省高级人民法院率先提出的,它是将整个法院审判执行、办案办公等各项工作全面、彻底数字化,并在此基础上全面推进业务流程再造、司法管理模式变革、法院组织架构重构和诉讼制度创新,最终建成全业务平台通办、全时空泛在服务、全流程智能辅助、全领域资源整合、全方位制度变革的现代化法院。

③ 参见崔保国、刘金河:《论网络空间中的平台治理》,载《全球传媒学刊》2020 年第 1 期。

试对适用在线审理的纠纷由在线调解中心先行化解。

针对大量涉平台纠纷，可将前置调解制度拓展适用到平台治理结构。如在当事人提供初步证据基础上，诉前引导其向平台投诉，指引平台参照知识产权“通知—删除”规则确立平台前置调处程序，化解过滤纠纷。平台可通过明晰和完善“避风港原则”“红旗原则”等在互联网司法领域的适应性运用，有效缓解平台内不正当竞争、恶意投诉等产生的涉网纠纷。对于事实清楚、争议较小的电子商务纠纷，可在现有“质量保证金与质保期制度”“七天无理由退货机制”基础上深化平台保证金使用、管理和跟踪机制，通过平台调处和保证金机制将纠纷过滤在诉前，强化平台的网络秩序维护职能。

结语

数字法治作为一个全球性的重要课题，在探索数字法治未来进路时，互联网司法应当坚持制度变革主线，围绕“算法、数据、平台”的一体化治理，持续深化数字法治治理能力建设，并在此基础上不断形成和输出数据跨境流动、算法治理等司法规则，加快中国法域外适用的法律体系建设，着力打造开放、互利、共赢的数字生态，推动重塑数字文明的便捷、高效、理性与公平。

原文首发于《法律适用》2022 年第 5 期

互联网司法治理能力现代化研究

杭州互联网法院课题组*

互联网应用已广泛深入社会生活的方方面面。电商、共享经济、互联网金融等新业态发展日新月异,相应涉互联网诉讼案件数量激增,新类型案件层出不穷,给互联网领域司法治理带来新的挑战,构建全方位、立体化、多维度的审判体系是司法系统肩负的重要使命。互联网司法治理法治化下的互联网司法发展具备必然性:互联网司法的诞生和发展是信息化时代下的大势所趋;互联网司法的创新与探索是互联网社会下的民心所向;互联网司法的推进与完善是新时代社会治理格局下法治所需。在新的时代背景下,互联网司法应当密切关注并主动研究新类型案件,及时总结审判经验,通过更新司法理念、创新司法模式、确立司法规则、有效打击网络犯罪、规范网络行为、维护网络秩序、保障网络安全,为涉互联网领域经济社会健康发展提供司法保障,助益互联网领域司法治理能力的现代化发展。

一、互联网司法治理的探索与成效

(一)互联网纠纷的现状、特点和趋势

2018 年 9 月,最高人民法院出台了《关于互联网法院审理案件若干问题的规定》(以下简称《规定》),划定了我国互联网法院管辖的 11 种案件类型。由此可见,互联网法院应当集中受理互联网特性突出、适宜在线审理的纠纷。依据目前司法实践,案件类型宏观上可分为网络人身权益

---

* 本文系最高人民法院 2020 年度司法研究重大课题“互联网司法治理能力现代化研究”成果摘要。课题主持人:洪学军,杭州互联网法院院长;课题组成员:倪德锋、侍孝祥、叶胜男、曾宪未、柯敏杰、邱遥堃、刘秀丽。

纠纷和网络财产权益纠纷两大类,其中又主要以网络财产权益纠纷中的信息网络买卖合同纠纷、买卖合同纠纷、产品责任纠纷、网络知识产权纠纷等纠纷为主,网络人身权益纠纷中的网络名誉权纠纷、网络隐私权纠纷等亦大量存在。

以2018年至2020年全国互联网案件为总量,以《规定》中的11类案由中的典型案由为搜索变量,进行数据统计与分析,互联网纠纷呈现以下共同特征:涉互联网纠纷地域分布高度集中;涉互联网纠纷以民事案件为主,互联网金融借款、小额借款合同纠纷执行比例较高;现有化解机制无法有效解决涉互联网纠纷等。

自2013年以来,互联网司法实践向多元解纷、诉讼服务、审判执行等领域不断延伸,建立线上线下相结合的诉讼服务体系,打造网上调解、网上立案、网上缴费、网上开庭、电子送达等一体化、"一站式"在线解纷模式,逐步实现互联网司法全流程、全方位覆盖。总体呈现以下四点趋势:一是应用领域由司法公开向全流程、全方位拓展。二是司法平台由单一维度向多元化、系统化延伸。三是诉讼模式由封闭向开放智能转化。四是工作重心由机制创新向推动依法治网转变。

(二)三家互联网法院的司法实践及其突出成效

杭州互联网法院率先打造首个全流程在线诉讼平台,突破空间限制,让当事人打官司"一次都不用跑";上线首个异步审理模式,突破时间限制,让开庭审理"24小时不打烊";启动首个大数据深度运用电子送达平台、首个电子证据平台、首个司法区块链,用互联网方式有效破解送达难、认证难等传统诉讼难题,为最高人民法院出台司法解释提供了实践样本。新冠肺炎疫情防控期间,"云上司法"的推进极大提高了司法审判效率和人民满意度。推进无纸化办案改革,共建长三角司法区块链,推动长三角司法一体化进程,打造互联网法治建设新高地,杭州互联网法院的运行,在我国互联网司法治理的探索层面具有里程碑式的意义。

北京互联网法院形成互联网法庭"矩阵",包括标准互联网法庭、办公开庭两用的简易网络法庭、虚拟法庭以及虚拟法庭舱,诉讼平台及办案平台的智能化、一体化、实用性进一步提升。围绕增强人民群众获得感为目标,不断拓展诉讼服务维度,升级智能化诉讼服务功能,为建立系统化的诉讼服务体系打下了坚实基础。

广州互联网法院近三年在互联网司法治理领域的探索中取得丰硕的成果,不断拓展司法服务的智慧化水平,促进了网络空间的法治化、现代化治理。持续探索司法审判与前沿科技全面融合,不断积累技术标准、完善在线诉讼规则,开拓创新,积极探索、完善符合互联网审判规律的工作模式和机制。

除三家互联网法院敢为人先的司法实践外,国内其他各级人民法院也顺应时代发展要求,在互联网司法治理领域作出积极有益的探索。

(三)互联网司法在社会协同治理中的价值定位与突出优势

互联网司法可以提升普遍信任、保障参与网络、创新互惠性规范,既是现在社会资本的基本要素,也是实现社会协同治理的重要推力。社会协同治理须在法治基础之上,而法治离不开立法、司法与执法,立法为社会协同治理构建制度框架,是司法和执法的基础,司法与执法在社会治理中发挥协同作用。与行政执法相比,司法在社会协同治理中更具有灵活性,而互联网司法能及时供给裁判的示范引领功能,并融合司法与科技。相较于传统司法,互联网司法提高了审判效率,证据更易保存,降低了维权成本,在社会协同治理中具有巨大优势。

二、当前互联网司法治理主要问题和难点

(一)互联网前沿案件法律适用难、裁判尺度统一难

互联网的开放性、虚拟性、跨地域性等特征使由此产生的互联网纠纷类型更加多样、法律关系更加复杂。同时,现行法律存在一定的滞后,典型案例示范指引功能发挥不足,致使法律适用难、裁判尺度统一难更加明显。另外,当前互联网司法治理还主要有以下问题:现有法律对网络空间的规制存在大片空白,或者存在调整过度问题;互联网指导性案例、公报案例数量少,案例需求与案例供给之间存在矛盾;案例权威的合法性论证有待加强;互联网案件类案检索面临较大困境等。

(二)互联网司法体系尚未有效建立

一是互联网司法专门化审判体系尚未确立。由于互联网法院的法律

地位不明,尤其是其作为专门法院的现实需求与相关法律依据缺失之间的矛盾,一定程度上阻碍着互联网司法专门化审判体系的确立以及网络社会司法治理效能的提升。二是互联网司法审判专业化水平有待提升。主要表现在涉网案件数量爆发式增长与审判资源不足,涉网案件新型疑难化与专业化审判不足,互联网司法能力滞后与网络社会司法公信力建设之间的矛盾。三是互联网法院的功能定位依然模糊。准确界定互联网法院在新阶段功能定位,不但关乎相关地域及案由管辖规则的构建,更关乎互联网法院是否有继续存在的必要。四是互联网司法体系与传统司法体系的衔接与融合存在难点。主要体现在在线诉讼模式与传统诉讼规则的衔接、“互联网案件”管辖与传统管辖规则的衔接等方面。

(三)互联网司法审判效能未能充分释放

目前,互联网司法建设取得了较好建设成果,但囿于一些因素,互联网司法审判效能未能充分释放:一是互联网司法依然受限于现有诉讼观念。二是司法智能化还处于初级阶段,技术未能充分赋能司法。三是数字鸿沟带来的司法正义隐忧难消,新技术应用边界尚待探索。

(四)互联网司法的社会协同治理功能有待提升

与信息时代相适应的社会协同治理模式已经成为国家治理体系与治理能力现代化建设的重点建设方向。为提升社会治理能力,实现国家治理体系和治理能力现代化的目标,面对互联网司法治理的多样性、复杂性、广泛性,需打造全社会“共建共治共享”的社会协同治理生态。从互联网司法维度上,需要进一步加强裁判规则输出在社会治理中的作用,挖掘司法大数据服务于社会协同治理潜力,完善互联网司法参与社会协同治理的实现机制。

三、互联网司法治理能力现代化的对策与建议

(一)健全完善互联网司法专门化审判体系

互联网法院的定位绝不是简单地将法院的审判职能由线下转移到线上,其更大使命在于推进互联网空间治理法治化。[①] 在网络社会司法治

① 李占国:《互联网司法的概念、特征及发展前瞻》,载《法律适用》2021 年第 3 期。

理的规则探索中，现有法律概念既是进行相关规则探索的基础认知，也是规则探索意在重塑的对象。互联网法院功能定位具有动态性。现阶段互联网法院职责定位应践行网络强国战略思想的使命担当，坚持裁判职能与治理功能的互促融合，积极回应网络社会矛盾纠纷在法律概念、法律规则、纠纷化解机制等方面的新特点，推进审判机构专门化、审判工作专业化、审判层级体系化，从而深化推进网络社会治理法治化。

（二）科学界定互联网法院的受案范围

管辖问题是专门法院运行中的基础性问题，直接决定专门法院的长期存在和发展。[①] 互联网法院的管辖问题与其功能定位息息相关，管辖规则的构建应与相应阶段的功能定位相契合。若将互联网法院确立为旨在“探索网络社会司法治理规则”的专门法院，则围绕互联网法院的管辖规则也应予以重塑，相关地域管辖规则与案由管辖范围应与专门法院的地位及职能相契合。部分基层法院在充分借鉴互联网法院的涉网案件审理经验与先进模式的基础上，应重新受理目前由互联网法院管辖的大量简单“弱互联网属性”案件。而互联网法院则集中审理类型新颖、疑难复杂、具有规则确立意义的互联网案件，由“大而全”转向“专而精”。在地域管辖上，首先要扩展至省域范围；在案由管辖上，围绕“数据、算法、平台”要素，实现对具有数字化、网络化、智能化特点的“强互联网属性”案件专门管辖，包括对网络治理具有重要意义的部分刑事案件专门管辖，FILLER统筹全域审判格局，合理确定互联网法院二审管辖范围。

（三）加强技术赋能，推进司法智能化

在不改变司法本质属性的基础上，应充分利用互联网特点、发挥互联网优势以实现司法效益的提升。通过推进智慧系统的标准化、统筹推进信息化项目试点、建立司法数据收集标准等进一步统筹互联网司法标准化建设。通过明确要素式审判智能系统的应用和要素式审判具体思路来推进要素式的智能辅助审判，实现人工智能技术在司法要素化上的运用。通过建立国家保障公信力的大数据中心、集中建设便利司法者运用的智

① 参见程琥：《论我国专门法院制度的反思与重构》，载《中国应用法学》2019年第3期。

慧系统、基于大数据中心研发内部审判监督管理平台和外部社会风险感知系统等，进一步打造司法大数据采集应用中心。发挥智能合约技术运用的优势，强化与法院工作的具体结合，尝试探索智能合约技术在社会治理中的应用进路。同时积极防范系统风险，为智能化司法提供安全保障。

（四）推动建立符合数字经济发展要求的互联网司法协同治理机制

随着人工智能、区块链、大数据、“互联网＋”等技术的发展和普及，数字经济在后疫情时代迎来了发展新高度，[①]成为促进经济可持续发展的新的增长点。以信息技术驱动经济增长的模式，要求新兴的治理与保障模式与之相匹配，提供新的发展动力。互联网司法应充分发挥推动自治规范形成、法律发展、司法建议提出等裁判规则输出作用；通过打破司法大数据信息壁垒和完善司法数据库等，深入挖掘司法大数据的潜力；加快互联网司法审判专业化进程、扩展互联网法院与其他纠纷解决机制合作、构建互联网司法在数字治理中的预防机制等完善互联网司法参与的实现机制，从而进一步构建服务于数字经济发展的社会协同治理机制。

① 参见《第四十七次中国互联网络发展统计报告》，载中华人民共和国中央人民政府网，http://www.gov.cn/xinwen/2021-02/03/content_5584518.htm。

第二编

数字社会规则之治探究

网络经济语境下不正当竞争裁判路径的构建
——基于杭州互联网法院审判实践探索的启示

杜　前　沙　丽*

一、问题的提出

网络经济正以崭新的形态,如虚拟的资源、虚拟的空间、非传统的经营模式、新型的技术手段,强力冲击着工业经济时代留给我们的法治体系。网络经济竞争秩序治理中,一个最为突出的例证就是互联网不正当竞争案件的裁判较之传统不正当竞争案件的裁判具有明显不同的价值判断。随着互联网技术与网络经济业态的不断迭代更新,互联网新型不正当竞争行为层出不穷,相关案件的裁判在《反不正当竞争法》中很难找到类型化的规则依据。虽然2019年修正的《反不正当竞争法》增设了"互联网专条",以"概括+列举+兜底"的方式规定了互联网不正当竞争行为的表现形式,但由于其概括、兜底式的规定过于抽象,裁判尺度较难把握,存在一定的实际操作难度;而其列举式的规定又过于具体,不能涵盖不断涌现的新型互联网不正当竞争行为,缺乏普适性。互联网不正当竞争案件审判中需要关注的诸要素,例如,被诉竞争行为是否正当、权利主张者是否具有《反不正当竞争法》所保护的法定权益、被诉不正当竞争行为是否损害了权利主张者的利益以及损害结果与损害赔偿如何认定等,往往需要根据个案的具体情况加以分析判断。面对互联网不正当竞争审判中新出现的诸多难点问题,只有与时俱进,适时更新司法理念、调整审

---

* 杜前,湖州市中级人民法院院长(时任杭州互联网法院院长);沙丽,杭州互联网法院互联网审判第二庭庭长。

判政策，在遵循法律基本精神、尊重网络经济基本价值取向的前提下，审慎裁判、灵活施策，方能妥善解决网络经济中出现的各类新型矛盾纠纷。

二、被诉竞争行为是否正当的判断：以竞争效能为基点判断被诉竞争行为的可责性

对于互联网不正当竞争纠纷案，除少数类型化案件外，法院多以《反不正当竞争法》第2条为依据作出裁判，其主要判断标准是经营者是否违反了诚信原则与商业道德。然而网络经济不同于传统经济，其价值既体现在传统经济的“自愿、诚信、公平”上，更体现在“开放、共享、效率”等新内容上。前者要求惩戒“搭便车”损人利己的不正当竞争行为，后者要求鼓励创新性的自由竞争行为。网络经济竞争与传统经济竞争同样表现为市场份额的竞争，竞争所形成的市场份额此消彼长，天然具有损人利己的属性。而网络经济竞争与传统经济竞争不同的是，后者主要是产品质量与价格上的竞争，网络经济中的竞争则更多地表现为新旧经营模式与新旧技术的迭代升级。新与旧的迭代升级必然以旧有样本为依托，又天然具有了“搭便车”的属性。如果我们一味地以传统经济竞争行为的正当性标准来衡量网络经济竞争行为的正当性，无疑会扼杀网络经济的创新发展。

我们应该注意到，网络经济是共生经济，网络企业所掌握的网络资源更多地具有开放性与共享性，如果网络企业“搭便车”式地利用他人所掌握的网络资源开展竞争活动，只要同时具备以下条件，则不应被判定为不正当竞争。

第一，排除系通过非法手段获得他人网络资源的行为。网络资源的共享性并不等于可以随意加以利用，如果是通过非法手段获得他人网络资源而加以利用的，该行为本身已具有了不正当性。这里所谓通过非法手段获得他人网络资源的行为是指以《反不正当竞争法》类型化条款或行业自律公约明文予以禁止的方式以及通过特殊手段破解原权利人对其网络资源所采取保护措施的方式，获得其他人网络资源的行为。如“OPPO公司诉登先公司刷机案”中，登先公司的被诉不正当竞争行为集中表现为：登先公司对OPPO公司各类机型对应的手机操作系统ROM包进行破解、修改和添加后直接复制到自己网站上供用户下载使用，登先

公司还将第三方应用内置到刷机后的 ROM 中以赚取收益。在该案的判决中,法院认为,登先公司提供 OPPO 手机刷机包对操作系统 ROM 包进行破解、修改和添加后直接复制到自己网站上供用户下载使用的行为,属于剽窃他人网络资源为己所用的非法刷机行为,具有不正当性。[①]

第二,排除系对他人网络资源破坏性利用的行为。网络资源的共享是共融共生的关系,如果系通过合理手段获取他人网络资源,但在利用过程中严重干扰原权利人对该网络资源正常使用,对原权利人使用其网络资源造成明显破坏性影响的,仍应认定其具有不正当性。如“优酷公司诉硕文公司广告截屏案”中,硕文公司开发的一款软件,自称能拦截主流视频(爱奇艺、腾讯、乐视、优酷、土豆等)的视频广告。用户使用该软件启用屏蔽功能后,观看优酷视频节目时会跳过优酷视频片前广告。在该案的判决中,法院认为,硕文公司在获得优酷视频资源上并无不当,但其在播放视频过程中删除了优酷视频片前广告,破坏了优酷公司对视频资源的完整利用,具有不正当性。[②]

第三,排除系简单复制他人网络资源,仅提供同质化网络服务的行为。网络资源共享的前提是鼓励创新发展,如果竞争行为人系通过合理手段获取他人网络资源,在利用过程中也未干扰原权利人对该网络资源正常使用,但其是简单利用他人网络资源提供同质化网络服务从中牟利,其间并未付出创新性劳动、提供创新性成果,不能给消费者带来全新体验,甚至损害了网络用户与消费者利益的竞争行为仍应认定具有不正当性。如“淘宝公司诉美景公司大数据产品案”中,美景公司以提供远程登录已订购涉案数据产品用户电脑技术服务的方式,招揽、组织、帮助他人获取淘宝公司涉案数据产品中的数据内容,从中牟利。在该案的判决中,法院认为,如果其他市场主体是在获取已公开的数据产品内容基础上通过自己的创新劳动开发出新的数据产品,且能够给消费者带来全新体验的,这样的竞争行为难谓不正当。但本案中美景公司未付出自己的劳动

① 参见杭州铁路运输法院民事判决书,(2018)浙 8601 民初 1079 号。

② 参见杭州铁路运输法院民事判决书,(2017)浙 8601 民初 928 号。

创造，直接将涉案数据产品作为自己获取商业利益的工具，其使用涉案数据产品仅是提供同质化网络服务。美景公司此种占据他人市场成果、未经创新改造直接为己所用的涉诉行为，具有不正当性。[①]

综上所述，网络经济的共生性决定一项网络竞争行为是否正当，已不能一味固守于其是不是“搭便车”损人利己的传统判断标准，而应以竞争效能的综合评价为判断标准。如果网络企业利用了他人所掌握的网络资源开展竞争活动，即便该行为未经原权利人许可，只要同时具备上述三项条件，则不应被判定为不正当竞争。

三、被诉不正当竞争行为人是否具有主观过错的判断：以故意作为判断竞争者主观过错的主要标准

对于被诉违反《反不正当竞争法》第 2 条规定的不正当竞争行为，有观点认为，一般条款规定的要件中，不涉及明知或应知等主观要件，因此只要违反了商业道德或诚实信用原则，就能直接认定被告构成不正当竞争。但从侵权构成要件出发，过错是必要条件。不正当竞争行为作为一类特殊的侵权行为，被追究法律责任也应有主观过错这项条件。[②] 我国《民法典》第 1165 条第 1 款关于过错责任明确规定，行为人因过错侵害他人民事权益造成损害的，应当承担侵权责任。这是认定侵权责任的普适性规定。故对于网络经济竞争中的不正当竞争行为的责任认定，同样必须考察行为人是否具有主观过错，否则将破坏现行法律体系。但对于网络经济竞争中不正当竞争行为人的主观过错认定，除去类型化的不正当竞争行为外，对于被诉违反《反不正当竞争法》第 2 条规定的网络不正当竞争行为人的主观过错认定，应有别于一般侵权责任或类型化不正当竞争的主观过错认定。原因在于：其一，《反不正当竞争法》本质上是一部规范竞争者行为的法律，目的是维护正常的市场竞争秩序、保护经营者的竞争性权益。《反不正当竞争法》所保护的是合法权益，非法定专有权，对此种保护边界不甚清晰的客体，法律在对他人设定义务边界

① 参见杭州铁路运输法院民事判决书，(2017)浙 8601 民初 4034 号。

② 参见张弓、李盛荣等：《网络不正当竞争案件审理难点的调查研究》，载光明网，http://yp.gmw.cn//2017-08/29/content_25891928.htm。

时应更严格。① 同时,《反不正当竞争法》第2条第1款“经营者在生产经营活动中,应当遵循自愿、平等、公平、诚信的原则,遵守法律和商业道德”的规定,只是一种应然性的要求,并未提供实然性的判断依据。这种带有明显主观判断色彩的禁行边界,一般经营者难以准确把握,故不宜及于竞争者的过失行为。其二,诚实信用原则与商业道德在不同时代有其不同的价值判断。网络经济不同于传统经济,市场主体间的权利边界较为模糊,尤其在虚拟空间状态下要求网络竞争者穷尽一切可能,避免损害结果发生,对其苛以过重的注意义务,明显不利于网络技术与网络业态的创新发展。网络竞争应当充分鼓励非恶意的创新竞争,而严格规制应限于恶意竞争行为。如果网络创新竞争行为人对于损害结果的发生并非出于希望或放任的心理状态,则难谓系有违诚信或商业道德的恶意竞争,一般不宜依《反不正当竞争法》第2条的规定认定其构成不正当竞争。至于网络竞争行为人对于损害结果的发生是否明知,是否是出于希望或放任的故意,则应结合行为者的行为目的和行为结果的实际状况加以判断。在“优酷公司诉硕文公司广告截屏案”的判决中,法院认为,硕文公司研发并提供具有屏蔽视频广告的涉案软件,在其屏蔽广告功能宣传中,明确指向优酷视频等视频网站。这表明硕文公司对导致优酷公司广告投放的预期效果受到损害是明知的,也是希望此种结果发生的,具有明显的主观故意,应当认定为不正当竞争行为。②

四、权利主张者是否具有法定权益的判断:以鼓励包容为出发点判断权利主张者权益的合法性

一项竞争行为具有可责性,并不等同于其他经营者即具有提起诉讼的权利。只有当特定经营者的竞争权益因某项不正当竞争行为遭受损害时,该不正当竞争行为在具体个案中才具有实际的可诉性。一项竞争行为在个案中是否具有可诉性,首先要重点考量的是权利主张者是否具有相应的合法权益。网络经济不同于传统经济,具有虚拟性、开放性、共享性的特质。

---

① 参见曹丽萍:《网络不正当竞争行为的主观故意判断》,载《人民司法》2019年第10期。

② 参见杭州铁路运输法院民事判决书,(2017)浙8601民初928号。

因此,网络经营者权利的形成与权利的行使往往与其他主体权益形成交织,相互间的权利边界经常处于模糊状态,其经营活动的正当性易受质疑。

如何应对此类质疑:首先,对于网络经济中的新型权益或新型业态,我们应秉持兼顾各相关方的理念,奉行利益平衡的原则,以鼓励网络经济发展为主导,在照顾到各方核心利益的同时,合理划分各权利主体的权利边界。以“淘宝公司诉美景公司大数据产品案”为例,淘宝公司诉称,涉案“生意参谋”数据产品系其在收集网络用户行为痕迹信息所产生的巨量原始数据基础上,通过特定算法提炼整合后形成的衍生数据,系其合法取得的劳动成果,涉案数据产品中的原始数据与衍生数据均系原告的无形资产,原告对此享有财产权。美景公司辩称,涉案数据产品的数据内容系网络用户提供的用户信息,网络用户对于其提供的信息享有财产权,原告无权主张权利。针对诉辩双方对于数据资源的权属争议问题,法院结合相关法律的规定,从网络用户与网络经营者相互间利益平衡点的把握上进行了考量。第一,对于个人信息,国内外的立法虽然趋于更为严格的保护,但目前仍停留于将信息权的保护定位为人身权利的保护,并无财产权保护的倾向。如果将信息权纳入财产权进行保护,势必冲击我国数据资源市场已形成的“以无偿提供信息换取免费网络服务”的基本格局,损害网络经营者的核心利益,进而窒碍网络经济的发展。故法院最后判定,在无法律规定或合同特别约定的情况下,网络用户对于其提供于网络运营者的用户信息只享有获得人格与隐私安全保护的权利,无财产权。第二,对于原始数据,法院认为,原始数据对于社会的价值贡献并未脱离信息所包含的资讯内容,数据采集主体在此过程中并未提供创造性劳动成果。而且赋予原始数据财产权,任由数据采集主体处置数据化后的用户信息,信息主体对于其提供的信息将失去控制权,势必危及信息主体的隐私权、人格权等核心利益。故法院最后判定,网络运营者对于原始数据应受制于网络用户对其所提供的用户信息的控制,不能享有独立的财产权,只能依其与网络用户的约定享有对原始数据的使用权。第三,对于数据产品,法院认为,数据产品是其开发者投入了大量创造性劳动的成果,具有巨大的市场价值。同时,数据产品提供的是独立于自然人信息、原始数据的衍生信息,数据产品的使用与处分无碍信息主体对信息的控制权,赋予数据产品财产权,不会妨害信息主体的核心利益。故法院最后判定,网络运营者对于其开发的数据产品,应享有独立的财产权益。①

其次,对于网络经济中的既有业态或既有产品,我们应秉持包容的态度,奉行"法无明文不禁止"的原则,只要不为现行法律明令禁止,且符合网络行业自律公约或属于网络行业常态化经营模式和经营手段的,一般应认可其具有合理性。以"优酷公司诉硕文公司广告截屏案"为例,优酷公司认为,其采用"免费视频 + 广告"的经营方式系正当的经营活动,因此而获得的利益应当受到《反不正当竞争法》的保护。硕文公司认为,优酷公司强制用户观看不可跳过的冗长的片头广告的行为不具有正当性,违反了相关法律规定,也没有与用户签订协议取得用户的同意,无合法利益可言。针对诉辩双方争议问题,法院主要从"免费视频 + 广告"商业模式的合理性进行了考量。法院认为,优酷公司为获得视频版权必然会付出相应成本,优酷公司向用户提供免费视频的同时在视频片头播放一定时间的广告,据此收取的广告费用既是其经营收入的重要来源,也是其弥补经营成本的重要组成部分。优酷公司采取的这种商业模式并不违反《反不正当竞争法》的原则精神和禁止性规定。在该种商业模式下,广告与视频节目的结合使网站经营者、互联网用户与广告主之间各取所需,形成有序的利益分配和循环。该商业模式业已成为当前视频网站常见的商业模式之一,并获得了市场普遍接受。因此,优酷公司据此获得的商业利益应当受到法律的保护,属于具有可诉性的利益。②

五、被诉不正当竞争行为是否损害了权利主张者利益的判断:以因果关系为主要判断替代竞争关系判断

《反不正当竞争法》修改后,法院在裁判中虽然已不再把双方是否存在竞争关系作为认定不正当竞争行为的构成要件,但通常仍将此作为被诉行为与权利主张者利益遭受损害是否存在必然联系的首要考量因素,

① 参见杭州铁路运输法院民事判决书,(2017)浙 8601 民初 4034 号。

② 参见杭州铁路运输法院民事判决书,(2017)浙 8601 民初 928 号。

即以此作为权利主张者是否具有个案诉权的判断标准。因为在传统经济的竞争中,很难想象不同产品的经营者之间会形成市场份额此消彼长的对应关系。然而进入网络经济时代后,市场主体的经营模式与竞争目标均发生了根本改变,当“免费 + 增值业务”成为网络经营模式后,网络用户群、用户黏度成了网络经营者的主要竞争对象,网络流量吸引力已成为网络市场主体的核心竞争力。在虚拟化的网络空间中已无实体空间的物理区隔,即使是业务范围相差甚远的网络经营者之间,也会形成网络流量吸引力此消彼长的对应关系。尤其随着网络经济进入“互联网 + ”的平台经济时代后,平台内经营者相互间产品市场份额竞争中的严重恶性竞争行为会破坏整个平台的产业生态环境,进而会影响平台经营者对网络流量的吸引力。此种情况下,无论是以直接竞争关系还是以间接竞争关系作为构成不正当竞争损害赔偿的判断依据,均已无法满足维护网络经济竞争秩序的需要。如“腾讯公司诉科贝公司不正当竞争案”中,腾讯公司系微信平台的经营者,科贝公司系微信公众号的经营性用户。科贝公司伪造资质文件批量注册了微信公众号,违规从事网络贷款中介服务业务。在经营中科贝公司通过各种虚假宣传吸引客户,并在其注册的微信公众号上仿冒微信官方投诉界面,拦截微信用户对其的投诉,逃避平台经营者的监管。腾讯公司诉称,科贝公司的行为不仅损害了微信平台中其他合法经营者的竞争利益和微信用户作为消费者的合法权益,同时降低了其他经营者和微信用户对微信产品的信赖,损害了微信产品的商誉和运营秩序,削弱了微信产品的市场竞争力。科贝公司辩称,其与腾讯公司是网络服务合同关系,两者的经营模式与营销对象没有任何关联性,双方不存在竞争关系,腾讯公司在本案中无可诉的竞争性法益。

《反不正当竞争法》不同于一般的侵权行为法,具有行为法属性,即重在根据行为特征及其对竞争秩序(保护客体)的损害性规定认定其行为,行为的构成不是基于对特定权益的损害。[1] 换言之,无论两者是否存

① 参见孔祥俊:《新修订〈反不正当竞争法〉释评》,载《中国工商报》2017年11月16日,第5版。

在竞争关系,如果其他经营者竞争权益损害与某项不正当竞争行为具有因果关系,受害人即有权请求行为人予以赔偿。在“腾讯公司诉科贝公司不正当竞争案”的判决中,法院认为,判断一项行为是否构成不正当竞争,并不以损害特定竞争者且其相互之间具有竞争关系为必要,而应根据其是否违反竞争原则或者其他具体法律标准而进行认定。换言之,竞争关系既不应作为不正当竞争行为的构成要件,亦不是《反不正当竞争法》的适用条件。科贝公司伪造资质的背信行为、冒仿他人的混淆行为以及虚假宣传行为,分别违反了《反不正当竞争法》第2、6、8条的规定,已构成不正当竞争。科贝公司伪造资质的背信行为损害了微信平台严肃、公正的社会信誉;科贝公司冒仿微信官方投诉界面的行为,降低了消费者对微信平台服务质量与效率的评价和信赖度;科贝公司的虚假宣传行为,其严重失实的陈述,已明显影响微信平台的用户体验。对于互联网平台而言,保障平台正常交易秩序,改善平台产业生态环境,维护平台商业信誉与市场吸引力,增加用户数量与用户忠诚度,意味着可以赢得更大的市场空间,获得更多的经营收益和流量增值利润。科贝公司的涉案不正当竞争行为,已破坏了微信平台的正常交易秩序与产业生态环境,给微信平台的商业信誉造成了严重的负面影响,明显损害了腾讯公司的商业利益与竞争力,科贝公司的被诉不正当竞争行为与腾讯公司所受损害之间具有因果关系,科贝公司应承担侵权赔偿责任。①

六、损害结果及损害赔偿如何确定的判断:引进产业生态链损害作为确定损害结果及损害赔偿的考量因素

在网络经济竞争越演越烈的今天,违法成本过低是互联网不正当竞争行为频发的重要原因。而导致法院的判决赔偿数总体上处于相对较低水平的原因,除了互联网不正当竞争案件中损害程度举证认证难以及惩罚性赔偿制度缺位之外,另一个重要原因是传统司法理念习惯于将不正当竞争损害结果局限在对侵权所带来的既有交易机会直接或间接的增益、减损的评判上。网络经济已从传统经济的产品用户竞争更多地转为

① 参见杭州铁路运输法院民事判决书,(2018)浙8601民初1020号。

网络流量的竞争,传统经济的产品用户竞争通常只涉及产品的销售,而网络流量的竞争不仅是既有产品交易机会的竞争,更是将来开发衍生产品的生产资料竞争。一项网络不正当竞争行为所造成的损害结果虽然直接表现为被侵权方的用户数量或既有产品交易机会的流失,但其所带来的长远影响往往会破坏被侵权方的产业生态链,削弱其通过吸引网络流量开发网络衍生产品的能力,进而减损其可预期的增值利益。因此,对于网络不正当竞争行为的损害结果,不能仍停留于仅评估双方既有市场份额的损益变化结果,尤其不宜仅以侵权获利来对应侵权损害。如果不正当竞争行为对于被侵权方的产业生态链具有明显损害的,还应在评估现时侵权获利或侵权损害的基础上,附以扩充性损害赔偿。在"腾讯公司诉科贝公司不正当竞争案"的判决中,法院在科贝公司营收记录所估算出来的侵权获利基础上,重点考量了被诉不正当竞争行为对腾讯公司产业生态造成损害的各种情节,追加了部分赔偿额,最后判决科贝公司赔偿腾讯公司 65 万元。[①]

七、网络经济语境下不正当竞争审判的司法理念更新:以坚持公平正义为底线充分鼓励网络经济的自由竞争与创新发展

市场竞争本身就是一个具有独特内生机制的复杂系统,而网络经济竞争作为市场竞争的新形态,其发展趋势与发展逻辑并未定型或未完全呈现。面对错综复杂而又相对陌生的网络经济竞争,司法应保持谦抑的基本态度,不宜过度干预网络经济竞争的自由开展。但竞争自由又是有限度的,恶性竞争必然损害市场竞争秩序,自由竞争必须以公平正义为底线。这就要求我们在维护公平正义这一法律基本价值底线的同时,充分尊重网络经济"创新与效率"这一基本价值取向,适时更新我们的司法理念。

(一)遵循《反不正当竞争法》立法宗旨,树立辩证的公平竞争观

《反不正当竞争法》第 1 条开宗明义宣示了其立法目的:为了促进社会主义市场经济健康发展,鼓励和保护公平竞争,制止不正当竞争行为,

① 参见杭州铁路运输法院民事判决书,(2018)浙 8601 民初 1020 号。

保护经营者和消费者的合法权益。竞争的公平性体现在正反两个维度的要求上,其正向要求是维护竞争的自由,很难想象一个不自由的竞争环境能够充分催生市场主体创造力与市场活力;一个缺乏创造力与活力的市场,最终难以符合经营者和消费者的利益诉求。其反向要求是对竞争自由施以必要限制,即竞争自由不能以牺牲公平正义法律价值为代价。自由竞争是以效率为取向的,是追求和实现市场效率的需要。只有存在市场竞争的自由,才可能使市场在资源配置中发挥决定性作用。自由竞争又是有限度的,过度的竞争会物极必反,竞争的自由必须以公平为基础。[①] 一个缺失公平的竞争环境必然导致整个市场秩序的紊乱,进而导致市场整体竞争力的减退。自由竞争与公平正义在整体目标上是一致的,但在具体场景中会经常发生价值取向上的冲突,这反映到个案争议中突出表现为:被诉竞争行为干扰或破坏了原权利人对其网络资源(主要为网络产品或网络商业模式)的正常使用,究竟考量被诉竞争行为的竞争贡献来评价其正当性,还是考量对原权利人权益的损害来评价其正当性。虽然《反不正当竞争法》作为行为法,并不以特定主体的权益保护为目的,而以维护市场竞争秩序、促进市场经济发展为己任,但原权利人的网络资源往往是其市场竞争力之所在,也是其市场贡献力之所在。当一项竞争行为损害了他人的市场竞争力与市场贡献力时,不能不说该行为同时也是对市场竞争秩序与市场经济健康发展的一种损害。所以,当考察一项竞争行为的正当性时,虽然不能以该行为损害了其他经营者合法权益为由“一票否决”,但我们还应谨慎审查该行为对于市场既有竞争力、贡献力的损益与否以及行为人动机上的善恶与否。其一,在竞争的客观效果(竞争效能)上,要慎重权衡市场竞争者、其他经营者以及消费者的利益得失比例关系。如果该项竞争行为具有一定创新性,能够给消费者带来一定福利,且仅给原权利人经营活动带来困扰的,该竞争行为难谓不正当;如果该项竞争行为具有显著创新性,能够给消费者带来全新体验,即便对原权利人经营活动带来一定破坏性损害的,该竞争行为也难谓不

① 参见孔祥俊:《反不正当竞争法的创新性适用》,中国法制出版社2014年版,第13页。

正当;如果该项竞争行为无实质性创新贡献,即便仅给原权利人经营活动带来困扰的,仍具有不正当性。其二,在竞争者的主观意愿上,着重考察其对于损害结果发生的心理状态。竞争者应对原权利人网络资源的正常使用予以高度关注,如果不是出于创新的必要,对于损害结果的发生有条件规避而故意不为的,这已超出公平竞争的范围,属于明显违反诚信原则与商业道德的恶意竞争,亦具有不正当性。

(二)重视《反不正当竞争法》消费者权益保护功能,树立辩证的权益平衡观

2017 年修订后的《反不正当竞争法》在第 2 条中增加了消费者权益保护的相关内容。消费者是市场竞争行为的作用对象,是竞争结果和市场产品的承受者,提升消费者福利是法律追求的最终目标。网络时代《反不正当竞争法》的立足点已经从主要规范经营者行为,延伸至经营者诚信经营和维护消费者权益的双重角度。因此,对消费者权益的关注度应有所提高。[①] 虽然既有法律体系并未赋予消费者对不正当竞争行为的诉权,但在许多互联网不正当竞争案件中,诉辩双方常会以对消费者权益的益损效果作为主张被诉竞争行为是否具有正当性的依据。如被诉竞争者常常会以其技术创新改善了消费者福利为由进行抗辩。"创新与效率"是网络经济的核心价值,消费者福祉的改善也是《反不正当竞争法》所追求的最终目标,两者当然应当成为网络竞争行为正当性的主要评判标准。但技术与经营模式的创新,不能以牺牲其他竞争者对于市场发展及消费者福利的贡献力为代价;消费者福祉的根本改善也非仅靠一次创新即能实现。消费者福祉的改善最根本的保障是可预期、可持续的市场创新发展。如果一项网络竞争行为在竞争效能上破坏性大于建设性,即便其能够给消费者带来某些福利,但最终损害了其他市场主体的创造积极性,进而会影响消费者的整体、长远利益的提升。故出于对消费者权益的维护,我们审查时应将其置身于市场竞争秩序的大背景下,从"竞争自由与公平正

① 参见张弓、李盛荣等:《网络不正当竞争案件审理难点的调查研究》,载光明网,http://yp.gmw.cn//2017-08/29/content_25891928.htm。

义”两个维度加以综合考量。

(三)回归《反不正当竞争法》立法本意,树立辩证的法益损害观

《反不正当竞争法》第2条第2款规定:本法所称的不正当竞争行为,是指经营者在生产经营活动中,违反本法规定,扰乱市场竞争秩序,损害其他经营者或者消费者的合法权益的行为。《反不正当竞争法》作为行为法,其首要目的在于规制不正当竞争行为,维护正常的市场竞争秩序,而非保护特定主体的法益。故一项竞争行为是否具有不正当性,并不当然取决于其是否损害了其他经营者或者消费者的合法权益。市场竞争的损害观是以独特的观念和视角认识和衡量由市场竞争造成的损害,也即竞争性损害。[①] 市场竞争所形成的市场份额此消彼长的竞争性损害是常态,不具有善恶是非的道德色彩。如果简单将原权利人的商业机会和网络资源作为法益损害,即认定竞争者构成不正当竞争,这无异于将适用《反不正当竞争法》的出发点放在了特定法益的保护上,使其成为对财产或者“准财产”给予专有权的保护。但原权利人的网络资源虽然并不具有专有权的属性,然而其作为既有市场竞争力与市场贡献力的一部分,在判断一项竞争行为是否正当时,仍具有作为《反不正当竞争法》调整范围内的法益损害的意义。因此,在评判一项竞争行为是否具有可责性时,仍有必要将权衡该竞争行为损害他人市场竞争力与市场贡献力的得失作为主要考量因素。当然,这种评判不能局限于简单评价该竞争行为是否损害其他经营者合法权益,而是要重点分析这种法益损害是否属于竞争性损害,以及其对于市场竞争秩序与市场经济发展的损益比例。

结语

网络经济不同于传统经济,作为一种全新的经济形态,网络经济尚未完全定型,正处于一个“多变、突进”的过程。在网络经济发展规律尚未完全呈现以及对应的法律体系未及形成时,裁判不宜过度干预网络经济的运行,司法的干预应当掌握在“必要与有限”范围之内。这要求不固守于传统或特定的审判思路,而应根据情势变化及时更新司法理念、调整审

---

① 孔祥俊:《论反不正当竞争的基本范式》,载《法学家》2018 年第 1 期。

判政策,努力为网络经济竞争秩序的治理提供符合法治精神、符合网络经济发展规律的优质司法保障,为网络经济的发展营造有保障、可预期的法治营商环境。

原文首发于《中国应用法学》2020 年第 1 期

网络不正当竞争法律规制路径选择

——以“互联网专条”为视角

叶胜男*

互联网信息技术行业、服务行业的迅猛发展，经营者对用户、流量、数据、商业模式、商业领域等争夺日趋激烈，新类型不正当竞争行为层出不穷，互联网不正当竞争审判实务呈现新趋势，司法需要对新行业、新模式的市场秩序、商业模式规则、竞争行为作出回应、给予保护和引导。

一、互联网不正当竞争审判实务新趋势

2017年《反不正当竞争法》修订在多个方面体现了立法进步，一是将消费者明确为不正当竞争行为的损害对象，使《反不正当竞争法》兼具市场管理、规制与“其他经营者和消费者”私权保护的多重属性，既保护经营者不正当生产经营活动侵害的正当商业利益，又保护相应的市场竞争秩序。二是将不正当竞争行为的界定由“交易行为”改为“生产经营活动”，扩大了《反不正当竞争法》规制市场经营主体的行为范围。三是为了更好地规制互联网领域不正当竞争行为，增设《反不正当竞争法》第12条，网络不正当竞争审判实务亦呈现新趋势。2019年修正的《反不正当竞争法》通过完善商业秘密的定义、降低商业秘密的门槛，进一步完善知识产权保护法律体系。

（一）扩大损害范围，扩张竞争关系

有别于“竞争关系—行为—损害”审理思路的“行为—损害”审理思路已经出现，竞争利益和竞争秩序为当前《反不正当竞争法》保护的主流

---

* 叶胜男，杭州互联网法院综合审判第二庭副庭长。

法益，而不正当竞争行为产生的损害与《反不正当竞争法》保护的法益是相对的，故《反不正当竞争法》保护的法益可以是法定权益，但更多的是保护商业利益，甚至是影响商业盈利能力、商业竞争能力的因素，包括竞争优势、市场占有率、商业品牌知名度、商业信誉和声誉、商业秘密、商业运营资源、平台流量资源、数据资源等，可见通过不正当竞争行为损害竞争利益的，都是损害的范围。《反不正当竞争法》将保护范围限定为“其他经营者”和“消费者”，因此对竞争关系的淡化体现在通过《反不正当竞争法》规制两种竞争关系。

第一，经营者与非同业经营者之间的不正当竞争。“OPPO广东移动通信有限公司、东莞市讯怡电子科技有限公司与杭州登先网络科技有限公司、深圳市掌星立意科技有限公司不正当竞争纠纷案”①中，两原告为手机厂商，两被告为软件经营者，二者并非直接同业竞争者，而是一种产业链的上下游关系。法院经审理认为，两被告通过破解两原告手机应用系统、删除相关应用并装载己方应用程序实施非法刷机，该行为客观上损害了本应属于两原告的基于其商业模式享有的市场关注和商业利益，破坏了两原告正常的经营活动，具有明显的不正当性，亦给两原告造成了损害，构成不正当竞争。

第二，平台经营者与平台内经营者之间的不正当竞争，“深圳市腾讯计算机系统有限公司、腾讯科技（深圳）有限公司诉杭州科贝网络科技有限公司、杭州海逸网络科技有限公司不正当竞争纠纷案”②中，原被告双方系平台服务提供者与平台内经营者用户，两者之间虽从事不同行业，不具备直接竞争关系，但两被告经营所处的平台系两原告经营维护的对象，两被告通过种种不正当方式不恰当借助对方的经营资源，在获取自身竞争优势的同时，损害平台、消费者和其他经营者利益，破坏的是微信平台正常竞争机制和运行秩序。

（二）新类型不正当竞争行为层出不穷

对于不正当竞争行为的规制，本质上是分析被控行为的可责性、违法

① 参见杭州铁路运输法院民事判决书，(2018)浙8601民初1079号。

② 参见杭州市中级人民法院民事判决书，(2019)浙01民终9556号。

性；是否造成损害，即竞争利益和竞争秩序的损害；行为与损害因果关系，具体体现为以下几种情形：

第一种是挖竞争资源的行为，“深圳市腾讯计算机系统有限公司、腾讯科技（深圳）有限公司诉杭州快忆科技有限公司不正当竞争纠纷案”中，被告违反“爬虫协议”（“Robots 协议”）以及“微信公众平台服务协议”，提供用于爬取微信公众号平台各类数据的产品和服务，令两原告承担了额外的平台运行成本，法院经听证程序认为上述行为使原告承担额外的平台运行成本，因此可能干扰了微信公众平台正常运行，也破坏了微信公众平台健康生态秩序，构成不正当竞争的可能性较高。①

第二种是技术干扰行为，“深圳市腾讯计算机系统有限公司、腾讯科技（深圳）有限公司诉浙江搜道网络技术有限公司、杭州聚客通科技有限公司不正当竞争纠纷案”中，两被告利用 Xposed 外挂技术，使被控侵权软件中的“个人号”功能模块嵌套于两原告个人微信平台中，这种运行方式异化了个人微信产品作为社交平台的服务功能，干扰了用户使用微信产品，已经危及微信平台的安全、稳定、效率，同时妨碍、破坏两原告合法提供的网络产品服务正常运行，构成不正当竞争。②

第三种是不正当利用互联网规则情形，“王某诉江某、第三人浙江淘宝网络有限公司不正当竞争纠纷案”中，被告通过使用虚假手段变造权利凭证，主观明显恶意地利用了淘宝规则，在投诉同业竞争者时谎称被投诉的产品存在侵权，发出的错误通知造成平台内经营者损害，故构成不正当竞争。③

第四种是虚假宣传、商业诋毁在网络环境中的适用情形，网络环境中的虚假宣传主要表现为在网上发布的宣传用语与实际情况不符，引起消费者误解。例如，搜狗公司使用的“当前网上最流行、用户好评率最高、功能最强大的拼音输入法”，“搜狗输入法在词库的广度、词语的精准度、高级功能、易用性设计、外观上远远领先于其他输入法”等宣传内容不属实，

---

① 参见杭州铁路运输法院民事裁定书，(2019)浙 8601 民初 2435 号。

② 参见杭州铁路运输法院民事判决书，(2019)浙 8601 民初 1987 号。

③ 参见杭州铁路运输法院民事判决书，(2018)浙 8601 民初 868 号。

构成引人误解的虚假宣传。[①] 汉涛公司对外宣传“大众点评网是中国最大的城市消费指南网站，国内最大的生活指南网站”以及“大众点评网的美食信息和餐馆搜索引擎是业内公认最专业、最高质量的”，均不属实，足以构成引人误解的虚假宣传。[②] 百度网讯公司、百度在线公司认可《360杀毒》软件市场份额排名第一，但其依然使用《百度杀毒》是“最好的免费杀毒软件”进行广告宣传的内容不属实，构成引人误解的虚假宣传。[③]

网络环境中的商业诋毁主要表现为在网上发表不实言论，损害他人的商誉。例如，瑞星公司在其官方网站上公开发表的《瑞星揭露黑幕：奇虎360给用户装“后门”》一文中称：“360安全卫士在安装进用户电脑时，会私下开设‘后门’，此‘后门’存在巨大安全隐患”，此内容不属实，构成商业诋毁。[④] 奇虎公司在《360安全卫士》软件运行过程中弹出来自360论坛上声称《金山网盾》成为木马帮凶、存在高危漏洞、金山公司破坏同类安全软件的文章内容不属实，构成商业诋毁。[⑤] 奇虎公司在《扣扣保镖》软件中宣称其具有“自动阻止QQ聊天程序对电脑硬盘隐私文件的强制性查看功能”，运行中将“升级QQ安全中心、阻止QQ扫描我的文件”列为危险项目，并提示“这些项目可能被病毒木马利用，请尽快修复”。对QQ软件进行自动体检并显示“体检得分4分，QQ存在严重的健康问题”；但当用户按照扣扣保镖的提示进行相应操作后，则显示“上次体检得分为100分，QQ很健康”。因此，奇虎公司对QQ软件的上述描述都不属实，构成商业诋毁。[⑥]

（三）不正当竞争与著作权、商标权侵权竞合时有发生

1.程序竞合。部分当事人以知识产权侵权进行起诉时，出于恶意“拉管辖”的目的可能将以不正当竞争案由一并起诉，就会出现管辖竞合，给案件审理带来难度。比如，北京快手科技有限公司与北京字节跳动网络

① 参见北京市第一中级人民法院民事判决书，(2009)一中民初字第16849号。
② 参见北京市第一中级人民法院民事判决书，(2011)一中民终字第7512号。
③ 参见北京市第一中级人民法院民事判决书，(2014)一中民(知)终字第08599号。
④ 参见北京市第一中级人民法院民事判决书，(2011)一中民终字第12521号。
⑤ 参见北京市高级人民法院民事判决书，(2011)高民终字第2585号。
⑥ 参见最高人民法院民事判决书，(2013)民三终字第5号。

技术有限公司、北京微播视界科技有限公司侵犯作品信息网络传播权纠纷二审管辖异议裁定书中指出，知识产权司法实务中当事人以不正当竞争及侵害著作权为案由提起诉讼的，应当根据《最高人民法院关于印发〈民事案件案由规定〉的通知》（已失效）的精神，确定相关案由。经营者的被控行为只侵害《著作权法》明文规定的权利，不宜再适用《反不正当竞争法》。《反不正当竞争法》相对于《著作权法》起到兜底和补充的作用，争议法律关系、被控侵权行为已由《著作权法》明文规定的，不应再适用《反不正当竞争法》案由。该份裁定书指出快手公司在无合法授权的情况下自行或纵容、帮助用户大量上传、传播涉案作品，侵害了原告作品信息网络传播权，同时构成不正当竞争。其一，涉案作品系首次发表于互联网上，被诉侵权行为系线上行为，对此快手公司不持异议，因此北京字节跳动网络技术有限公司、北京微播视界科技有限公司对于侵害作品信息网络传播权的起诉符合具有直接利害关系、有具体的诉讼请求和事实理由等条件。其二，北京字节跳动网络技术有限公司、北京微播视界科技有限公司起诉时虽增列不正当竞争案由，但其所谓的竞争利益实质仍为其享有涉案作品信息网络传播权所带来的利益，被诉侵权行为仍为同一侵害作品信息网络传播权行为，缺乏其增列的不正当竞争案由下的具体的诉讼请求和事实、理由，该份裁定书最终认定该案属于在互联网上侵害在线发表或者传播作品的信息网络传播权纠纷，应当属于北京互联网法院管辖。

可见，自从三大互联网法院成立之后，发生在互联网上的知识产权侵权及不正当竞争容易产生管辖纠纷，为避免恶意“拉管辖”等问题，厘清不正当竞争与著作权、商标权竞合关系实有必要。

2. 法条竞合。法条竞合和想象竞合都是指同一个侵权行为违反不同法条，侵权均已成立；法条可以属于同一部门法，也可以属于不同部门法。正确处理著作权侵权和不正当竞争竞合的前提是被诉侵权行为既要受《著作权法》规制，同时又要受到《反不正当竞争法》规制，且这一行为既构成了著作权侵权，又构成了不正当竞争。根据著作权侵权认定规则，权利人主张认定某一行为构成著作权侵权，其主张的权利或者权益必须构成作品，要符合《著作权法》关于作品、著作权及其他权利的法律要件。比如，《反不正当竞争法》中第6条第1项规定了商品名称、包装、装潢，第2项规定了企业名称、社会组织名称、姓名，第3项是域名的相关规定；第11条是虚假信息的相关规定。司法实践中，如果要认定某一个侵权行为符合《著作权法》第52、53条与《反不正当竞争法》第6、7条的构成要件，就会出现法条竞合，因此这一侵权行为所涉及的智力成果就会是商品名称、包装、装潢、企业名称、域名或其他的虚假信息，且必须符合《著作权法》关于作品的要件。实际上，无论侵权行为是否构成竞合，都不影响权利人的请求权竞合，即对同一侵权行为同时提起著作权侵权和不正当竞争纠纷的诉请。但由于《著作权法》和《反不正当竞争法》的保护力度不同，当涉及禁令问题时，依据《反不正当竞争法》采取禁令只能针对不正当竞争行为，依据《著作权法》作出的禁令可针对各类行为。

"杭州网易雷火科技有限公司诉吕某尘、林某、千陌（杭州）科技有限责任公司著作权及不正当竞争纠纷案"中，原告同时提起著作权侵权及不正当竞争复合案由，法院经审理认为《反不正当竞争法》对于《著作权法》起到补充作用，倘若被诉行为可以纳入《著作权法》予以保护，就不宜再适用《反不正当竞争法》予以救济。如果被诉不正当竞争行为与著作权侵权行为系同一行为，其主张被诉不正当竞争行为所产生的损害后果亦未超出著作权侵权损害范围，在被诉行为不构成独立行为及独立后果的前提下，该损害结果仅是著作权侵权的损害后果之一，司法不宜再给予双重评价与双重保护。同时，《反不正当竞争法》所包含的法益本身并非一种法定权利，所以一种利益应受保护并不构成该利益的受损方获得民事救济的充分条件，交易的达成往往需要交易双方的合意，所有人应当自由参与竞争来争夺交易机会。竞争对手之间彼此进行商业机会的争夺是市场竞争所鼓励和提倡的，竞争对手之间相互争夺同一交易机会，必然一方有所得而另一方有所失。利益受损方要获得民事救济的前提条件是应证明竞争对手的行为具有不正当性。只有竞争对手在争夺商业机会时不遵循诚实信用的原则，通过不正当的手段攫取他人可以合理预期获得的合法权益，这种违反公认的商业道德、实质性替代竞争对手的行为才能为

《反不正当竞争法》所禁止。

二、司法审判实务应对的窘境

互联网新类型不正当竞争行为并未明确规定在《反不正当竞争法》中,就实践中纷繁复杂的不正当竞争样态而言,2019年《反不正当竞争法》所固化的七种不正当竞争行为显然难以胜任维护竞争秩序的全部法律适用需求。"互联网专条"类型化稀缺与封闭导致了大量规范留白,使弹性、开放的兜底条款和"一般条款"具备了特殊的价值空间。

(一)转向"一般条款"的逃逸

2019年《反不正当竞争法》第2条第1款规定:"经营者在生产经营活动中,应当遵循自愿、平等、公平、诚信的原则,遵守法律和商业道德",该条被称为"一般条款"。《反不正当竞争法》"一般条款"本源性归纳了不正当竞争行为,不仅是对未类型化不正当竞争行为判别的原则性法律援引,同时也高度抽象了全部已类型化不正当竞争行为的共有特征,所以称为"帝王条款"。《反不正当竞争法》中所固定的封闭性、滞后性类型化条款已经较难应对市场竞争催生的大量新类型不正当竞争行为,也较难为竞争秩序提供全面、周延、高效、精准的规范保障,而具有"灵活、开放、富有弹性"特性的"一般条款"现实回应了这一实践需求。"一般条款"在司法实践中被援引的现象由来已久,虽然"一般条款"在司法实务中的适用存在巨大空间,但是对于如何适用"一般条款"认定不正当竞争行为的判断标准仍没有实践定论,导致"互联网专条"之外的开放性竞争纠纷在适用法律时裁判观点迥然不同,裁判结果的不确定性被大大增加。

实际上,《反不正当竞争法》"一般条款"的适用应当保持一定的谦抑性,最高人民法院在(2019)民申字第1065号案中提出法律已经通过特别规定作出穷尽性保护的行为方式,不宜再适用"一般条款"予以规制。由此可知,人民法院可以适用"一般条款"来维护市场公平竞争,但应当严格把握适用条件,避免不适当干预市场自由竞争。

(二)"互联网专条"难以有所作为

《反不正当竞争法》第12条规定:"经营者利用网络从事生产经营活动,应当遵守本法的各项规定。经营者不得利用技术手段,通过影响用户选择或者其他方式,实施下列妨碍、破坏其他经营者合法提供的网络产品或者服务正常运行的行为:(一)未经其他经营者同意,在其合法提供的网络产品或者服务中,插入链接、强制进行目标跳转;(二)误导、欺骗、强迫用户修改、关闭、卸载等其他经营者合法提供的网络产品或者服务;(三)恶意对其他经营者合法提供的网络产品或服务实施不兼容;(四)其他妨碍、破坏其他经营者合法提供的网络产品或者服务正常运行的行为。"[①]该条以"列举 + 兜底"的方式将网络新型不正当竞争行为纳入规制范围。

司法实务中,互联网不正当竞争纠纷很少再继续援引"互联网专条"中第2款第1、2项和第3项类型化条款,原因有三:一是类型化条款中的行为范式"插入""跳转""误导""欺骗""修改""关闭""卸载""不兼容"等具体不正当竞争行为较难详细描述,特别是在互联网技术发展日新月异的今天,法官如何"依法裁判"并"灵活适用"具体上述行为范式陷入两难境地;二是类型化条款无法解决法律条文滞后和社会技术发展之间存在沟壑的矛盾,在互联网技术快速革新变化的背景之下,"互联网专条"第1、2、3项情形成立不正当竞争,市场经营主体有可能会特意避开上述类型化行为,法官转而求助于"互联网专条"第4项兜底条款或者直接使用"一般条款"来应对司法实务中出现的新类型不正当竞争行为,故而类型化条款名存实亡;三是"一般条款"和"互联网专条"之间的博弈,经营者实施"妨碍""破坏"其他经营者合法提供的网络产品或者服务正常运行的行为是否必然需要具有"一般条款"所蕴含的"存在竞争关系""未遵守公认的商业道德""损害"等要件尚存在争议。[②] 因此,笔者认为"互联网专条"中的行为范式均为结论性的,未能真正提供法官评判上述行为范式真正有价值的操作方法和衡量标准。追根溯源,《反不正当竞争法》需要保护的是尚未上升为权利的法益,而且只能在个案中具体明确和裁量,

① 李小武、陈敏:《互联网不正当竞争行为的认定标准与反思》,载《中国应用法学》2020年第1期。

② 熊文聪:《网络不正当竞争纠纷的经济分析——兼评"互联网专条"》,载《中国知识产权杂志》2018年第1期。

而“互联网专条”界定经营者具体的行为范式意为明确界定“法益”保护的内容和边界。

三、互联网新型不正当竞争行为规制路径选择

“互联网专条”兜底条款和“一般条款”抽象、灵活的特点也恰好迎合了司法权天然膨胀的本性，适用泛化的趋势导致以“创新”为内核的自由竞争空间陷于被垄断性权益不断侵蚀的窘境，以经济学方法重构“互联网专条”或许可以成为破解泛化困局，精准规制互联网新类型不正当竞争行为的可行路径。

（一）激活“互联网专条”

“互联网专条”的兜底条款“其他妨碍、破坏其他经营者合法提供的网络产品或者服务正常运行的行为”设立初衷在于前三款内容只是列举了立法当时可以加以类型化的几例典型的互联网不正当竞争行为。随着网络技术的发展以及信息产业商业模式的更迭，上述行为很可能不再多发甚至消失，而新型的利用信息技术实施的不正当竞争行为则会不断涌现，因而有必要以概括性规定来调整此类行为。

第一，“数据类不正当竞争行为”因无法归入“互联网专条”前三款互联网不正当竞争行为，故可以落入兜底条款的规制范围之内。“杭州执掌科技有限公司、杭州利导科技有限公司等诉浙江中服网络科技有限公司不正当竞争纠纷案”中，被告通过“撞库”方式不正当获取对方账户和密码，不正当地超过必要限度使用涉案经销商数据信息，实质性替代了两原告提供的会员服务，故构成不正当竞争。目前，互联网行业数据类不正当竞争行为，部分通过违反“Robots 协议”的方式实现，或通过违反“Open API”（开放平台协议）的方式实现，损害了合法经营主体的数据权益，扰乱市场竞争正常秩序，构成不正当竞争。笔者认为，数据竞争领域的司法准则应当为：对于通过“Robots 协议”方式获取数据，应当遵循“pot-out”原则；通过“Open API”方式获取数据，应当遵循“三重授权原则”。

需要指出的是，近年来手机行业出现的部分手机制造商在特定款的手机中通过抓取用户使用手机的记录（包括微信聊天记录），通过加链接、弹窗等方式进行 AI 服务推荐，推广其自身的或者合作方的购票、影

视、餐饮等服务，对相关软件的正常服务和运行构成了妨害并产生了一系列不利影响，也应当属于不正当竞争。

第二，“互联网专条”对于广告屏蔽行为也没有专门回应，所以也可以落入兜底条款的规制范围。“腾讯诉北京世界星辉不正当竞争纠纷”二审判决认为世界星辉公司开发、运营的世界之窗浏览器屏蔽腾讯视频的广告行为，明显有悖于公认商业道德，有损社会公共利益，构成不正当竞争。浏览器过滤视频网站合法广告并非行业惯例，浏览器过滤合法广告等行为属于广告拦截、过滤，妨碍了视频网站的正常运行，损害了视频网站正常经营活动的合法权益。

可见，“互联网专条”没有明确列举的不正当竞争类型法律适用争议较大，其中，竞价排名和垂直搜索涉及对《商标法》和《著作权法》的补充保护问题，案件数量较少，而修改产品、屏蔽广告、阻碍软件等都属于一方的行为直接干扰了另一方提供的产品，案件数量较多，争议较大。针对一方的行为直接干扰了另一方提供的产品的问题，北京市高级人民法院在“插标案”的二审判决书中提出了“非公益必要不干扰原则”，认为网络服务提供者在经营互联网产品或服务的过程中，应当遵守以下五项基本原则：公平竞争原则、和平共处原则、自愿选择原则、公益优先原则和诚实信用原则。其中，和平共处原则和公益优先原则是核心，构成网络服务提供者行为的原则和例外，①这一观点也引发学界广泛争议。

（二）规制互联网不正当竞争纠纷的经济学分析

鉴于基本经济规律和经济学原理，对于认识和判断网络经济中出现的新技术、新商业模式、新的竞争手段的正当性具有重要的意义，笔者认为在一些疑难、新型互联网不正当竞争案件中，应当引入经济学分析，以更好地保护经营者利益，维护竞争秩序，保障消费者利益，促进社会整体福利的增加。考量新类型互联网不正当竞争行为能否适用“互联网专条”，同时可以从以下几个角度进行综合考虑。首先，不仅需要考虑短期的社会利益，还需要考察长期和更长期的社会利益，尤其是对创新行为的

---

① 参见北京市高级人民法院民事判决书，(2013)高民终字第2352号。

激励作用;其次,对社会利益的计算应当既包括生产者利益,也包括消费者福利;再次,不仅要分析现有技术和商业模式可能受到的影响,也要研究对未来可能出现的新的技术和商业模式的影响;最后,不能只关注国内市场中的参与者,也需要关注国际市场中的技术变化及法律规则演变,目前司法实务开始注重前两点,但是对于后两点仍有所忽略。

因此,基于其他维度的利益比较,需要运用更多的经济分析工具,如"汉德公式",美国汉德法官在"卡洛尔拖船案"中,首次提出了如何确定行为人过错的一套函数关系(B < PL→过错),即当且仅当预防事故的成本(B)低于事故的预期损失(事故发生的概率 P 乘以事故一旦发生所造成的损失 L)时,当事人才对事故的发生承担过错责任,随着法经济学的兴起,"汉德公式"对美国后来的民事侵权案件乃至各类司法裁判都具有广泛影响,因此以"汉德公式"为代表的法经济学思维只是揭示了法律的本质,即任何法律制度都不是仅仅保护某一方的权利或利益,而是追求社会总体福利的最大化或实现社会成本之和的最小化。但是笔者始终认为,如果将"汉德公式"作为使用新技术给网络用户带来的收益与为避免该技术给自己造成的损害需要支付的成本的衡量尺度难免过于狭隘,因为互联网竞争环境中并不能单单考量原被告经营主体之间的利益冲突。最好的做法也许是:除关系重大公共安全利益的情况外,司法应当帮助制定市场规则,做一个中立裁判者。

原文首发于《网络信息法学研究》2020 年第 2 期

大数据产品的权利属性及法律保护研究*

李永明　戴敏敏**

一、问题的提出：大数据产品法律规制不明

在大数据技术迅猛发展的背景下，数据资源被称为“新石油”，甚至被称为“新的国家核心资产”①。工业和信息化部印发的《大数据产业发展规划（2016－2020年）》指出，我国信息化发展水平日益提高，对数据资源的采集、挖掘和应用水平不断提升，我国已成为产生和积累数据量最大、数据类型最丰富的国家之一。用户在网络上的一举一动所产生的数据都可能会被网络运营者收集、使用，经大数据技术的深入挖掘、分析和处理后形成具有巨大经济价值和商业价值的大数据产品。2018年8月16日，杭州铁路运输法院宣判全国首例大数据产品不正当竞争纠纷案，对大数据产品的权利属性进行了初步探索。② 尽管目前已有论著及法律法规对大数据技术涉及的个人信息及数据权属加以讨论和规制，但是对于大数据产品这一新兴事物却罕有涉及。

---

* 基金项目：浙江大学人工智能与法学专项课题资助项目（19ZDFX005）；中央高校基本科研业务费专项资金资助项目（重大交叉团队项目“智慧法务”）；浙江省2018年软科学研究计划重点项目（2018C25027）。

** 李永明，浙江大学光华法学院教授；戴敏敏，杭州互联网法院互联网审判第二庭法官助理。

① 胡少甫：《“大数据时代”给当今世界带来的变革与挑战》，载《对外经贸实务》2013年第12期。

② 参见杭州铁路运输法院民事判决书，（2017）浙8601民初4034号。杭州铁路运输法院在审理全国首例大数据产品不正当竞争纠纷案时曾对大数据产品的法律属性进行分析，该院认为，网络运营者对大数据产品享有财产性权益，大数据产品可以被网络运营者实际占有、使用、收益、处分，但基于物权法定原则，在没有法律明确规定的前提下，不可在个案中赋予其财产所有权。

大数据产品方兴未艾,对大数据产品的法律认知有三点值得讨论:其一,大数据产品的法律属性不明,对大数据产品界定不清晰,如大数据产品是否构成作品进而受到知识产权法保护,应否赋予其财产所有权抑或仅能构成竞争性权益;其二,网络运营者对大数据产品的权利行使边界不明,如当网络运营者在现有法律法规的规制下收集、处理数据产生大数据产品后,对大数据产品的转让、利用,甚至公开等行为是否侵犯数据提供者的权益;其三,大数据产品的法律保护路径不明,如法律对大数据产品如何加以保护,如何避免市场行为肆意混乱、司法裁判不一致等现象以促进大数据产业健康发展。

二、财产权保护的基础:大数据产品的基本特征

本文所讨论的大数据产品,是指网络运营者在收集巨量用户数据的基础上,以特定的算法或人工处理、分析、整合后产生的衍生数据产品。经过对数据“精加工”而产生的大数据产品之所以能够被称为“产品”,是因为它具有极大的商业价值,可以实现精准化定制或预测功能。例如,淘宝公司推出的“生意参谋”零售电商大数据产品,通过对合法采集的用户信息进行深度分析及匿名化处理,可以向淘宝、天猫商家提供可定制、个性化的数据分析服务,为商家提升店铺运营水平提供大数据参考。大数据产品有以下基本特征:

(一)基于巨量的原始数据

巨量的原始数据是大数据技术的基石,也是大数据产品价值的基础。为了能够通过加工处理创造出超出数据的现实价值,实现精准化定制及预测功能,大数据产品必须围绕某特定个体或特定领域的巨量原始数据,否则即使使用相同的算法或方法对数据进行处理和分析整合,其结果仍是徒劳无益的。需要明确的是,大数据产品与数据库截然不同,数据库的价值在于数据本身,而大数据产品的价值在于对数据的分析和利用。

(二)经过匿名化处理

匿名化处理指对不能被直接作为大数据产品原始数据的敏感性数据进行必要且适当的匿名化、去标识化处理,进而使其能够合法合规地用于大数据产品开发。从主体维度进行拆解,数据可以分为个人数据、企业数

据和政府数据。当网络运营者获取数据并意图将其作为大数据产品的原始数据时,必须对其进行匿名化处理,否则将可能侵犯个人隐私、泄露企业商业秘密、危害政府及国家安全。全国信息安全标准化技术委员会2019年发布国家标准《信息安全技术 数据交易服务安全要求》,在该文件中列明了多项禁止交易的数据,要求将涉及他人商业秘密、知识产权及违反法律禁止性规定的数据列入禁止交易的数据目录,并要求"涉及个人信息的数据,除非获得了全部个人数据主体或未成年人的监护人的明示同意,或者进行了必要的去标识化处理以达到无法识别出个体的程度",否则都应列入禁止交易的数据目录①。我国《网络安全法》也明确规定,网络运营者仅可将经过处理无法识别特定个人或经过被收集者同意的个人信息提供给他人②。

大数据产品兜售的并非个人信息,而是经过匿名化处理后的报告内容。个人数据可分为个人信息和非个人信息。对于个人信息的界定标准,目前学界的主流观点是识别说理论,即强调个人信息是可能借由其确定信息主体身份的个人数据,而涉及个人信息的数据应属禁止交易的数据范畴,在纳入大数据产品的"数据池"前必须进行去标识化处理。也有学者将数据市场中的个人数据分为敏感性个人数据与一般性个人数据,③认为涉及个人隐私与个人安全的数据应属敏感性个人数据,而个人数据必须经过严格脱敏才可以进入市场交易。此外,个人信息在具有财产利益的同时还兼具人格利益,不应当被随意交易,因此,个人信息必须进行匿名化处理,去除附着的人格利益后,才得作为一种

---

① 《信息安全技术 数据交易服务安全要求》"6.1 禁止交易数据"规定:"数据交易服务机构应根据我国相关法律法规,制定禁止交易的数据目录,目录至少应包括:a)受法律保护的数据。b)涉及个人信息的数据,除非获得了全部个人数据主体或未成年人的监护人的明示同意,或者进行了必要的去标识化处理以达到无法识别出个体的程度。c)涉及他人知识产权和商业秘密等权利的数据,除非取得权利人明确许可。d)从非法或违规渠道获取的数据。e)与原供方所签订的合约要求禁止转售或公开的数据。f)其他法律法规明确禁止交易的数据。"

② 《网络安全法》第42条第1款规定:"网络运营者不得泄露、篡改、毁损其收集的个人信息;未经被收集者同意,不得向他人提供个人信息。但是,经过处理无法识别特定个人且不能复原的除外。"

③ 张敏、朱雪燕:《我国大数据交易的立法思考》,载《学习与实践》2018年第7期。

“财产”进入市场。换言之,经过匿名化处理的数据信息不再能够指向特定的个人,而是形成了“数据画像”,大数据产品即是对这些“数据画像”加以分析和整理后,形成的具有商业价值的某行业或领域内的分析、预测报告。

（三）凝结着网络运营者的劳动创造

大数据技术的意义不在于创建体量巨大的“信息簿”“数据库”,而在于通过对巨量的原始数据进行专业的“精加工”,产出具有现实价值的大数据产品。“精加工”指的是通过算法对原始数据进行深度过滤、分析、整合,筛选出有价值的数据并形成数据图表、分析预测等,与“数据库”有本质区别,是赋予大数据产品商业价值的方式,也凝结着网络运营者付出的人力、物力、财力,是网络运营者劳动创造的成果体现。

（四）具有特定功能

大数据产品需围绕用户需求,对原始数据进行处理并实现特定的功能,其中最重要的是精准化定制和预测。精准化定制即精准营销,指通过对用户一系列行为痕迹进行分析,向其推送符合其口味的产品,如邮箱页面的营销广告、电商平台首页的推荐功能、短视频 APP 的定向推送等。预测则是更为前瞻性的数据分析功能,包括行业分析、风险预警、实时定价等,这种功能的实现对处理原始数据的算法要求更高,是大数据产品智能化的表现。

三、大数据产品的权利属性剖析

（一）不应将大数据产品界定为著作权保护的客体

著作权保护的对象是作品,从外观上看,大数据产品体现了对大量数据的分析、整合和深度挖掘,似乎具有作品特性。但对于日益丰富多样的创作方法和创作过程,在甄别某客体是否具有可版权性时必须观察其创作过程,才能避免著作权保护的泛化与滥用。要判断大数据产品是否具有可版权性,可从两点切入分析:其一,大数据产品是否具有《著作权法》框架中的适格作者。其二,大数据产品是否具有独创性。

1. 大数据产品不具有《著作权法》框架中的适格作者。首先,从主体角度切入,对大数据产品的生成过程进行溯源分析。大数据产品并非由人去亲自完成每一个图表和分析，而是由一套经过精心设计的算法自动生成，这种自动生成的背后是由人提出问题、定义问题、确定解决方案并编写出算法，这种算法是大数据产品能够诞生的关键所在，编写这种算法的能力也被认为是目前为止人工智能暂不可模拟的属于人类的隐性智慧能力。[①] 这样的精心设计带来的强大的深度分析和处理能力，使这种算法与最初探讨的计算机作为辅助工具的作用有所不同。但这种算法在本质上仍是人创作大数据产品的辅助工具，因此，“算法”并非“作者”，对这种算法生成物的著作权人的探讨应聚焦在与算法有关的人身上。

其次，从大数据产品的生成过程看，网络运营者在研发可以生产大数据产品的算法时需投入大量的时间和智力劳动，对该算法本身应享有著作权，但这与大数据产品的著作权问题不可混为一谈。大数据产品系自网络运营者开发的算法软件生成，这一产生方式使对大数据产品的法律分析可以借鉴学界对计算机辅助设计的作品的可版权性问题、人工智能生成物的可版权性问题的讨论。早在20世纪六七十年代，美国新科技应用版权著作委员会的报告中就曾对计算机生成物的作者予以明确，认为使用计算机进行创作的人是计算机生成物的作者。在这种观点中，计算机被认为是使用者进行创作的辅助工具。这一理论是在当时的技术背景之下提出的，彼时计算机智能化水平远未达到现今的高度，更多的是被置于计算器、缝纫机一样的辅助工具的地位之上进行分析。而当学者们关注到新技术的不断迭代所产生的人工智能与《著作权法》的冲突时，在人工智能生成物的可版权性讨论中，各派观点莫衷一是，设计算法、使用算法、拥有算法、投资算法的人均被纳入权利人的“候选范围”。部分学者认为，人工智能生成物的作者是程序设计者；[②]以英国为代表的部分国家和地区相关立法认为，为计算机生成的作品做出必要安排之人可以被视为计算机生成的作品的作者；[③]有学者提出，应当基于法人作品制度，将

① 钟义信：《人工智能：“热闹”背后的“门道”》，载《科技导报》2016年第7期。

② Bridy A., *Coding Creativity: Copyright and the Artificially Intelligent Author*, Stanford Technology Law Review, Vol. 5, p. 1－28(2012).

③ Copyright, Designs and Patents Act 1998 (UK) c48 s9(3).

人工智能的所有者视为人工智能生成物的作者；[①]也有学者提出，应当保护人工智能的投资人，将投资人作为人工智能生成物的权利主体，以增设邻接权的方式加以保护。[②]

本文认为，首先，应当否定算法系大数据产品的作者，一是因为“算法”非“人类”。著作权对作品加以保护的目的是保护人类的创作，归根到底是属于“人类”的法律保护法，“算法”并非《著作权法》的适格主体。在全国首例“计算机软件智能生成物著作权纠纷案”[③]中，法院也认为“自然人创作”这一要素是文字作品受著作权保护的必要条件。二是因为算法对大数据产品的贡献难以称得上是“智力劳动”。大数据产品的构思与创作主要体现在算法的编写过程中，而非算法的运行与结果。其次，在与算法相关的权利人之中，也难以找到适格的大数据产品之作者。程序设计者及投资人均可能已享有该程序算法的著作权，再对该算法生成之物享有著作权则存在双重获利之嫌；使用算法的人仅仅是使算法按照既定的方式运行，投入的智力劳动过少，甚至连“额头出汗”与否都未可知，且没有具有独创性的表达，这样简单的智力劳动付出难以换来权利人的身份；为计算机生成的作品做出必要安排之人的定义较为模糊，事实上可以涵盖设计、使用、投资该算法之人，开放式的定义仍旧难以觅得恰当的权利人。综上所述，仅针对大数据产品的作者这一问题进行法律分析，结论是不存在《著作权法》意义上的适格作者。

2. 大数据产品不具有独创性。在讨论算法生成之物的独创性时，算法本身的差异性不可忽略。综观现有的学术讨论，可将人工智能等算法划分为三类：(1)在算法完成时已经明确生成物为唯一的或有限的。智力劳动成果凝结于算法之中，算法完成之时，设计者已经通过自己的构思、创作等智力劳动将生成物予以固定化，后续使用该算法的人并不需要

① 熊琦：《人工智能生成内容的著作权认定》，载《知识产权》2017 年第 3 期。

② 罗祥、张国安：《著作权法视角下人工智能创作物保护》，载《河南财经政法大学学报》2017 年第 6 期。

③ 参见北京互联网法院民事判决书，(2018)京 0491 民初 239 号。法院认为，在现行法律体系可以对计算机软件的智力、经济投入予以充分保护的前提下，不应当再对民法主体的基本法律规范进行突破。

投入有价值的智力劳动。(2)算法本身带有随机性,不同素材、不同操作方式可能获得不同的生成物。[①] 尽管存在不同的可能性,但这样的生成物始终是算法计算所得,而非使用算法的人的个性化创作。(3)能够摆脱算法设计者制定的规则而进行自由创作的算法,是目前暂未达到的技术发展水平。[②] 在这种对未来人工智能发展的想象里,算法可以摆脱算法设计者的控制,真正具有自己的思想与情感。

大数据产品的算法多为前两类,但这两类算法尽管运行的结果有所不同,但实质上都是预先设计的固定程式,尚属于人类辅助工具的范畴。使用该特定算法分析处理巨量数据的过程与工厂中工人将原料投入机器的过程类似,只需按部就班地操作,无论由何人去运行该算法,所得到的结果都是确定的,不存在操作人智力创作的空间,无法赋予其个性化特征,因而不具备独创性,不符合作品的构成要素。[③] 对该问题的探讨可以延伸到对作品独创性之标准的界定。生产大数据产品的算法是著作权保护的客体,而该特定算法一经完成,大数据产品生产过程中的智力劳动即已结束,运行算法进而生产大数据产品的这一过程并非“创作”,不具有独创性。大数据产品作为运行该特定算法所生成的产物,是利用智力成果所产生的结果,并非智力成果,故不应将其界定为著作权保护的客体。

因此,无论从主体角度分析还是从独创性角度分析,都可以否定大数据产品的可版权性。同时讨论这两个问题易有逻辑混乱之感,但上述两个问题都具有探讨的必要性和意义,两者均是对大数据产品应否予以著作权保护的研究中不可忽视的重要问题。

(二)网络运营者可对其大数据产品享有财产权益

第一,网络运营者对大数据产品是否享有财产权益的讨论不应与原

① 李晓宇:《人工智能生成物的可版权性与权利分配刍议》,载《电子知识产权》2018 年第 6 期。

② 刘影:《人工智能生成物的著作权法保护初探》,载《知识产权》2017 年第 9 期。

③ 王迁:《论人工智能生成的内容在著作权法中的定性》,载《法律科学(西北政法大学学报)》2017 年第 5 期。

始数据的权利归属问题混淆。大数据产品本质上是巨量原始数据的衍生品，源于对巨量原始数据的分析处理。对于原始的用户信息数据，网络运营者并不能享有所有权，仍受制于与用户之间对用户信息数据的约定，一般而言仅享有在法律法规及合同约定之下的数据使用权。但经过深度分析、处理及脱敏后，已成为独立于原始数据的匿名化的数据信息，与用户信息以及原始数据之间已无直接的一一对应关系。《网络数据安全管理条例（征求意见稿）》规定，数据处理者向第三方提供个人信息，或者共享、交易、委托处理重要数据的，应向个人告知提供个人信息的目的、类型、方式、范围、存储期限、存储地点，并取得个人单独同意，符合法律、行政法规规定的不需要取得个人同意的情形或者经过匿名化处理的除外，[1]该规定已实质上认同了经匿名化处理后的数据信息可由网络运营者自行支配，与个人信息提供者无关。

第二，大数据产品是网络运营者的劳动成果。大数据产品的生产过程凝结着网络运营者大量的智力成果及人力、物力、财力，是网络运营者经过长期经营积累，将原本单一的、碎片化的、价值密度低的数据信息进行深度分析处理后的劳动成果。例如，淘宝公司的“生意参谋”，经用户同意后，淘宝公司记录、采集用户在电商平台上进行浏览、搜索、收藏、加购、交易等活动所留下的网络行为痕迹，在累积形成巨量原始数据的基础上，经过匿名化处理，过滤涉及用户个人隐私的信息或能够与用户直接形成一一对应关系的信息后，再使用算法对其进行深度分析和匿名化处理等操作，进而形成指数型、预测型、统计型的衍生数据。这并非简单的数据库，而是淘宝公司投入了大量成本与劳动的成果。又如，北京互联网法院认为计算机软件智能生成物具备传播价值，且凝结着所使用的计算机软件之研发者、使用者的投入，应当对投入者的合法权益

---

① 《网络数据安全管理条例（征求意见稿）》第12条规定：“数据处理者向第三方提供个人信息，或者共享、交易、委托处理重要数据的，应当遵守以下规定：（一）向个人告知提供个人信息的目的、类型、方式、范围、存储期限、存储地点，并取得个人单独同意，符合法律、行政法规规定的不需要取得个人同意的情形或者经过匿名化处理的除外……”

给予一定的保护。①

第三,大数据产品是网络运营者的重要竞争权益。目前,大数据产品已成为市场交易对象,具备商品交换价值,可为网络运营者带来商业收益,甚至可成为大数据时代企业的核心竞争力。再以淘宝公司的“生意参谋”为例,该大数据产品为淘宝、天猫商家在行业发展、店铺经营、品牌竞争等诸多方面提供数据分析及服务,并以此向商家收取一定的对价,已成为一种收益颇丰的商业模式,类似的大数据产品已成为淘宝公司等网络运营者非常重要的核心竞争权益。

综上所述,在资本角逐与技术竞争激烈的大数据行业,无论是从“劳有所获”的立法价值导向,还是从促进大数据行业健康发展的角度而言,在法律层面上为付出大量成本及劳动的网络运营者提供相对应的财产权益保护,不仅体现了对数据加工和开发技术的尊重,更体现了对网络运营者投入大量资本及技术资源开发大数据产品的认同和激励。②

(三)应赋予大数据产品财产所有权

从物权客体的法律特征来看,大数据产品满足具有非人格性、能够为人力所支配、对人类有价值且为独立物的基本要求,具备成为财产所有权保护之客体的条件。其一,作为大数据产品原材料的原始数据虽源于人,但并不具有人格性,是可与人自身相分离的。尽管原始数据包含人格利益,但是经匿名化处理后,其数据之上的人格利益已被去除,经精加工后的大数据产品已与最初提供数据信息的人“划清界限”,更无人格性可言。其二,大数据产品处于网络运营者的支配之下,可被网络运营者所占有、使用、收益、处分。网络运营者架构算法进而生成大数据产品,因已对原始数据进行了匿名化处理,实际上已摆脱了与提供信息的用户之间的权利限制,对大数据产品享有完全的支配权。其三,大数据产品对人类具

① 参见北京互联网法院民事判决书,(2018)京0491民初239号。

② 阙梓冰:《数据财产权益的形成、归属与保护》,载《人民法院报》2019年3月28日,第7版。

有巨大的价值。实际上此要求的内涵是经济性,即要求物应具备经济价值。大数据产品是基于巨量原始数据精加工而成,可精准地提供市场交易情报、行业预测信息等综合性分析、预测信息,蕴含极大的经济价值,市场潜力巨大。其四,大数据产品系独立物。大数据产品是大数据分析的结果,以图表、统计信息等形式表现出来,具备清晰的边界,网络运营者可界定、控制大数据产品的内容。

从大数据产品的基本特征来看,“凝结着网络运营者的劳动创造”和“具有特定功能”是支持赋予大数据产品财产所有权的重要依据。“基于巨量的原始数据”和“经过匿名化处理”是大数据产品与生俱来有别于普通产品的特点,但这两个特点是以数据作为产品原料的必然结果,并非大数据产品与普通产品本质属性的差异。洛克财产权理论认为,自然状态下的人对自己人身的劳动和所得物享有合法的所有权,这是构建私有财产权的基础。如前所述,网络运营者为大数据产品付出了合法劳动,对其劳动成果应享有财产所有权,也是物权保护的题中应有之义。

从大数据产品的生产过程和外观表现来看,其一,大数据产品是经过特定算法产生的,该特定算法独立于大数据产品,不属于大数据产品的内容。实际上,算法之于大数据产品,等同于机器设备之于一般的工业产品,只需将大数据产品的原料——“巨量的原始数据”提供至算法中,算法即会按照设定的程序“生产”出符合算法设定要求的大数据产品,该过程与一般的工业产品生产流程并无本质上的不同,区别仅仅是原料、机器设备以及产品都以先进的数据化样态具体展现出来。其二,大数据产品是无形的,但无形并不直接导致对其财产权属性的一票否决,无形财产权的理论可以适用于大数据产品。大数据产品虽以无形的外观展现出来,但可被网络运营者所实际控制和使用,可被置于市场之中进行交易并获利。

然而,财产所有权作为最完整的一种物权形式,具有强烈的对世性和排他性,一旦将大数据产品的财产所有权赋予网络运营者,则意味着网络运营者可以此对抗除自身以外的所有主体。因此,尽管网络运营者对大数据产品已事实上享有了占有、使用、收益、处分四项基本权能,但在法律法规没有明确规定的情形下,由于物权法定原则的限制,法院也难以在司法实践中有所突破,很难在个案中赋予其财产所有权。

四、大数据产品与个人信息数据的权利边界

实际上,探讨大数据产品的权利行使边界,归根结底是讨论网络运营者在生产大数据产品、处分大数据产品时处理所收集的用户个人信息数据的权利边界。普通物的所有权一般不会涉及原材料的权利归属问题,但是大数据产品系由巨量的用户个人信息数据加工而成,个人信息数据中包含了用户的人格利益与财产利益,故对大数据产品的权利行使需格外谨慎。

(一)生产大数据产品

有学者认为,应当将个人信息主体对其个人信息数据的控制权界定为财产权。这种理论源于19世纪60年代,并受到大量经济学领域学者的支持。他们认为,通过法律和政府管控个人信息数据是滞后且死板的,赋予个人信息数据财产权可使其通过市场实现自由调节。① 但目前尚无明确的法律规定用户对提供给网络运营者的个人信息数据享有财产所有权或其他财产权益。根据《网络数据安全管理条例(征求意见稿)》第12条与《网络安全法》第42条的规定,网络运营者在征得用户同意的前提下才能将收集到的个人信息数据提供给他人,也就是说,用户对网络运营者已经收集到的个人信息数据仍享有一定的控制权,网络运营者仅可依照其与用户的约定享有受限制的使用权。

在收集、使用个人信息数据环节,根据《网络数据安全管理条例(征求意见稿)》与《网络安全法》的相关规定,网络运营者需遵循合法、正当、必要原则,公开收集、使用规则,以明确具体、简单通俗的方式明示其收集、使用相关个人信息数据的目的、方式、范围等,并征得

① Litman J., *Information Privacy/Information Property*, Stanford Law Review, Vol. 52, No. 5, p. 1283 – 1314(2000).

用户同意。[①] 因此，在平台所公示的规则不存在无效的情况下，网络运营者依照规则约定的目的、方式、范围收集、使用用户个人信息数据是合法的。需要注意的是，《网络数据安全管理条例（征求意见稿）》要求任何组织和个人开展数据处理活动时，不得危害国家安全、荣誉和利益，不得泄露国家秘密和工作秘密，也不得损害他人的合法权益或从事非法、违法行为。[②] 反向理解这项原则性的宣示条款，即在不危害国家安全、荣誉和利益，不泄露国家秘密和工作秘密，不损害他人的合法权益或非从事非法、违法行为的前提下，网络运营者可以在与用户约定的规则之下利用收集到的用户个人信息数据，开发预测型、统计型、信用指数型等大数据产品。

（二）处分大数据产品

大数据产品是由用户个人信息数据加工而成的，因此，当网络运营者对大数据产品实施买卖交易等处分行为时，实际上是将用户个人信息数据的加工产品处分给他人。在这一过程中不可回避的问题是，网络运营

① 《网络数据安全管理条例（征求意见稿）》第20条第1款规定："数据处理者处理个人信息，应当制定个人信息处理规则并严格遵守。个人信息处理规则应当集中公开展示、易于访问并置于醒目位置，内容明确具体、简明通俗，系统全面地向个人说明个人信息处理情况。"《数据安全管理办法（征求意见稿）》第8条规定："收集使用规则应当明确具体、简单通俗、易于访问，突出以下内容：（一）网络运营者基本信息；（二）网络运营者主要负责人、数据安全责任人的姓名及联系方式；（三）收集使用个人信息的目的、种类、数量、频度、方式、范围等；（四）个人信息保存地点、期限及到期后的处理方式；（五）向他人提供个人信息的规则，如果向他人提供的；（六）个人信息安全保护策略等相关信息；（七）个人信息主体撤销同意，以及查询、更正、删除个人信息的途径和方法；（八）投诉、举报渠道和方法等；（九）法律、行政法规规定的其他内容。"第9条规定："如果收集使用规则包含在隐私政策中，应相对集中，明显提示，以方便阅读。另仅当用户知悉收集使用规则并明确同意后，网络运营者方可收集个人信息。"《网络安全法》第41条规定："网络运营者收集、使用个人信息，应当遵循合法、正当、必要的原则，公开收集、使用规则，明示收集、使用信息的目的、方式和范围，并经被收集者同意。网络运营者不得收集与其提供的服务无关的个人信息，不得违反法律、行政法规的规定和双方的约定收集、使用个人信息，并应当依照法律、行政法规的规定和与用户的约定，处理其保存的个人信息。"

② 《网络数据安全管理条例（征求意见稿）》第8条规定："任何个人和组织开展数据处理活动应当遵守法律、行政法规，尊重社会公德和伦理，不得从事以下活动：（一）危害国家安全、荣誉和利益，泄露国家秘密和工作秘密；（二）侵害他人名誉权、隐私权、著作权和其他合法权益等；（三）通过窃取或者以其他非法方式获取数据；（四）非法出售或者非法向他人提供数据；（五）制作、发布、复制、传播违法信息；（六）法律、行政法规禁止的其他行为。任何个人和组织知道或者应当知道他人从事前款活动的，不得为其提供技术支持、工具、程序和广告推广、支付结算等服务。"

者对大数据产品进行处分时，是否会侵害将个人信息数据提供、授权给网络运营者使用的用户之权益。

当用户在仔细阅读网络运营者收集、使用个人信息数据的规则并勾选同意后，即将其在规则明示范围内的个人信息数据使用权让渡给了网络运营者，供其按照规则明示的目的、方式、范围等使用个人信息数据。如若网络运营者意图将个人信息数据加工成的大数据产品处分给他人，则需确保以下两点：其一，在收集、使用用户个人信息数据时提供给用户的收集、使用规则中突出了“向他人提供个人信息”的规则，并征得用户的同意。[①] 一方面，该规则条款是保护用户知情权的要求，确保用户对其个人信息数据将被如何处理的大致情况有所了解；另一方面，也迫使网络运营者按约履行、按约经营，作为规则条款的制定方，如遇相关争议，不应以“规则未具体约定”为由进行抗辩，也不应违反或超出规则约定向他人提供个人信息数据。其二，提供给他人的个人信息数据经过匿名化处理，与用户不再具有一一对应关系、无法识别特定个人，并且无法复原。[②] 这样的数据虽源于原始的个人信息数据，但经过匿名化处理后，其中蕴含的可识别信息已被剔除，不再涉及用户的人格利益而成为单纯的“信息”。以匿名化处理完成与提供个人信息数据的用户之间的权利“切割”后，则后续的处分行为与大数据产品上游提供个人信息数据的用户再无关联，只要不超出法律法规和规则约定的范围，网络运营者可自由处分大数据产品，再无侵犯用户相关权益之虞。

---

① 《网络数据安全管理条例（征求意见稿）》第 20 条规定：“……个人信息处理规则应当集中公开展示、易于访问并置于醒目位置，内容明确具体、简明通俗，系统全面地向个人说明个人信息处理情况。个人信息处理规则应当包括但不限于以下内容……（五）向第三方提供个人信息情形及其目的、方式、种类，数据接收方相关信息等……”

② 《网络数据安全管理条例（征求意见稿）》第 12 条规定：“数据处理者向第三方提供个人信息，或者共享、交易、委托处理重要数据的，应当遵守以下规定：（一）向个人告知提供个人信息的目的、类型、方式、范围、存储期限、存储地点，并取得个人单独同意，符合法律、行政法规规定的不需要取得个人同意的情形或者经过匿名化处理的除外……”《网络安全法》第 42 条第 1 款规定：“网络运营者不得泄露、篡改、毁损其收集的个人信息；未经被收集者同意，不得向他人提供个人信息。但是，经过处理无法识别特定个人且不能复原的除外。”

五、大数据产品的法律保护路径

在大数据产品的商业价值为网络运营者带来巨大商业利益的同时，也出现了部分商业主体违反法律法规和市场规则，窃取他人的劳动成果以谋利，侵害了网络运营者的合法权益，干扰了大数据产品行业的竞争秩序。如何在现行法律法规的框架内找到一条适用于大数据产品的法律保护路径，是目前司法实践中亟待解决的现实需求。

（一）适用《反不正当竞争法》保护

目前，大数据产品未被法律法规赋予财产权益或财产权，司法实践中正探索以《反不正当竞争法》保护大数据产品合法权益的路径。实践中《反不正当竞争法》第 2 条的适用不在少数，以判断被诉行为是否扰乱市场竞争秩序、是否损害其他经营者或消费者合法权益。[①] 譬如，在“淘宝诉美景不正当竞争纠纷案”[②]中，认定美景公司的被诉行为系不正当竞争的要点是淘宝公司与美景公司存在竞争关系，美景公司被诉行为具有不正当性，以及淘宝公司因被诉不正当行为遭受损失。但依赖《反不正当竞争法》一般条款对大数据产品的合法权益进行保护，既存在滥用一般条款之嫌，也并非这一问题的最优解。

一方面，《反不正当竞争法》的保护具有主体上的局限性。《反不正当竞争法》调整的主要是不正当竞争行为，要求双方是具有竞争关系的市场主体。但当大数据产品被与网络运营者不存在竞争关系的其他主体擅自使用时，网络运营者便难以据此维护自身的合法权益。网络运营者开发大数据产品进而赢利的商业模式是面向所有人的，如若仅将法律保护的范围限制在具有竞争关系的市场主体，则会在部分权益保护需求中缺位。另一方面，《反不正当竞争法》的保护实质上是一种针对侵害行为的消极保护。根据《反不正当竞争法》的相关规定，仅当市场主体因他人的不正当竞争行为遭受损失时才可请求法律予以救济。也就是说，《反不正

① 尽管《反不正当竞争法》第 12 条被称为“互联网专条”，但囿于其规制行为的局限性，大量的网络不正当竞争行为不能通过该条款加以规制，在此背景下，原则性条款的使用仍旧难以避免。

② 参见杭州铁路运输法院民事判决书，(2017)浙 8601 民初 4034 号。

当竞争法》不能给予网络运营者事前的积极的保护以防范其权益受侵害，仅能在因他人侵害行为造成后果时对其进行法律救济。有学者认为，这种法律保护不是依据权利而事先具有的，而是基于他人的不正当竞争行为产生的侵害出现的。①

(二)适用《民法典》保护

除《反不正当竞争法》外，网络运营者还可依据《民法典》侵权责任编向法院提起诉讼，要求侵权人赔偿损失。较《反不正当竞争法》的保护而言，援引《民法典》侵权责任编不要求存在竞争关系，使法律保护在主体上扩大了范围。当双方不存在竞争关系而无法适用《反不正当竞争法》请求法律救济时，网络运营者可依据《民法典》第1164条保护自身合法权益。值得注意的是，《民法典》侵权责任编保护的是民事权益，不仅包括财产所有权，也包括财产权益。因此，在适用《民法典》侵权责任编时不必纠结于大数据产品的法律属性，即使未被赋予财产所有权，也可主张财产权益的侵权保护。②

但适用《民法典》侵权责任编对大数据产品进行保护也存在一定的弊端。根据《民法典》侵权责任编的过错责任原则，在没有法律特别规定的情况下，仅当侵权人具有主观上的故意或过失时才可要求其承担侵权责任。这就意味着网络运营者在依据《民法典》侵权责任编主张他人的行为侵害其对大数据产品的合法财产权益时，必须提供证据证明对方具有主观过错，与《反不正当竞争法》的保护相比，网络运营者需在证明对方的主观意图方面承担举证责任。

(三)基于财产所有权保护

就目前的法律法规而言，通常网络运营者只能根据《反不正当竞争法》及《民法典》侵权责任编的一般条款保护自身的合法权益，但过多地依赖法律的一般条款解决日益多发的法律纠纷并非可取之道。而且《反

---

① 徐海燕、袁泉:《论数据产品的财产权保护——评淘宝诉美景公司案》，载《法律适用(司法案例)》2018年第20期。

② 阙梓冰:《数据财产权益的形成、归属与保护》，载《人民法院报》2019年3月28日，第7版。

不正当竞争法》与《民法典》侵权责任编均为消极保护,仅当发生侵害行为并造成损失时才可启动相应的法律救济途径,无法最大限度给予具备所有权四项权能的大数据产品充分的法律保护。

如前所述,基于对大数据产品的权利属性分析,网络运营者应对大数据产品享有财产所有权。而这里所说的财产所有权有别于学界讨论已久的“网络虚拟财产权”。网络虚拟财产通常意指虚拟货币、网络账号、游戏道具等用户在虚拟的网络空间拥有占有、[①]使用、收益、处分等财产权权能的财产,其与物权的区分点在于用户对网络虚拟财产的支配权并不是完整的,在一定程度上受制于提供服务的特定运营平台。[②] 需要明确的是,大数据产品与网络虚拟财产有本质区别。当网络运营者生产出大数据产品后,既可以以实体物的方式将大数据产品的所有权移交给买受人,也可以以电子文档的形式对其加以处分,“生产工具”虽是虚拟的计算机算法,但大数据产品的存在方式并不受限于虚拟网络,买受人使用大数据产品也并不受限于某一特定的运营平台,亦可以通过在大数据产品之上设定抵押权等方式实现所有权。因此,在网络虚拟财产中存在的受限条件并不适用于大数据产品。但根据物权法定原则,物权的种类和内容必须由法律直接规定,依据《民法典》第127条,对数据、网络虚拟财产的保护应当遵从法律的规定,如若仅通过法律解释的方法赋予大数据产品财产权这一绝对权,则有悖于《民法典》确立的法律原则,故而大数据产品的法律属性迟迟未能在司法实践中得以确认。以目前的法律架构来看,应当通过制定单行法对数据及数据衍生产品的法律属性及法律保护方式予以明确。

在大数据产业的发展过程中,法律的滞后性日益显现,迫切需要立法者明确数据以及数据衍生产品的法律属性,才能够给予大数据产业最恰当有效的法律保护。在财产权保护的理论假设前提下,可以更好地维护大数据产品网络运营者的合法权益,并为大数据产业的蓬勃发展注入更

---

① 对网络虚拟财产是否可由用户占有的观点不一,有的学者认为只有平台或运营商才能占有网络虚拟财产,用户所享有的仅仅是使用该网络虚拟财产的权益。

② 孙山:《网络虚拟财产权单独立法保护的可行性初探》,载《河北法学》2019年第8期。

多活力。首先,网络运营者可基于财产所有权依法对抗除自身以外的任何人。通过财产所有权的保护路径对大数据产品进行保护时,基于财产所有权的对世性,在主体上将不再受限于竞争关系或主观过错,网络运营者的举证责任降低,更有利于救济其因合法权益受侵害而遭受的损失。其次,确立大数据产品的财产所有权属性后,网络运营者可以根据大数据产品的特性行使物上请求权,最大限度地扩展自己的请求权基础。最后,由于财产所有权带来的积极保护,网络运营者也可以进一步拓展大数据产品的商业价值,譬如可在评估大数据产品的价值后将其用以抵押、担保,为网络运营者带来更大的商业收益,从而促使网络运营者开发更有商业价值的大数据产品,营造良好的大数据产业生态环境。

综上所述,在未确立大数据产品具有财产所有权属性时,网络运营者可依据《反不正当竞争法》或《民法典》侵权责任编要求司法救济,并不至于无法挽回被侵害所造成的损失。从目前来看,尚可在现行法律框架内寻求到较为稳妥的救济途径。但从长远来看,涉及数据权属、大数据产品权属的纠纷将会日益增多,其权利属性问题将成为司法实践中绕不开的争议焦点。因此,应尽早通过法律规定明确其财产所有权属性,统一司法裁判尺度,妥善维护大数据产品行业的健康发展。

原文首发于《浙江大学学报(人文社会科学版)》2020 年第 2 期

数据资源权属判断及司法保护路径

沙　丽*

当前,大数据产业已成为新一轮科技革命和产业变革中一个蓬勃兴起的新产业,发展大数据也已成为我国的国家发展战略,但涉及数据权益的立法付诸阙如,相关主体的权利义务关系处于不确定状态。如何为大数据产业发展打造一个有保障、可预期、公平有序的法治营商环境,当前亟须构建起一个理性、明晰的数据资源权属规则。

一、引发讨论的实证案例

原告淘宝公司系淘宝网运营商。淘宝公司开发并投入市场运营的"生意参谋"数据产品(本文以下简称涉案数据产品),为淘宝、天猫店铺商家提供大数据分析参考,帮助商家实时掌握相关类目商品的市场行情变化,改善经营。涉案数据产品的数据内容是淘宝公司在收集网络用户浏览、搜索、收藏、交易等行为痕迹信息所产生的巨量原始数据基础上,通过特定算法深度分析过滤、提炼整合后而形成的以趋势图、排行榜、占比图等图形呈现的指数型、统计型、预测型衍生数据。

被告美景公司系被诉侵权"咕咕互助平台"的运营商,其以提供远程登录已订购涉案数据产品用户电脑技术服务的方式,招揽、组织、帮助他人获取淘宝公司涉案数据产品中的数据内容,从中牟利。

原告淘宝公司诉称,原告开发并投入市场运营的涉案数据产品系原告合法取得的劳动成果,涉案数据产品中的原始数据与衍生数据均系原告的无形资产,原告依法享有财产所有权。被告组织、帮助他人非法获取

* 沙丽,杭州互联网法院互联网审判第二庭庭长。

涉案数据产品中的数据内容,从中牟利,其行为已构成不正当竞争。

被告美景公司辩称,涉案数据产品私自抓取、公开使用淘宝网络用户的相关信息,侵犯了网络用户的个人隐私及商户的经营秘密,具有违法性;涉案数据产品的数据内容系网络用户提供的用户信息,网络用户对于其提供的信息享有财产权,原告无权主张权利。

归纳双方的诉辩意见,该案争议焦点在于淘宝公司收集、使用网络用户信息是否侵犯了网络用户的信息权;淘宝公司对于涉案数据产品是否享有法定权益;美景公司的被诉行为是否构成对淘宝公司法益的侵犯。概言之,即涉案数据产品所涉各相关主体分别享有何种权益,他们各自的权利边界应如何划分。

二、各类数据资源权利属性判断

数据资源商业化开发过程就数据资源的形态而言是一个信息的聚变过程,大致可分为信息的生发与信息的提供、信息的收集与信息的数据化转换、数据化信息的汇聚与大数据信息的开发应用3个阶段。对应这3个阶段,数据资源分别呈现信息、原始数据、数据产品3种形态,其中信息是一切客观事物运动变化过程中所蕴含的资讯内容;原始数据是基于计算机应用、通信和现代管理技术等电子化技术手段载荷或记录信息的电子符号;数据产品是在聚合海量原始数据基础上通过一定算法所形成的按照特定条理和系统编排的数据库或数据平台。

由于相关立法滞后,数据资源权属缺乏明确的法律规定,数据资源商业化开发过程中,信息提供主体、数据采集主体、数据产品开发主体相互间的权利边界应如何划分已成为审判机关审理涉数据资源侵权纠纷案件需要面对的难点问题。笔者认为,数据资源不同于传统意义上的有形财产,其所具有的内在结构的独特性、产出功能的多样性、主体利益关系的交织性,使各类数据资源权利属性在传统法律体系中很难找到确定的、同一的坐标。数据资源权利属性的法律架构注定是一个复杂且多变的模式,但面对当事人的讼争,司法不能拒绝裁判,需要我们在分析各类数据资源构成及功能的基础上,结合数据资源市场供求利益关系变化,在既有法律体系中找到一个最相近的坐标,并作出判断。

（一）自然人信息权属性判断

按信息提供主体分类，信息大致可以分为个体信息、公共信息和无主体信息。其中公共信息（主要指国家机关等公共服务组织的信息）、无主体信息（主要指自然现象生发的信息）属于公共资源，包含有国家主权与公共权益的意涵，并不是私权的客体。个体信息可以成为私权的客体，其又可进一步细分为自然人信息与企业信息。

自然人信息（理论界习惯称为个人信息或个人数据）根据能否识别自然人个人身份，还可以细分为个人信息与非个人信息，其中个人信息，是指能够单独或者与其他信息结合识别自然人个人身份的各种信息，包括但不限于自然人的姓名、出生日期、身份证件号码、个人生物识别信息、住址和电话号码等。与之相对应的非个人信息，是指不能识别特定个人身份的信息。非个人信息大多见于自然人个体从事各类活动所留下的行为痕迹。

自然人作为消费终端主体，自然人信息成了数据资源商业化开发的主要原始资料，数据产品的精准营销、市场预测等功能的生成即主要依赖于自然人信息的汇聚与加工整合。基于自然人信息在数据资源市场上具有日益强劲的需求，众多学者主张赋予自然人信息财产权。但是对于自然人信息究竟应当作为何种权利的客体，至今仍未形成统一认识，有主张人身权属性的，也有主张财产权属性的。目前，主要代表性观点有隐私权客体说、人格权客体说、所有权客体说、新型权利客体说、知识产权客体说和财产（二元权利）客体说。可以看出，理论学界将个人信息的民法保护模式大多纳入隐私权、人格权、所有权、知识产权客体等偏向于人身属性的权益保护，只有财产（二元权利）客体说与新型权利客体说提到了个人信息应当作为财产权的客体。① 笔者认为，欲赋予自然人信息财产权，目前还存在多重法理障碍。

第一，信息属于土地、矿藏、河流等自然财产以外的劳动财产，“劳动

① 李颐涵等：《大数据挖掘背景下个人信息财产权保护模式研究》，载《中国信息安全》2014 年第 9 期。

财产的归属，应当按照劳动来确定，任何劳动者都有权占有一个他创造了其价值的东西”。[①] 罗马法时期即已确认一个人通过自己的劳动和努力所创造的东西属于他自己；马克思的劳动价值理论告诉我们，一切商品的价值都是由人的劳动所创造；按照洛克的财产权劳动理论，物向财产转化必须有劳动附着其上。概言之，财产权的理论基础是劳动创造财富。我们通过对自然人信息中个人信息的构成分析，可以发现生发这部分自然人信息系个人被动接受的结果，并非个人主动为之，如个人信息中的姓名、出生日期、身份证件号码、个人生物识别信息、住址和电话号码等。笔者认为，拥有这些信息的主体虽然为特定的个人，但信息生发的初始原因力并非完全是个人的自主行为，而是部分属于公共资源配置的结果，部分属于个人被动接受的结果，此种消极的自然人信息难谓个人的劳动或努力创造的成果；至于自然人信息中的非个人信息（主要是自然人行为痕迹信息），虽然生发信息的原因力系出自个人的主动行为，但一部分系个人参与其他社会活动所为，不是经济活动范畴中的劳动行为。即便其中有一部分系个人的消费行为，属于经济活动的范畴，但其并非出于创造财富的目的，严格意义上也难谓人的劳动。当然也不能完全排除个人以创造为目的而提供的信息，这属于个人劳动成果，较为典型的如消费者对于商品或服务的评价等。

第二，劳动成果并非全部都可以成为财产权的客体。财产权的核心要义与价值贡献在于保护物的交易权。依马克思主义理论，商品是指能够满足人们的某种需要、具有交换性（可以用来交易）和实用性（价值）的劳动产品。[②] 当某类劳动成果的交易成本总是高于自身价值，其被交易的可能性接近于零时，该物在法律上就失去了财产权保护的必要性。我们通过对自然人信息对于社会作用力的观察，可以发现零碎的自然人信息所蕴含的资讯价值十分有限，在信息交易技术手段尚未突破传统交易模式前，信息收集主体的交易成本至少包括获得市场信息所需的成本、讨

① 徐祖林：《财产及财产权的概念与分类》，载《经济与社会发展》2005 年第 4 期。

② 张博：《论个人网络数据财产权属性及法律规制》，载中国知网 2018 年 11 月 16 日，http://kns.cnki.net。

价还价与签订合同所需的成本、监督合同履行所需的成本等。[①] 这样,单一的自然人信息的交易成本往往会高于信息的自身价值,设立自然人信息财产权制度很难产生法律经济学价值追求中的资源有效配置的杠杆作用。同时我们还要考虑,一旦交易发生纠纷,处理纠纷的司法成本也会远高于争议标的物的自身价值。虽然赋予自然人信息以财产权,在某种程度上可能有利于信息主体权利的保护,但对于实现权利与维护权利所要付出的社会成本,我们也不得不考虑。当然我们也不能完全排除个别自然人信息具有较大的交易价值,但毕竟其仅占很小的比例。波斯纳认为,如果市场交易成本过高而抑制交易,那么权利应赋予那些最珍视它们的人。[②]

第三,自然人信息中很大一部分是社会活动的产物或公共资源配置的结果。社会活动与公共资源配置的结果更多具有公共产品的属性,公共产品所具有的共享性与财产权的排他性存在矛盾;自然人信息中的个人信息、敏感信息具有强烈的人身权色彩,人身权的不可让与性与财产权的可让与性存在矛盾;信息具有可大量复制、重复交易的特质,易形成一物多主的权利格局,这与财产权的独占性亦存在矛盾。理论界各种自然人信息财产客体说目前尚未给出解决这些矛盾具有说服力的方案。

除存在上述多重法理障碍外,笔者认为,目前欲赋予自然人信息财产权,还存在以下明显的实践理性障碍:

第一,不符合国内外立法趋势。就国外立法现状而言,包括美国及欧盟在内的多数国家的立法,目前仍停留于将自然人信息权保护定位为人身权利的保护。就国内立法现状而言,我国《民法典》第 111 条规定:"自然人的个人信息受法律保护。任何组织或者个人需要获取他人个人信息的,应当依法取得并确保信息安全,不得非法收集、使用、加工、传输他人个人信息,不得非法买卖、提供或者公开他人个人信息。"同时,《民法典》第 127 条规定:"法律对数据、网络虚拟财产的保护有规定的,依照其规

① 赖茂生、王芳:《信息经济学》,北京大学出版社 2006 年版,第 62 页。

② [美]波斯纳:《法律的经济分析》,蒋兆康译,中国大百科全书出版社 1997 年版,第 22 页。

定。”上述法条虽然只是一个原则性规定,但从中不难看出我国目前的立法是倾向于对自然人信息、数据作区别对待的。对于前者强调的是自然人信息安全保护,参照我国网络安全法等相关立法规定,这里的安全保护是基于对自然人信息主体人格权、隐私权的保护;对于后者才表露出给予财产权保护的意向。

第二,不利于信息流通与数据产业发展。目前,我国数据资源市场已形成以无偿提供信息换取免费网络服务的利益格局,如果赋予自然人信息财产权,并以此换取有偿提供信息服务,由于大多自然人信息所蕴含的资讯价值十分有限,其交易成本往往会高于交易对象自身价值,这将抑制网络运营者的交易欲望,进而窒碍信息的流通。同时,换以有偿提供信息服务,还可能催生虚假信息泛滥,信息失真对于数据产业是致命的。

第三,不利于自然人信息安全保护。目前理论界对于自然人信息权范围,趋同于认为自然人信息权包括:知情权、同意使用权、限制处理权、更正权、被遗忘权、携带权、求偿权等,其集中反映的是信息主体对于数据中所包含的信息具有自始至终的控制权。笔者认为,如果赋予自然人信息财产权,随着信息财产权的交易,信息的控制权让渡给网络运营者任由其自由处置,自然人信息所蕴含的隐私权、人格权无疑将置身于危险境地。

综上所述,笔者认为,目前情况下不宜确认信息主体对于自然人信息享有财产权,但不排除个别情况下(如提供具有较大经济价值的信息时),信息主体可以通过有偿许可使用的方式让与信息使用权,即突出以隐私权、人格权保护信息主体对于自然人信息的控制权,进而确保信息安全,再辅以债权保护信息主体的收益权。诚如前述案例生效判决所认为的:“网络用户信息通常情况下并不当然具有直接的经济价值,在无法律规定或合同特别约定的情况下,网络用户对于其提供的用户信息尚无独立的财产权可言。”[①]

(二)原始数据权属性判断

原始数据是载荷或记录信息的电子符号,那么原始数据与信息是何

① 参见杭州铁路运输法院民事判决书,(2017)浙8601民初4034号。

种关系？前述案例生效判决认为："信息是数据的内容，数据是信息的形式"，"涉案原始数据只是网络用户浏览、搜索、收藏、交易等行为痕迹信息外化为数字、符号、文字、图像等方式的表现形式"，原始数据与信息是互为表里的关系。理论界因此经常将个人信息与个人数据作为同一概念加以使用，"实质上在法学文献当中信息和数据的研究对象和内容并没有一个本质的区别，比如说欧盟的《个人数据保护指令》《一般数据保护规则》等这些立法采用了数据的用法，美国在《统一计算机信息交易法》当中采用'信息'一词。"①笔者认为，原始数据与信息毕竟具有不同的外在表现形态，其创制者也是不同的主体，对于二者仍有加以区别对待的必要。那么二者的不同之处是否会延伸出原始数据权与自然人信息权的不同权利属性呢？笔者认为，原始数据所具有的资讯价值在于其所包含的信息内容，而不在于其表现形式。虽然自然人信息在数据化转换后可以被计算机网络系统所处理，可以在网络上进行传播，但原始数据对于社会的价值贡献仍未脱离信息所包含的资讯内容。数据采集主体在此过程中虽然付出了一定的劳动，但并未提升信息内容的品质，换言之并未提供创造性劳动成果，数据采集主体仅有权享有其劳动所增加的价值，而不是原始数据的全部价值，故数据采集主体只能依附于信息权享用有限权益。尤其需要指出，如果赋予原始数据财产权，信息主体对于其提供的信息将失去控制权，势必会危及自然人信息主体的隐私权、人格权，造成数据主体与信息主体权利义务关系的失衡。

所以，原始数据主体应受制于自然人信息主体对于其所提供信息的控制，不能享有独立的财产权，数据采集主体只能依其与信息提供主体的约定享有对原始数据的使用权。

（三）数据产品权属性判断

数据产品虽然源于信息与原始数据，但已具有了全新的特质。首先，数据产品所提供的资讯内容已不再是自然人信息、原始数据那般对于单

① 李爱君：《数据权属与应用法律问题》，载微信公众号"网络法前言"2017年12月19日，https://mp.weixin.qq.com/S/7iM5TSroJjcrtxSYZVE3qw。

一事实的描述性资讯,而是对事物发展规律与未来变化趋势的预测性资讯,实质上已超出信息产品的范畴,在某种意义上已具有了知识产品的性质,是信息产业连接智能产业的纽带。其次,数据产品对于社会的影响力与自然人信息、原始数据不可同日而语,其蕴含巨大的市场需求,完全具备财产交易价值。最后,数据产品的资讯内容独立于自然人信息、原始数据之外,更多地表现为趋势图、排行榜、占比图等大数据信息,是与自然人信息、原始数据无直接对应关系的衍生信息。数据产品的使用与处分,并不妨碍信息主体对数据产品数据库中的数据化信息行使访问、纠错、擦除、转移、阻止等控制权能。同时,数据产品对原始数据中所包含的个人信息作了匿名化脱敏处理,已不再具有人身关系的色彩,数据产品的使用与处分不再对信息主体人身权构成威胁。

笔者认为,数据产品是其开发者的智力劳动成果,具有巨大的市场价值。同时,数据产品是独立于自然人信息、原始数据以外的衍生信息,数据产品的使用与处分无碍信息主体对信息的控制权,限制信息与原始数据成为财产权客体的前述法理障碍与实践理性障碍,于数据产品而言已基本可以排除,数据产品主体应当享有数据产品财产权。

三、数据产品权司法保护的路径选择

由于我国现行法律对于数据产品的权利保护尚未作出具体规定,限于物权法定原则,前述案例生效判决并未确认淘宝公司享有涉案数据产品财产权,故无法给予其基于物权请求权的积极保护。同时,由于数据产品所蕴含的知识成果并非人的智力创作成果,依现有知识产权制度设计,数据产品主体也难以寻求知识产权保护。但鉴于数据产品能给数据产品主体带来竞争优势,数据产品主体对于数据产品所享有的财产性权益可以表现为竞争性财产权益。其他市场主体不当使用数据产品构成不正当竞争的,数据产品主体可以竞争性财产权益为权利基础,依我国《反不正当竞争法》的规定寻求司法保护。

数据产业与其他传统产业不同,其价值既体现在传统的“自愿、诚信、公平”上,更体现在“开放、共享、效率”等新内容上。维护数据产业竞争秩序的要旨在于促进信息流通与技术创新,如果其他市场主体是在获取已公开的数据产品内容基础上,通过自己的创新劳动开发出新的数据产品,且能够给消费者带来全新体验的,这样的竞争行为难谓不正当。但前述案例中,美景公司未付出自己的劳动创造,直接将涉案数据产品作为自己获取商业利益的工具,其使用涉案数据产品提供的只是同质化的服务,该行为明显有悖于公认的商业道德,无疑属于损人自肥的不正当竞争行为。依《反不正当竞争法》的规定,美景公司应当停止涉案不正当竞争行为,并赔偿淘宝公司损失。

结语

在数据资源商品化过程中,信息、原始数据、数据产品间的递进演变所带来的是数据资源经济价值的核爆式增长。其中,数据产品作为体量巨大、结构多样、时效性强的数据资源集合体,通过大数据分析将原本碎片化的信息、数据进行提炼整合,其所产出的能够揭示事物规律性和预测未来变化趋势的衍生信息内容,可以成倍提升数据资源使用价值,极大提高社会各方面活动的效能。"大数据信息成为新经济的智能引擎,各行各业包括零售、医疗卫生、保险、交通、金融服务等,都在完成所谓的数据经济化,它们通过各类数据平台开发智能,使生产、经营和管理越来越高度智能化,给新经济带来极大的成本降低和效率提升。硅谷战略领袖杰弗里·莫尔(Geoffrey More)说,在这个世界中,信息为王。你拥有的信息越多,你的分析能力越好,速度越快,你的投资回报将会越高。"①大数据带来了数字经济迅猛发展,同时也带来了如何顺应这种时代变革及时进行司法政策调整的崭新课题。在立法暂时缺位的情况下,如何在司法层面上处理或设计好信息权、数据权、数据产品权之间的关系,已成为当前数字经济能否顺利发展的基本前提。笔者认为,平衡信息权、数据权、数据产品权之间的关系,在司法政策把握上,既要考虑有利于信息流通与数据产业发展,明确赋予网络运营者相应的权利,也要对网络运营者的权利加以必要限制,以防止网络运营者滥用权利损害用户信息安全。

原文首发于《人民司法》2020 年第 10 期

① 龙卫球:《数据新型财产权构建及其体系研究》,载《政法论坛》2017 年第 4 期。

公共数据的合法使用与法律规制

郭　彤*

随着信息技术和移动互联网的发展,数据的商业价值逐渐凸显,催生并推动了大数据技术及相关产业链的兴起。在大数据商业化应用不断拓展的同时,由数据利益引发的相关纠纷日益增多,尤其以数据利用中的不正当竞争问题最为突出。

公共数据的开放共享属性,决定了其核心价值在于鼓励数据使用、挖掘数据潜能。但是,在使用公共数据的过程中,使用者必须遵守基本的注意义务,防止因不当使用而发生破坏正常的市场秩序及消费者合法权益的情形。由此,在相关数据立法尚未完善的现状下,司法需基于个案,在《反不正当竞争法》的范围内,对公共数据的使用进行合理规制。

2020年4月29日,杭州互联网法院对浙江蚂蚁小微金融服务集团股份有限公司(以下简称蚂蚁金服集团)、重庆市蚂蚁小微小额贷款有限公司(以下简称蚂蚁微贷公司)诉企查查数据平台运营者江苏苏州朗动网络科技有限公司(以下简称朗动公司)不正当竞争纠纷一案作出判决。法院认定,朗动公司在企查查上发布、推送有关蚂蚁微贷公司清算的误导性信息构成不正当竞争,判令其赔偿蚂蚁金服集团、蚂蚁微贷公司经济损失及合理费用60万元,并消除影响。

在该案中,法院围绕大数据商业模式下公共数据使用行为的正当性问题,依据《反不正当竞争法》第2条的规定,从公共数据的相关主体是否具有《反不正当竞争法》所保护的权益,数据使用行为是否具有正当

---

* 郭彤,杭州互联网法院立案庭副庭长。

性、主观上是否具有过错,以及竞争关系和损害后果等方面,对公共数据的收集使用行为进行法律评价,首次确立了公共数据使用的基本原则,厘清了公共数据合法使用的边界。

一、推送历史清算信息引发纷争

2019 年 5 月 5 日及 6 日,朗动公司运营的企查查网站通过发布和向特定用户推送的方式,发布了针对蚂蚁微贷公司清算的企业信息。据悉,这条推送信息来自国家企业信用信息公示系统。但是,该公示清算信息已属“旧闻”,而非 2019 年 5 月 5 日新增或变更的信息。

由于发布方式设置问题,企查查的这一推送行为造成用户将历史清算信息误认为新发生的清算信息,引发广泛关注,大量媒体围绕蚂蚁微贷公司是否存在清算行为进行了报道。短时间内,新闻搜索条数便达千万条以上。

蚂蚁金服集团随即紧急辟谣称:“消息不实,蚂蚁微贷公司自成立以来,一直正常经营,经营状况良好。”

为消除负面影响,蚂蚁金服集团、蚂蚁微贷公司向法院申请诉前保全。法院裁定要求朗动公司停止散布与蚂蚁微贷公司有关的清算信息,并针对推送行为予以澄清。之后,朗动公司在其官方微信、微博上发表声明,回应了对企查查审慎不严的相关质疑。朗动公司指出,企查查保证信息内容与信息源头一致,做到了将信息精准且及时地提供给用户。对于针对蚂蚁微贷公司清算信息的推送,该清算信息是国家企业信用信息公示系统曾记录在案的,绝非朗动公司二次编辑,而把舆论锚点标在蚂蚁微贷公司的经营不善上。

该声明发出后,引发了媒体新一轮的关注和报道。

法院审理认为,公共数据作为促进经济发展的重要生产要素,应当鼓励市场主体对公共数据的利用和挖掘。但对公共数据的利用应当合法、正当,不得损害国家利益、社会利益和其他主体的合法权益,特别是不能损害数据原始主体的合法权益。朗动公司采取容易引人误解的方式推送涉及蚂蚁微贷公司清算信息的行为,造成了蚂蚁金服集团、蚂蚁微贷公司商誉上的损失。此外,朗动公司在其公开声明中,并未针对蚂蚁微贷公司清算信息为历史信息，且推送内容不完整的问题予以纠正，进一步扩大了误导性信息对蚂蚁金服集团、蚂蚁微贷公司的负面影响。朗动公司的行为构成不正当竞争，应承担相应的民事责任。

法院同时指出，考虑到大数据行业还处于起步阶段，相关的行业规则、技术能力尚未成熟完善，需要给大数据产业发展提供适度的张力，为其发展营造一定宽松的发展空间，在侵权赔偿责任的承担上不宜苛以过重的责任。

综上考量，法院判决朗动公司赔偿蚂蚁金服集团、蚂蚁微贷公司经济损失及合理费用60万元，并为其消除影响。

二、公共数据的法律特征分析

从数据来源的角度区分，数据可以分为公共数据、商业数据和个人数据。

公共数据，是指行政机关依照法律规定，在履行职能过程中采集、制作、生产或者获取，并通过一定形式记录、保存的数据资源。公共数据的形成过程，决定了其在本质上具有公共属性。

与以个人信息为内容的个人数据不同，公共数据的使用无须征得原始数据主体的同意。但是，相关使用行为仍须遵守基本的注意义务，防止因不当使用而给数据原始主体带来利益损害。

与其他数据类型相较，公共数据的显著特点是开放共享、鼓励使用。从数据法律特征的角度分析，公共数据具有以下特点：

第一，数据来源上的公权力属性。公共数据是公权力机构在依法履职过程中，为满足社会公共事业管理或其他需求，依据相关法律法规，通过法定程序向特定主体获得的数据。其获取方式决定了公共数据本身具有资源公共性、非隐私性、非独占性的特征。

第二，数据客体上的海量流动性。公共数据涉及社会生产生活的多领域，数据收集范围广泛。同时，受数据本身实时更新变化的影响，公共数据的流动性强、体量庞大，数据和数据之间经过分析整合建立联结，能够产生巨大的商业价值。

第三，数据应用上的公益性。公共数据的开放和使用面向全社会，任何主体均可以通过公开渠道获取并使用。同时,这种使用行为不会减损公共数据本身或其他数据使用者的利益。公共数据公开的范围和使用行为越广泛,越能发挥数据本身的价值。因此,公共数据虽然源于个体,但经系统整合后,已成为具有公共属性的信息资源。只有保持数据开放和促进数据流动,才能最大限度地发掘和利用大数据资源,增加社会福祉。

从应用场景来看,公共数据的使用需在系统的数据产业链条内完成。由于公共数据的商业使用涉及数据原始主体、数据收集主体、数据利用主体等多方,因此,形成了基于多方主体的以数据利用为核心的数据生态系统。

在数据生态系统中,居于核心环节的是数据加工使用者,即大数据分析企业。其主要功能在于,运用信息技术手段,对公共数据领域海量、分散的企业信息进行整合加工,形成信息的数据集合,并通过提供免费和付费查询功能,向用户开放,进而实现经济利益。

大数据的采集、加工和交易的过程,涉及数据原始主体、数据提供者、数据使用者和数据消费者各方利益。大数据分析企业在数据使用中,应当受到必要的约束,履行基本的注意义务。

三、公共数据使用行为的规制

大数据的商业化应用,不仅带来了商业格局的改变,也对商业模式和竞争秩序带来了新的冲击。

与传统的经济模式相比,不正当的数据商业化行为,对竞争秩序和消费者利益的侵害手段更为隐蔽,造成的损害结果也非直观可见。因此,在《反不正当竞争法》规范下对竞争行为的评价,应当坚持更为宏观的视角,从维护公平自由竞争的市场竞争秩序这一根本目的出发,平衡各方利益,为新兴商业模式的发展留有空间和动力。

互联网经济之下的新商业模式与传统商业模式相比,存在较大差异。因此,在竞争关系的评价上也应有所区别。《反不正当竞争法》意义上的竞争关系包括直接竞争关系和间接竞争关系。《反不正当竞争法》维护具有直接竞争关系的竞争者之间的正当竞争,也维护整个市场的竞争秩序。

在互联网经济领域,商业运营模式日新月异,行业的界限和区分日益模糊。竞争方式主要表现为通过争夺消费者的注意力而获取竞争优势,实现经营利益。即使经营者之间不存在直接的竞争关系,经营者也可能因破坏其他经营者的竞争优势而与其产生竞争关系。但同时需要指出的是,竞争是市场经济的既有属性,即使经营者之间存在竞争关系,这种竞争关系也不必然构成不正当竞争。在对不正当竞争的认定上,仍需从竞争行为是否具有正当性来进行评判。

《反不正当竞争法》的立法目的在于维护市场竞争秩序,制止不正当行为。判断一项行为是否具有正当性,应从市场竞争秩序、商业道德、利益平衡等基本原则出发,结合相关行业准则、行为手段、损害后果等因素对其性质予以综合评判。

在公共数据商业化应用中,大数据分析企业应采取必要的技术手段以保证数据质量,不能因公共数据使用中的质量问题而影响数据原始主体利益。《中国大数据行业自律公约》《数据流通行业自律公约》《大数据标准化白皮书》等行业自律性文件,明确了数据准确性是大数据行业发展的商业道德。因此,大数据分析企业在数据收集和发布过程中,应注意对数据来源进行甄别和验证,保证数据符合合法性、真实性和有效性等要求。

信用是市场经济运行的前提与基础。信用关系作为一种独立的经济关系,维系、支持和形成市场秩序。作为大数据分析企业,提供全面、及时、准确、完整的企业数据,将增强消费者的黏性,为其带来竞争优势。而数据一旦发生偏差,特别是负面信息的偏差,将直接影响数据原始主体的社会评价,也将降低数据分析企业自身的竞争能力,带来不利影响。

四、公共数据的治理原则与使用边界

作为一种新兴的商业模式,大数据行业仍处于发展的起步阶段,相关行业规范尚未成熟。在对数据使用行为的司法评价上,应当以鼓励数据共享流通、兼顾各方利益为原则,并正视海量数据处理的技术困境,合理确定注意义务。

一方面,从事数据分析整合的大数据企业运用大数据技术优势,将公

共领域碎片化的局部数据整合起来,更深层次地发掘了数据价值,实现了面向整个市场的信息共享,解决了商业信息滞后、信息不对称的市场困境,在降低信息收集成本、提升交易行为的透明度、促进经济发展等方面,具有积极作用。由于数据共享范围、数据获取成本以及数据有效抓取技术存在局限,在司法裁判上,不宜赋予大数据分析企业过高的注意义务。对于普通的信息偏差,应当允许其通过事后救济的方式进行修正。

另一方面,作为互联网经济下一种新兴的商业模式,大数据分析企业对于收集、发布的数据信息仍具有基本的注意义务,应当通过技术的革新和完善,确保数据的真实、及时、准确。只有这样,才能构建起市场对大数据平台发布信息的信任基础,从而促进整个行业的纵深发展。

由此可见,大数据分析企业在信息的收集和发布活动中,应当坚持以下基本原则:

数据来源合法原则。大数据分析企业在抓取和收集数据中,应当使用政府部门或其他管理主体已经依法公开的信息,不得采集法律、行政法规禁止采集的数据。从公共领域采集数据信息的行为具有合法性,无须征得信息主体的同意,但对于涉及个人隐私、企业商业秘密等非公开信息,则应当确保信息的安全性。

注重信息时效原则。注重数据变动的时效性是数据信息的价值所在,也是大数据分析企业的竞争优势所在。时效性包括两方面含义,即信息更新的及时性和信息变动时间的准确性。信息更新的及时性为大数据分析企业带来竞争力,而信息变动时间的准确性则兼顾了信息主体的利益。

保障信息质量原则。大数据平台应当采取合理措施,保障其提供信息的准确性。信息质量应当包括推送信息的真实、准确和完整。高质量的信息既可以避免因数据偏差给企业带来负面影响,也可为信息使用者作出科学决策提供参考价值。

敏感信息校验原则。大数据具有体量大、来源多样、生成极快且多变等特征,难以用传统数据体系结构有效处理。对于数据质量的注意义务应当根据数据类型加以区分。针对非敏感数据,在发生数据偏差时,应当允许大数据分析企业通过事后救济的方式予以纠正;针对敏感数据,特别是涉及企业清算、破产等重大负面信用信息,大数据分析企业应当建立差别化的技术处理原则,通过改进算法技术、数据复核、交叉验证等手段,提高数据推送质量,避免因不当的信息推送行为给数据主体带来重大负面影响。

结语

随着互联网、大数据产业与人工智能技术的发展,数据已成为未来商业竞争的核心动力。为了鼓励数据的共享和流动,最大限度地挖掘数据价值,保障数据行业的持续健康发展,应当赋予大数据分析企业享有基于数据利用产生的数据权益。同时,更要兼顾数据原始主体、数据提供者、数据消费者的合法权益,从维护社会公共利益、增强社会整体福祉的角度平衡各方利益。因此,应当从确保数据来源合法、数据安全、数据质量等方面,约束大数据分析企业的数据使用行为,以促进其通过改进算法技术、规范数据处理规则等实现良性有序发展。

原文首发于《中国审判》2020 年第 13 期

对屏蔽网络视频广告行为的定性思考

柳　佳*

一、当前屏蔽视频广告不正当竞争案件的裁判情况

互联网广告是互联网发展的伴生品,有搜索广告、电商广告、信息流广告、视频贴片广告等各种形式的广告。屏蔽互联网中影响用户顺畅浏览网页或危及网络安全及个人隐私的广告并无争议,但是对于屏蔽视频贴片广告是否合法尚无定论。现阶段屏蔽视频贴片广告的方式主要有:同业竞争者采用技术手段替换播放页面后播放去广告视频、非同业竞争者使用屏蔽广告插件或专门软件屏蔽视频广告等。司法实践中就此类行为是否构成不正当竞争存在不同的观点。从笔者调研的一些典型屏蔽广告案例来看,诉讼行为多发生于相同经营领域的视频经营者之间以及不同经营领域的视频经营者与浏览器经营者、屏蔽软件开发者、路由器经营者之间,前一种与传统行业的竞争关系并无二致,后一种乃基于互联网的特殊性而发生的竞争关系。引发不正当竞争的载体有专门的屏蔽广告软件,也有作为附带功能的浏览器、路由器、杀毒软件,其方式包括屏蔽广告及快进广告。在上述案件中,法院均援引《反不正当竞争法》第 2 条的规定,但是对于浏览器屏蔽广告插件有法院作出不同的判决。对于单纯的屏蔽广告案件,判赔数额没有突破 50 万元的限额。

2019 年修正的《反不正当竞争法》的亮点之一是新增了互联网条款,以此规制互联网领域的新型不正当竞争行为,这是互联网时代法治进程的新标志。然而互联网技术迭代迅猛,商业方式随之不断更新,新类型的

---

* 柳佳,杭州互联网法院互联网审判第二庭法官。

竞争行为层出不穷,亟待司法实践形成可资借鉴的互联网不正当竞争行为判断逻辑。

二、价值选择的博弈与法律适用的瓶颈

(一)竞争自由与法律干预的博弈

在主张用市场竞争自由价值裁判的典型案例中,法官选择了竞争自由的价值,认为要给予市场最宽松的竞争环境。市场竞争具有创造性破坏的属性,其过程是一种创造性破坏的过程。任何经营者均不负有尊重他人的商业模式、维护其他经营者利益的义务。只有特定的损害才成为不正当竞争的考量因素。有学者认为,市场主体行为呈现协调的内在秩序和动态过程,尽量不干预市场,更多地依靠市场机制,让市场自行解决自身的问题,才是市场和竞争的正常生态。① 主张法律干预的典型案例则认为,网络经营者应当通过诚信经营、公平竞争来获得竞争优势,尊重他人的经营模式和正当利益,不得利用技术手段妨碍、破坏其他经营者合法提供的网络产品或者服务正常运行。不同经营者之间在竞争过程中难免会存在一定的相互干扰和影响,但这种干扰和影响应当在法律规定的范围内,应当有利于网络市场的发展、秩序的稳定和消费者利益的保护,应当是正当竞争和迎合市场发展需求的结果,这也是目前多数类似案件的观点。②

同时,以上两种理念依托的案例在客观上存在不同情形:前者,如世界之窗浏览器设置强力拦截页面广告选项和不过滤任何广告选项,且默认选项为仅拦截弹出窗口,被告没有刻意宣传、引导用户使用;后者,被告明确宣传该软件能拦截主流视频软件的视频广告,优酷、腾讯等通过步骤引导用户设置屏蔽广告,并在首页显示当日屏蔽内容。显然,两种理念的博弈不仅建立在价值选择之上,也建立在被告客观行为之上。

(二)原则条款与互联网条款的选择

我国《反不正当竞争法》一般条款的适用有助于弥补法律的不周全

① 参见孔祥俊:《论反不正当竞争的基本范式》,载《法学家》2018 年第 1 期。

② 参见浙江省杭州市中级人民法院民事判决书,(2018)浙 01 民终 231 号。

和不完备，能够填补法律漏洞，为互联网新型不正当竞争行为的认定提供了灵活的判定依据，但是由于一般条款具有原则性和抽象性，在理解和适用上可能会产生分歧，因此在审判实践中要准确把握其适用要件。最高人民法院在“海带配额案”中提出，适用《反不正当竞争法》第 2 条认定构成不正当竞争应当具备的条件：一是法律对该种竞争行为未作出特别规定。二是其他经营者的合法权益确因该竞争行为而受到了实际损害。三是该种竞争行为因确属违反诚实信用原则和公认的商业道德而具有不正当性或者说可责性。[①] 而典型判例仅具有指导性作用，并不能直接作为案件裁判的依据。如关于浏览器屏蔽广告插件是否构成不正当竞争，法官根据具体案件中被告行为的客观性对其主观故意作出不同的判断，同样依据《反不正当竞争法》第 2 条却产生了不同的处理结果。自由竞争和公平竞争同属市场经济的重要原则，法院在适用原则条款的同时应注意防止滥用原则条款将原本属于正当的市场竞争行为纳入规制范畴，从而阻碍科技创新和技术进步。

2019 年修正的《反不正当竞争法》第 12 条规制了类型化的互联网不正当竞争行为，弥补了原《反不正当竞争法》在互联网领域具体条款缺失的不足，但类型化的条款本身就具有滞后性，适用范围有限，对于本文讨论的屏蔽视频广告行为的认定，能否适用《反不正当竞争法》第 12 条有待商榷。视频网站的经营者提供的服务应为网络视频服务，而视频前的贴片广告是其营利手段，不应认定为视频网站经营者的提供服务行为。退一步讲，如果播放贴片广告可以构成服务，那也是对于广告商而言的，视频贴片广告系视频经营者对其提供的有偿服务。而《反不正当竞争法》第 12 条第 2 款第 4 项本身就是兜底条款，在司法实践中仍需适用《反不正当竞争法》原则条款进行判断。

（三）直接侵权与间接侵权的纷争

在认定屏蔽视频广告构成不正当竞争的案例中，法院对于被告的行为构成间接侵权还是直接侵权存在不同观点。在持间接侵权观点的案件

① 参见最高人民法院民事裁定书，(2009) 民申字第 1065 号。

中,法院认为屏蔽广告功能需用户下载、安装并运行才能实现,被告系不当利用用户的消费心理,通过对屏蔽广告功能的宣传、免费下载、用户可添加规则源等手段利诱用户下载使用,构成引诱、帮助用户的侵权行为。而在持直接侵权观点的案件中,①法院认为被告为屏蔽广告功能提供相应技术支持和保障,并且对其屏蔽视频广告功能进行图文宣传,用以吸引用户下载使用。在用户下载软件后,被告通过步骤引导用户设置广告屏蔽,并在首页显示当日屏蔽内容。被告已不仅仅是软件的提供者,被告还利用用户并使其成为侵权的载体。笔者更赞同第二种观点,对于指向性明确的屏蔽软件或插件,用户只是侵权行为的连接点,软件的操控者与屏蔽视频广告行为建立了直接联系,系直接侵权。

(四)酌定赔偿的确定与不定

从笔者调研选取的屏蔽视频广告案例的判决来看,判决赔偿数额基本处于10万~50万元。关于互联网环境下的侵权损失,基于互联网通融互联、传播速度快的特点,加之侵权发生地点的隐蔽性和侵权方式技术化,被侵权者举证困难,司法机关难以准确认定侵权者的侵权所得和被侵权者的损失。对于屏蔽视频广告的案件,法院在司法实践中会权衡以下因素酌定赔偿数额:原告的知名度、视频内容丰富程度、网络用户数量、原告的经营成本;被告企业的价值评估,考虑未来可能增加的用户数量(利用不正当竞争方式增加自身用户数量或减少对手用户数量也应当认定为被告获利或原告受损)、经营规模、市场占有率、软件下载量;被告实施侵权行为的主观过错程度,有无主动停止实施不正当竞争行为;被告的获利是否系涉案不正当竞争行为所得。法官在裁判文书中对上述因素的考量较为笼统概括,当事人又难以提供有力的证据,法官在判赔时自由裁量权较大但是又十分谨慎。上述因素如果可以量化,有利于酌定赔偿数额的确定,如当事人能够提供其购买视频的价格、广告播放合同、一段期间内的广告播放量、用户下载量,这些都可以作为量化时考虑的因素。

---

① 参见杭州铁路运输法院民事判决书,(2017)浙8601民初928号;浙江省杭州市中级人民法院民事判决书,(2018)浙01民终231号。

三、审理互联网不正当竞争案件的思路

(一)以交易机会为着眼点判断竞争关系

2019年修正的《反不正当竞争法》第2条明确将不正当竞争行为修改为“经营者在生产经营活动中,违反本法规定,扰乱市场竞争秩序,损害其他经营者或者消费者的合法权益的行为”。这表明《反不正当竞争法》中的不正当竞争行为既可以损害特定竞争者合法权益,也可以损害消费者合法权益,因此,判断一项行为是否构成不正当竞争,并不以损害特定竞争者的合法权益且其相互之间具有竞争关系为必要,而应根据其是否违反竞争原则或者其他具体法律标准而认定。

互联网环境中产品和服务之间的界限并非泾渭分明,传统的行业界限已经变得模糊,将提供同类商品或服务的经营者视为具有竞争关系已经不能满足维护互联网经济正当竞争秩序的需要,不具有直接替代可能性的经营者之间也会发生直接的竞争关系。并且,互联网市场中的竞争由传统市场中的利润竞争向注意力竞争转变,因此,《反不正当竞争法》调整的竞争关系的判断应当重点考量竞争行为的性质及后果。如果经营者的行为对其他经营者的利益造成损害,且同时基于这一行为获得现实或潜在的客户群体、商业交易机会等经济利益,形成此消彼长的市场份额,则可以认定二者具有竞争关系。

(二)以权益的正当性认定保护客体

商业模式本身作为市场经济条件下自由竞争的产物,并不是《反不正当竞争法》所保护的客体,《反不正当竞争法》要保护的是蕴含在该商业模式背后的经营者的合法经营利益。

目前,视频内容行业主要盈利模式是广告收入、内容付费、版权分销等,在我国2012年至2018年在线视频行业各业务营收占比中,广告收入在当年的收入中占据一半的地位,其中视频贴片广告的市场份额从2015年至2017年基本在13%左右,广告仍然是视频行业盈利增长的重要引擎。[①] 由

① 参见《2018年中国原生视频广告投放策略白皮书》,载艾瑞网2018年6月8日,http://report.iresearch.cn/report_pdf.aspx?id=3186。

此获得的合法经营利益,应当受到《反不正当竞争法》的保护。如果视频行业长期免费经营,注定缺乏资金购买或创作优质视频,经营者在缺乏合理回报的情况下,经营难以为继,受损的终将是互联网视频文化产业。相应地,如果消费者习惯于享受没有资金支持的免费视频,将会导致视频质量越来越差,或者最终没有优质视频可看,甚至无法获得免费视频观看,最终实际损害的是消费者利益。更新经营模式是市场竞争的常态,但是在没有技术进步和更加优越的正当竞争的商业模式产生之前,该商业模式背后的合法经营利益应当受到法律的保护。

(三)以归责主体主观故意认定其可归责性

不正当竞争行为作为一类特殊的侵权行为,应当将主观故意作为归责要件之一。互联网边界模糊,假使要求互联网竞争者穷尽方法避免侵害他人的合法权益,对其苛以过重的注意义务,则不利于技术进步。美国联邦最高法院在 1984 年的"索尼案"中提出一个判断主观过错的标准——实质性非侵权用途规则,即只要一种产品具有实质性非侵权用途,即使产品提供者知道有人可能会使用该产品去侵权,也不能仅以有用户确实使用该产品侵权为由,推定产品提供者具有主观过错并构成间接侵权。[①] 至于如何判断主观过错,还要结合客观行为,如根据被告屏蔽行为的指向性、特定性、引诱性的不同,法院对被告的主观态度作出不同判断。

(四)以效能竞争与法益衡量为价值判断

在有序的市场竞争中,经营者应着眼于提高其商品、服务质量,不能恶意阻却他人竞争优势的发挥。不同商业模式、商业活动竞争的淘汰是正常的市场现象,但是这种淘汰是因为某一竞争主体提供的商品或服务质量更优,而不是通过干扰、破坏竞争者正常的经营活动获取竞争优势产生的。

在《反不正当竞争法》保护的竞争秩序中,涉及社会、消费者、经营者等多方利益群体,既有短期利益又有长期利益,利益冲突是市场竞争的正

① 参见徐海运:《网络播放设备著作权侵权问题研究》,载宿迟、陈锦川、杨柏勇主编:《网络知识产权保护热点疑难问题解析》,中国法制出版社 2016 年版,第 160 页。

常现象。拉伦茨认为,法益衡量原则首先要保护具有明显价值优越性的法益,如果无从作抽象之比较,则法益衡量一方面取决于应受保护的法益被影响的程度,另一方面取决于需要让步的利益的受害程度。①

笔者搜索了目前几大视频网站的视频广告报价,现阶段视频网站贴片广告收费的模式仍然是CPM(千人成本)。在该种定价模式下,衡量广告效果的关键是载有网络广告的网页被浏览的次数。如果视频广告被拦截,浏览人数下降的结果就是使视频网站经营者的广告收入减少。如果认可屏蔽视频广告行为的合法性,屏蔽视频广告者通过代价极小的技术手段直接摧毁这一商业模式,视频网站在缺乏资金支持的情况下难以通过提供优质服务来与之抗衡,在没有更成熟的经营模式前,极有可能陷入屏蔽视频广告者破解、视频网站经营者反制的恶性循环,同时,可能会出现越来越多的屏蔽视频广告软件或插件。

对于消费者而言,消费者利益保护的重要内容是消费者的自主选择权不受妨碍。在有些案件中,屏蔽广告软件者认为可以消费者使用其软件实施屏蔽而免责,但是能否用消费者选择权来解释消费者享有选择是否使用屏蔽广告软件来屏蔽视频广告的权利?笔者认为,如果认同此观点,无异于认为消费者拥有付费购物以及使用他人提供的工具盗窃的权利。消费者的选择权体现在可以选择"免费视频 + 广告",也可以选择"付费观看视频 + 去广告",抑或选择其他视频网站提供的视频观看服务。如果对屏蔽视频广告的合法性予以肯定,视频网站难以获得广告收入,必然会寻求其他方式获取经营收入,其经营转型成本必然将由终端消费者承担,将使用户观看视频所支付的对价由原来的可选择性支付时间成本或经济成本变为只能支付经济成本,而这一变化难谓对消费者有利。

(五)以激励创新理念与技术中立原则为动态导向

科技是经济方式变革的助推器,网络市场上提供的许多免费服务背后都隐藏着一个事实,即卖方从事的业务是在双边市场上出售互补

① 参见[德]卡尔·拉伦茨:《法学方法论》,陈爱娥译,商务印书馆2003年版,第285页。

的产品，他们增加市场一边的需求而补贴另一边的需求。① 现有的“免费视频+广告”模式就是鲜活的例子，但是互联网各种新技术、新商业模式层出不穷，互联网不正当竞争集中了很多新的商业模式，是否属于互联网精神鼓励的自由竞争和创新，需要考量竞争者的主观状态，平衡消费者、社会公共利益及经营者三方利益。在屏蔽广告的互联网不正当竞争案件中，被告常以技术中立原则作为抗辩。知识产权中的技术中立，一般是指如果技术具有实质性的合法用途，那么该技术的提供者不因用户将其用于侵权而承担侵权责任，除非提供者知情而未采取任何措施。然而，任何技术的发明创造都不可避免地体现开发者的主观意志，法官需要评判的不是屏蔽广告这一技术手段，而是竞争者的开发目的及使用这一技术带来的后果。如果屏蔽行为具有目标指向性，并在操作步骤中引诱用户使用屏蔽广告功能，被告亦不能证明该技术具有非实质性侵权用途，那么难以成立技术中立的抗辩理由。

竞争必然存在损害，如超市自由购程序冲击传统人力收银、专车快车冲击出租车市场、快捷支付冲击银行业等，在认定某一行为不正当时，应该权衡损害所带来的正负效应。而法官对互联网不正当竞争行为这一评判过程是动态的，并非现在就该种类型的案件判决被告侵权，就将被告的不当行为盖上永久烙印。随着互联网视频网站的成熟发展，可能会出现新的收益模式，视频贴片广告收益不再决定视频网站的根本性利益，那么对广告屏蔽可能会出现不同的评判结果。

但是，在目前国内视频网站以“免费视频+广告”为主要模式的情况下，法院如果通过个案承认屏蔽视频广告的合法性，可能就会颠覆一种商业模式。国外的有关判例系基于国外关于互联网不正当竞争法律的规定以及不同于中国广告模式的他国国情，我们在向国外借鉴优秀机制时应立足本土选择性吸收，不能脱离中国实际。学习国外裁判思路是一个渐进过程，我们应当更注重引导视频行业内部竞争，例如，缩短广告时间，提

① 参见[美]克里斯蒂娜·博翰楠、[美]赫伯特·霍温坎普：《创造无羁限：促进创新中的自由与竞争》，兰磊译，法律出版社2016年版，第7页。

高内容创意,兼顾用户体验的打扰度和用户自主选择权,在竞争中不断提升品牌的认知度、美誉度。

四、立足本土、渐进式的理性选择

(一)True View 模式

You Tube 推出的 True View 模式,即视频观众可以在广告播放 5 秒后选择跳过广告,直接观看视频内容。与此同时,广告主只为消费者观看超过 30 秒的广告付费。广告在被手动关闭的过程中已经给消费者无形地添加了是否选择继续观看的判断。目前我国已经有部分广告投放商采用这种模式,较为优秀的案例是爱奇艺中的“农夫山泉”广告,但是国内各大视频网站在长视频中采用 True View 模式的较少。

(二)白名单制度

在德国,屏蔽广告行为是否合法同样存在争议。Adblock Plus 是一款屏蔽广告插件,Adblock Plus 的运营者 Eyeo 公司面临多起诉讼。Eyeo 公司作为中立第三方,设定了允许 Adblock Plus 插件显示网页广告的名单,只有达到该插件对网页广告要求的可接受广告并且缴费后才能进入白名单。2018 年 4 月,德国联邦法院宣布在现有德国法律体系下,Adblock Plus 的做法并不构成侵略性的商业行为,而 Eyeo 公司也不会干扰媒体行业的自由。①

在我国当前的互联网市场中,用户付费的商业模式尚未完全成熟,广告在较长时间内依然是数字内容产业的主要盈利模式。白名单制度对中国现行互联网行业具有借鉴意义,国内已经有一些行业尝试白名单制度。例如,2015 年国家网信办官网公布的《可供网站转载新闻的新闻单位名单》规范了稿源名单和网络转载秩序,加强网上新闻信息来源管理。又如,国家互联网应急中心牵头制定的《移动互联网恶意程序描述格式》以及由中国反网络病毒联盟引导建立的白名单。在白名单工作体系中,开发者、应用商店、白名单工作组将组成“三位一体”的协作模式,从网民利

① 参见《德国:广告屏蔽插件 Adblock Plus 不违反竞争法》,载新浪科技网,http://tech.sina.com.cn/i/2018-04-21/doc-ifznefkf9773851.shtml。

益出发,发布通过认证的开发者及其签名数字证书列表。

在国内已经有互联网白名单制度尝试的情况下,基于消费者理性的广告白名单机制具备一定的实施条件。通过建立广告审查中立机构,设定网页广告准入标准,辅之以网络用户投票机制,更好地抑制互联网不正当竞争乱象,充分保护网络消费者权益,从而促进互联网行业的可持续发展。在这个过程中可能衍生出新的不正当竞争行为,比如,网络用户投票极易发生刷票现象。白名单制度在适用过程中还需要制定一系列严格程序加以完善,防止其被滥用而成为一种获利手段。

原文首发于《人民司法》2019 年第 19 期

滥用相对优势地位的法律规制

江　怡*

互联网领域频发“二选一”“不兼容”现象，平台经营者是否存在滥用相对优势地位成为探讨的重点。我国《反不正当竞争法（修订稿）》中对该行为的规定最终未被保留，立法对此缺乏明确界定，更是引发争议。相对优势地位不同于市场支配地位，其以依赖性关系为核心，在平台经济中既包含传统经营者，还包括消费性用户，通过分析相对优势地位的内涵和新时期特征可以发现，相对优势地位更符合《反不正当竞争法》的精神和个案分析的思路，不宜规定在反垄断法领域。完善《反不正当竞争法》的规制，须注意处于相对优势地位本身及限制交易等行为并非其否定性评价的依据，而应以滥用要件的不正当性审查为依据，并区分竞争损害与竞争者损害。

互联网时期，数字经济迅速发展，平台生态系统的商业模式逐渐普及，因竞争关系的突破和消费者粘性效应，不正当竞争的方式亦具有网络领域特殊性。实践中频频出现如奇虎与腾讯、米时科技与奇虎、腾讯与奇虎等诸多案件①中“二选一”“不兼容”、限制交易的现象，引发大量讨论。该类行为是否正当，是否需要法律干预，分歧不断。学术上以比较法角度提出“滥用相对优势地位”，主张网络平台经营者系以平台优势地位行使的“二选一”等行为，损害其他经营者和消费者利益，符合滥用相对优势地位的行为要件，可以参考国外规则予以规制。《反不正当竞争法（征求

* 江怡，杭州互联网法院互联网审判第二庭法官。

① 参见最高人民法院民事判决书，(2013)民三终字第5号；北京市高级人民法院民事判决书，(2015)高民(知)终字第1035号；最高人民法院民事判决书，(2013)民三终字第5号。

意见稿)》曾在第 6 条对相对优势地位概念进行界定,并明确规定了五项具体利用相对优势地位实施的行为,构成不正当竞争。该条讨论过程中因争议过大,不仅最终未在立法中予以保留,还激发了理论界和司法实践的争议。

因此,利用相对优势地位行为在我国立法中并未有明确规定,其理论内涵和法律适用亟待明确,是否应当予以规制;究竟属于《反垄断法》还是《反不正当竞争法》审理范围以及是通过界定独立的行为类型还是通过原则性条款予以评价,尚未有结论。本文通过对相对优势地位概念的梳理及实践中此类行为的特征分析,提出法律路径的选择和规则适用上的完善。

一、相对优势地位的理论内涵

"二选一""不兼容"等行为是否适用滥用相对优势地位的规则,应首先探讨相对优势地位概念的起源和内涵,评析其在法律体系上的价值和地位。

(一)相对优势地位的核心要素:依赖性关系

滥用相对优势地位行为以行为人构成相对优势地位为前提,此系行为的主体要件。判断是否构成相对优势地位,学理上以"依赖性理论"为内涵[①]展开大量研究,即相对方达到对行为方之依赖,则行为方构成相对优势地位。何为达到依赖,该定义虽然在学术讨论上的范围和程度有所差异,但一般均认为是指市场主体在特殊情形下,对于其交易相对人具有支配性影响,导致该相对人依赖其生存,该依赖主要体现在脱离该主体,相对人缺乏其他可替代主体进行交易。因此,相对人对于行为人,不具备足够的偏离或称作转向的期待可能性。

德国法上将此概念表述为:"如果作为某类商品或工商业服务的供应方或需求方的中小企业如此依赖于该企业或企业联合组织,没有足够的、可期待的可能性转向其他企业。"[②]我国《反不正当竞争法(征求意见稿)》

① 参见李剑:《相对优势地位理论质疑》,载《现代法学》2005 年第 3 期。

② 参见袁嘉:《德国滥用相对优势地位行为规制研究——相对交易优势地位与相对市场优势地位的区分》,载《法治研究》2016 年第 5 期。

第6条虽未予保留,但争议主要在于该行为本身是否需要单独作为一类不正当竞争行为进行规定,条文内容仍可作为对该行为要素的探讨。该条中规定“本法所称的相对优势地位,是指在具体交易过程中,交易一方在资金、技术、市场准入、销售渠道、原材料采购等方面处于优势地位,交易相对方对该经营者具有依赖性,难以转向其他经营者。”可见,相对优势地位的立法中也多以依赖性为判断,依赖形成包括资金、技术等各方面,以及德国法上的长期额外特别优惠,而依赖性体现在依赖者缺乏足够的转向可能性。

此种并无转向的可能性具体可呈现为:依赖者没有其他可替代的供应或需求渠道,其无法获得同质或同量的供应或需求。既包括企业供应或需求仅能通过对方予以满足,又包含其他渠道虽存在,但该获得具备不合比例的风险,或者该获得的内容不具有等价性,无法维持相对方既有产品或服务的质量以及企业竞争力。从上述概念阐述看,相对优势地位主要以主体相对关系为讨论,以依赖性为核心,一般发生在上下游企业之间。而滥用相对优势地位则体现在行为方利用相对方对其形成的依赖关系,无正当理由地进行拒绝交易、限制交易等行为,损害相对方利益。

(二)相对优势地位与市场支配地位的区别

相对优势地位不同于市场支配地位,滥用市场支配地位的行为多通过《反垄断法》明确规定,2008年实施的《反垄断法》在第3章第17条中列举了禁止具有市场支配地位的经营者,从事的滥用市场支配地位的行为。该条同时明确了市场支配地位的含义,指经营者在相关市场内具有能够控制商品价格、数量或者其他交易条件,或者能够阻碍、影响其他经营者进入相关市场能力的市场地位。并在第18、19条分别列举了认定经营者具有市场支配地位应当依据的因素,以及可以推定经营者具有市场支配地位的情形。《反垄断法》对于此类行为进行规制以相关市场的支配地位为前提,目的在于制止市场竞争中滥用经济力量的行为,防止企业独占市场。

比较相对优势地位与相对优势地位,从对象上看,前者以个体之间相互关系为判断,通常为交易相对方,目前平台经济下亦涉及消费者,后者以市场竞争方为判断；从内容上看，前者以依赖性为核心，后者以控制市场的能力为核心；从具体运用上，前者倾向于微观视角，以个案分析为思路，把握个案中的利益权衡，后者以宏观为视角，关注对相关市场的整体影响；从参考因素上看，前者以依赖性是否具备足够偏离期待可能性为斟酌，后者则更为考虑相关市场的份额、占有率、市场集中度等因素。两者在上述诸方面均存在不同，经营主体因处于生产销售上下游的特定环节或其他因素而具备一定的市场优势并不当然构成市场支配地位。“以市场份额主导的市场支配地位具有绝对性，而以依赖性为核心要素的比较优势地位则具有相对性，二者完全不属于一个理论体系范畴，彼此无法兼容与互制，因此不能将二者混为一谈。”①因此，针对市场支配地位，立法已明确予以规制，对于尚未达到市场支配地位或从相对关系视角考虑的优势地位，立法和司法上仍处于模糊和争议的状态。

（三）相对优势地位在互联网经济中的特征演绎

目前大量的“二选一”“不兼容”等事件均发生在网络平台。互联网环境下，市场主体通过创新经营模式，逐渐发展出以平台经济为主流的商业模式，企业通过发展成为平台型企业，再演化为平台生态系统，营造出由网络平台提供经营场所和众多支撑服务的动态结构系统，包括平台提供方、平台其他经营者和用户，他们之间相互影响并组成共同进化的经济共同体。区别于传统模式下的线性经济主体，平台体系中，各角色间产生多样化的相互作用。“广义的平台生态系统还包括终端用户、竞争性平台生态系统以及竞争环境。……平台生态系统参与者之间呈现松散的联结关系，同时又相互依赖，以共生关系取得生存能力和效果。”②传统优势地位中以上下游企业之间的供应需求体现的依赖性关系，在平台经济里往往体现为网络效应导致的用户对平台经营者的依赖，而该用户既包括消费者用户，又包括经营性用户。以较为典型的微信平台为例，微信通过公

① 龙俊：《滥用相对优势地位的反不正当竞争法规制原理》，载《法律科学（西北政法大学学报）》2017 年第 5 期。

② 李鹏、胡汉辉：《企业到平台生态系统的跃迁：机理与路径》，载《科技进步与对策》2015 年第 10 期。

众号和小程序等开放窗口，打通信息交互通道，让消费者用户在微信平台上获得多样性的服务，让经营性用户通过微信平台获取用户流量。一方面，对于消费者用户来说，平台经济的出现，使微信不再又是提供单一通信服务的主体，而是成为整个生态系统的维护主体。即使市场上具备了其他提供即时通信服务的替代产品，但由于缺乏大量对接性服务及生态系统内的经营性用户，用户偏离微信的成本极大，或者说难有期待可能性，消费者用户极可能形成对平台企业的依赖。另一方面，对于经营性用户来说，平台的对接为其服务积累了大量消费性用户资源，平台用户数量直接影响经营性用户的利益，而经营性用户作为付费主体亦是平台实现盈利的重要方面，平台主体通过各种方式强化锁定效应，提高用户转换成本，大量经营性用户在个案中也极可能形成对平台企业的依赖。

因此，相较于特定交易关系中针对相对方产生的优势地位，在平台商业模式里，依赖关系的判断不仅限于经营者，还应考虑用户，“互联网平台企业间的竞争并非传统的直线上下游交易，而是通过以用户为中心的‘平面三角’交易。因此，在认定相对优势地位时不能仅仅从上下游交易之中考察直线交易双方的依赖性，而应当将用户对行为人的依赖性纳入考察范围。”[①]在平台生态系统案件中，主体之间更是不局限于三角平面关系，而呈现更加多维立体的共同体关系。但是，数字经济商业模式的创新，提供的是依赖关系判断的主体应更为多元，并非说，凡是构成平台模式，消费者即对平台产生依赖，依赖性的判断仍应依据是否存在足够可期待的偏离可能性。

二、滥用相对优势地位的规制路径选择

实践中不断出现企业利用相对优势地位的行为，其是否违背竞争秩序、损害的是竞争自由还是竞争公平、在我国立法和司法领域应如何评价，应结合其特征和立法例对其规制路径的选择进行探讨。

（一）比较法上的考察

相对优势地位的概念源于德国，体现在《反对限制竞争法》中，该法

① 廖建求、陈锦涛：《互联网平台企业不正当竞争的司法认定与立法改进》，载《重庆邮电大学学报（社会科学版）》2017 年第 4 期。

作为德国《反垄断法》的主要渊源，第 19 条规定了滥用市场支配地位；第 20 条则以“具有相对交易优势地位或者相对市场优势地位的企业禁止从事的行为”[1]为标题，规定了相对优势地位的情形。第 20 条第 1、2 款规定了相对交易优势地位，主要针对中小交易相对方；第 3 款规定了相对市场优势地位，主要针对中小竞争者，与滥用市场支配地位行为制度相对应。因此，在德国法中，滥用相对优势地位系垄断行为，与滥用市场支配地位并列在垄断法领域，而非不正当竞争行为。考察德国法设置该条款的目的有二：“为了在 1973 年世界石油危机的外部冲击下，保护德国国内的市场结构；另一个目的是推动废除对于品牌商品企业维持转售价格行为的反垄断豁免”。[2] 因此，此条款作为反垄断的情形之一，有其特定历史背景。

日本作为《反垄断法》与《反不正当竞争法》统一规制的立法例，其在《关于禁止私人垄断和确保公平交易的法律》中明确了滥用相对优势地位的行为属于不公正交易的行为，具体体现在其第 2 条第 9 款第 5 项规定中，同时根据该条及公正交易委员会的相关规定，不当利用交易上的优势地位是指利用自己在交易上优越于对方的地位，违反正常的商业习惯，不当地实施了有关行为。[3] 从日本法上的界定可以看出，该行为受规制的构成包含相对优势地位和不当利用两个层面，并以“正常的商业习惯”为不当之判读。[4] 而拒绝交易则是作为与滥用优势地位并列的不公正交易行为，规定在上述第 2 条第 9 款第 1 项中。日本对于相对优势地位的规定“意图解决大型企业剥削中小贸易伙伴的问题。‘二战’之后，大型

---

① 参见袁嘉：《德国滥用相对优势地位行为规制研究——相对交易优势地位与相对市场优势地位的区分》，载《法治研究》2016 年第 5 期。

② Jörg Nothdurft, Relative Marktmacht, Gutachten, S. 5, Stand: 30. 07. 2016. 转引自翟巍：《我国〈反不正当竞争法〉修订的宗旨设定与内容设计——以德语系国家反不正当竞争法律制定与修订为借镜》，载《法治研究》2016 年第 6 期。

③ 参见[日]根岸哲、[日]舟田正之：《日本禁止垄断法概论》，王为农、陈杰译，中国法制出版社 2007 年版，第 279 页。

④ 参见王丽娟、梅林：《相对优势地位滥用的反垄断法研究》，载《法学》2006 年第 7 期。

财阀控制着日本许多行业,发展新企业、重组业务关系相当困难",[①]亦是基于特定背景下作为对中小企业保护的设定。

通过立法例可知,滥用相对优势地位最初规定在《反垄断法》中,目的在于在特殊历史背景下保护中小企业、约束大企业、避免中小企业受大企业的限制和压迫。因此,在市场支配地位之外另行单设条款规定相对优势地位,是与上述国家特定的经济结构和市场环境相关。在我国《反垄断法》与《反不正当竞争法》分立的情形下,应当区分立法价值,结合新时期经营特征,作出路径选择。我国《反不正当竞争法》修正过程中,对相对优势地位的规定,也因征求意见过程中争议较大,未予以保留,而是留给实践。"起草者的本意也是为了禁止大型零售商等滥用相对优势地位,而不是作为普遍性的禁止性规定……这一问题看来已尘埃落定,但实践中确实有滥用相对优势地位而显失公平的情况,是否仍可以认定为不正当竞争问题,对此仍值得关注和拭目以待。"[②]

(二)适用《反垄断法》规制滥用相对优势地位行为的困境

我国采用反不正当竞争与反垄断分立的立法模式,两者既存在联系,亦存在区别,需区分两者界限。《反垄断法》是以垄断行为为对象,规范会阻碍或减少竞争的行为,促进竞争实现;《反不正当竞争法》是以不正当竞争行为为对象,规范违反诚实信用和商业道德的竞争,促进竞争的公平健康。两者以维护公平竞争与保障自由竞争不同的路径维护市场竞争,侧重于不同的法益保护,有独立的价值层面,不可相互逾越。

《反垄断法》的规制应当审慎,《反垄断法》描述的主体行为,在一定程度内往往是企业发展创新和市场升级的内容,经济主体的行为自由是竞争的前提,应当尊重市场规律,优胜劣汰,自主升级。但不受限制的竞争则可能演化成竞争的反面,反而造成市场活跃度的降低和竞争的停滞,因此,当市场主体的行为突破一定程度,排斥进入者,使保障竞争产生了

① [美]Robert G. Harris、王晓茹:《从经济学视角解读数字平台的反不正当竞争法适用》,载《竞争政策研究》2017 年第 5 期。

② 孔祥俊:《反不正当竞争法新原理 · 总论》,法律出版社 2019 年版,第 39 页。

排除竞争的效果,则需要进行规制。竞争的自由属性和长期视角下的法律干预必要性,使《反垄断法》的规制既具有合理性,又必须具备一定的谦抑性。

修订稿中规定的利用相对优势地位的行为类型包括:没有正当理由,限定交易相对方的交易对象;没有正当理由,限定交易相对方购买其指定的商品;没有正当理由,限定交易相对方与其他经营者的交易条件;滥收费用或者不合理地要求交易相对方提供其他经济利益;附加其他不合理的交易条件。可见,利用相对优势地位与市场支配地位列举的具体行为类型具有高度重合,这些立法对相对优势地位的规制不在于独立的行为类型,而以尚未达到市场支配地位的主体为补充。《反垄断法》以市场支配地位为要件,对此排除竞争行为进行规定,实无再扩张其适用范围并对尚不构成支配地位而具有一定优势地位的情形再作规定的必要,否则,将导致市场支配地位与优势地位的区分失去了实践上的意义,而空作理论探讨。同时,当市场主体尚未达到支配地位的利用行为、其影响范围和程度有限时,若仍以《反垄断法》予以规定,也使不正当竞争行为与垄断行为的界限模糊,造成竞争法体系的混乱。

(三)滥用市场优势地位行为应适用《反不正当竞争法》规制

在数字经济领域涉及的多起拒绝交易、限制交易的案件中,选择以《反垄断法》进行主张的,多因互联网领域相关市场和支配地位的界定难度大而未获支持。在平台模式下,依赖关系的判断更加多维,利用相对优势地位的行为更加多元,偏向个案分析关注个体竞争的《反不正当竞争法》成为讨论的重点。相对优势地位的适用,更加符合《反不正当竞争法》的立法价值。

首先,相对优势地位以相对关系的主体依赖性为内容,以造成对相对方利益的损害为结果。“滥用相对优势地位的本质仍然还是交易双方的相互博弈,而不同于经营者集中那样涉及整个市场结构,也不同于垄断协议那样对整个市场中的其他经营者均会造成损害……对于此类行为,若运用《反垄断法》进行规制显得过于强势,而《反不正当竞争法》所规制的正是这类比较微观的行为。”①因此，相比《反垄断法》的全局观，相对优势地位更符合《反不正当竞争法》调整的法律关系。

其次，相对优势地位更注重以个案分析为思路。数字经济下，区别于线性交易之间清晰的结构性相互关系，平台商业模式中的交易会呈现以用户或流量为中心的跨行业竞争关系和多元主体之间的相互关系。其依赖性的判断更因个案的商业模式不同，呈现不同的主体范围和特征，对于市场竞争秩序的影响亦是通过从个体到整体的脉络产生的，“在个体受到损害的基础上进一步损害市场中的公平竞争。滥用相对优势地位法益损害的逻辑和《反不正当竞争法》规制‘从个体到整体’的逻辑思路是一致的”②。

最后，相对优势地位的可归责性在于行为的不正当性，而非地位本身或行为类型本身。相较于市场支配地位以自由竞争为视角，相对优势地位的规制更以公平竞争为衡量，在个案中考虑诚实信用和商业道德，衡量消费者利益与公平的市场环境。同时，平台企业大量的“二选一”行为往往系剥夺竞争者交易机会的行为，而此竞争优势与商业机会正是《反不正当竞争法》保护的法益。③

三、滥用相对优势地位行为的《反不正当竞争法》规制与完善

滥用相对优势地位行为应当以《反不正当竞争行为法》进行规制，在考虑其具体适用规则时应考虑对该行为各项要件的不正当性判断，包括其主体要件（相对优势地位）、行为要件（“拒绝交易等具体行为 + 滥用”）、结果要件（扰乱竞争秩序）。相对优势地位本身及立法例列举的各项行为，并不具备自身特定性，亦非构成不正当竞争的依据，对其否定性评价仍应聚焦个案中滥用的不正当性，因此，目前并无必要对此单设条款，而以原则性条款审查更具现实意义。

---

① 张晓蕾：《论滥用相对优势地位之反不正当竞争法规制》，华东政法大学 2012 年硕士学位论文，第 37 页。

② 何佳君：《相对优势地位规则的现实需求和立法期待——基于顺丰菜鸟之争的思考》，载《安徽行政学院学报》2018 年第 3 期。

③ 参见袁嘉、刘维俊：《互联网行业滥用相对优势地位规制研究——以“二选一”行为为视角》，载《价格理论与实践》2016 年第 5 期。

（一）相对优势地位并非当然具有不正当性

市场主体利用了其优势地位实施行为本身，并不当然具备不正当性。在认定利用相对优势地位时，因特别注重把握保障经营主体和规制不工当竞争的界限。

首先，相对优势地位主体亦是市场主体，享有自主经营权利。市场经济的兴盛与市场主体的参与和活跃息息相关，市场经济鼓励新兴主体参与市场，双方因进入市场的时间不同、处于产业上下游关系的特定性而处于不同地位，随着竞争的演绎，优势地位也在维持或发生变化，因此市场交易伴随双方优劣势地位差距较大的情形并不鲜见。平台经营者因用户锁定及生态系统的共同体效应具备了优势地位，并不当然负有更高的义务，具备优势地位的主体亦是市场主体，亦不妨碍其利用该地位，根据自身战略选择交易对象，附加交易条件。

其次，相对优势地位的构成是经营积累的过程，司法保障诚实劳动和合法经营。《反不正当竞争法》规制的各项攀附商誉、“傍名牌”“搭便车”行为，在于保障经营过程的合法积累，避免不劳而获。相对优势地位主体通过合法经营，其形成的资金、技术、资源受到法律保护，其形成的优势地位并不违反法律规定。在适用中，应避免将相对优势地位本身作为“原罪”，严苛规制。

最后，相对优势地位的构成，在某些情形下有利于资源优化配置。从某种程度上来说，相对优势地位的运用，反而有利于降低成本，促进资源更优化的配置。“市场竞争往往都是基于相对优势地位，不论是否出于真实的自愿，总要与具有相对优势地位的交易对方进行交易，只是在例外的情形下，才需要限制行为自由……正常情况下利用相对优势地位进行交易，恰是市场分工和市场竞争的必然要求。”[①]因为依赖关系的存在，而限制被依赖方自主选择更有利的行为或条件，反而是对市场机制的破坏。

（二）限制交易等行为的不正当性边界

立法例列举的各项具体行为类型，比如，经营者限制交易或附加交易

① 孔祥俊：《反不正当竞争法新原理·总论》，法律出版社2019年版，第132～133页。

条件等,均是其行使合同自主权利的表现,并非其受到否定性评价的依据。保障经营主体参与竞争,应赋予其必要的竞争自由,对此,我国《宪法》等法律中均予以明确,经营主体享有经营自主、合同自由、交易自愿的权利。在对相对优势主体行为进行评价时,应注意区分行为自由与行为不当的界限。

在"奇虎与腾讯垄断纠纷案"[①]中,不兼容行为本身并非不正当性依据。腾讯公司在该案中采用的产品不兼容行为,表面上是要求用户在使用腾讯 QQ 与 360 安全软件之间进行选择,限制交易,但实质上是腾讯限定了自己的 QQ 软件的使用环境。作为经营主体,若基于软件配套使用需要或技术限制等原因,对其软件使用环境进行限制,并无可厚非。因此,不兼容行为本身并非不正当性理由,而该行为是否具备正当理由、是否存在损害消费者和扰乱竞争秩序的后果,是审查的重点。虽然该案从《垄断法》角度进行审理未予支持,但法院在该案中评价该行为具有合法性时,亦是考虑腾讯此行为系针对奇虎及其关联公司不正当竞争行为的被迫回应,同时考虑其对消费者利益的影响。通过"二选一"行为,将消费者作为要挟竞争对手之工具,利用相对优势地位排斥竞争对手,则有违反公认的商业道德之嫌。

在"格凯公司与玉柴公司不正当竞争案件"[②]中,拒绝交易行为本身并非不正当性依据。在该案中,玉柴公司以其供货商的身份拒绝交易,理由在于玉柴公司存在跨区域采购、恶意低价竞争行为,该低价竞争行为必将破坏玉柴公司的产品价格机制,法院亦认定拒绝交易行为本身并非不当,采用拒绝交易的方式维护其自身产品的价格体系和市场秩序,应认为具备正当理由,并无违背诚实信用原则或商业道德,亦为利用相对优势地位的不正当性判断提供了思路。

因此,市场优势地位实施的具体行为类型,并非《反不正当竞争法》所规制的对象,反而符合竞争自由的原则。行为自身不具备苛责性,只有

① 参见最高人民法院民事判决书,(2013)民三终字第5号。

② 参见杭州铁路运输法院民事判决书,(2019)浙8601民初9号。

行为与滥用相结合，才有可能产生可归责性。

（三）滥用系不正当性的核心要件

滥用相对优势地位之滥用，在立法例上或以“无正当理由”或以“违背商业道德”为表述，但均明确此要件的必要，否则将陷入行为本身不法的观念中，混淆行为自由与竞争自由。因此，该要件系不正当判断的核心，两者相辅相成，滥用即构成不正当性，不正当利用即构成滥用。是否滥用，具体审查中，应围绕我国《反不正当竞争法》第 2 条中对不正当性判断的立法精神，该条既是原则性条款，其关于不正当性的判断亦适用于各项不正当竞争行为。适用该条款审查滥用相对优势地位之“滥用”是否成立，特别是该条中考虑的诚实信用、商业道德以及其他经营者和消费者权益，与前述目前互联网形势下平台领域的商业模式所凸显的新特征更为契合。因此，行为人利用其相对优势地位，可依据该条款重点审查其行为过程中是否伴随或产生违背《反不正当竞争法》的情形。

针对原则性条款，审查过程中须把握个案价值平衡，“要妥当界定正当竞争与不正当竞争的界限，以是否有利于建立平等公平的竞争秩序、是否有利于提高消费者福利和社会公共利益作为衡量竞争行为正当性的根本标准，以是否符合公认的商业伦理作为重要表征”。① 大量“二选一”“不兼容”案件中，平台企业虽无正当理由，但其通过限制入驻经营性用户或消费者选择的方式排斥竞争者，其行为对消费者利益和竞争秩序的损害系其不正当性的依据。但仍需注意，“互联网平台企业拥有大量的技术、信息资源，在控制不良信息、遏制损害用户利益的行为、维护互联网经济的效率性方面扮演着很重要的角色。为此而采取的限制措施即使客观上造成了竞争对手的损失，也不应认定为不正当竞争”。② 因此，基于互联网平台的特殊角色地位，须区分其采取的限制措施系履行平台责任还

① 陶凯元：《充分发挥知识产权审判职能作用，为全面深化改革和实施创新驱动发展战略提供有力司法保障》，载陶凯元主编、最高人民法院民事审判第三庭编：《知识产权审判指导》2014 年第 1 辑，人民法院出版社 2014 年版。

② 廖建求、陈锦涛：《互联网平台企业不正当竞争的司法认定与立法改进》，载《重庆邮电大学学报（社会科学版）》2017 年第 4 期。

是不当打击竞争对手,严格把握审查界限。

(四)导致竞争者损害并非不正当性的结果要件

审查相对优势地位的结果要件时,需明确的是,竞争损害系其结果要件,而非竞争者损害。或者说,竞争者损害是不正当竞争的必要而非充分条件。不正当竞争可以产生其他经营者损害的结果,但并不是造成其他经营者受到损害的竞争即不正当竞争。市场竞争行为本身以利益的此消彼长为常态,产生损害符合市场行为本身的属性。“滥用相对优势地位侵犯的‘竞争’,并不是指与交易相对方竞争,而是指经营者通过‘不公平的交易手段’,为开展同业竞争攫取竞争优势,即通过相对优势地位压缩产品的进货成本,以损害相对交易方的利益为基础,获取在同业竞争中的优势。这种不公平地参与同业市场竞争的行为,无法为《反不正当竞争法》所容忍。”[①]即该行为对竞争的损害,虽发生在相对关系中,但对竞争的损害在于其不公平的交易手段带来的对竞争秩序的损害,不可混淆竞争损害与竞争者损害。

因此,损害并非充分要件,商业模式的改进和服务质量的提高是正当竞争和市场发展的结果,竞争者通过技术创新、商业模式的改进,使在先商业模式或技术被淘汰,采纳的经营者因竞争的优胜劣汰遭受损害,是市场经济的自然规律,也是消费者根据产品或服务的方式“用脚投票”的结果。因此,若行为虽损害该竞争者利益,但并不扰乱市场竞争秩序,反而有利于保障消费者利益和有序市场环境,不能因此认为该行为不当。相反,若竞争者并未致力于改进技术工具或手段、优化自身产品或服务、积累商誉,而是具有针对性地损害他人合法的商业模式、扰乱市场竞争秩序,则难谓正当。

结语

互联网时期因商业模式的创新,相对优势地位演绎了更为丰富的内涵和特征,平台经营者利用消费性用户对平台产生依赖形成的优势地位,

---

① 龙俊:《滥用相对优势地位的反不正当竞争法规制原理》,载《法律科学(西北政法大学学报)》2017 年第 5 期。

排斥行业竞争者甚至跨行业平台经营者，相对优势地位的作用方与竞争关系的相对方产生错位。以相对方的依赖关系为着眼点，侧重个案分析，关注竞争方式的正当性，相较于《反垄断法》，相对优势地位的内涵和新时期的特征，更加符合《反不正当竞争法》的立法价值。在反不正当竞争法领域，因目前相对优势地位针对的情形和列举的行为本身并非不正当性考量的因素，而是以滥用的个案情形予以评价，因此援引《反不正当竞争法》的原则性条款进行适用，更为适宜。在具体适用中应区分评价，避免陷入优势地位本身不法或行为不法的思维中，避免混淆竞争者损害与竞争损害，注重把握《反不正当竞争法》第 2 条阐述的诚实信用和商业道德，兼顾经营主体自由、消费者利益和竞争秩序。特别注意的是，针对互联网企业竞争行为的规制，既要保障公平竞争、维护市场竞争秩序，又要关注鼓励创新、保护互联网企业主观能动性、发挥平台角色积极性、促进互联网经济有序发展。

原文首发于《人民司法》2022 年第 10 期

信息处理视角下人脸识别的法律规制

王江桥　侍孝祥　李群涛*

2021年4月，备受瞩目的“人脸识别第一案”（以下简称郭兵案）二审落下帷幕。二审法院赞同一审法院的意见，认为原审被告（杭州野生动物世界有限公司）进行人脸识别不符合必要性原则，并增判原审被告应删除原审原告（郭兵）的指纹信息。① 该案引发全社会对于人脸识别技术应用的关注和讨论。然而，由于目前立法不健全，司法、执法标准不统一，加之行业自律规范缺失，人脸识别涉及的诸多法律问题并未达成共识：一是面部特征信息的法律属性尚有争议；二是人脸识别应用的规范要求亦不明确。

本文从信息处理角度，以人脸识别的基本法律属性判断为起点，在厘清人脸识别的规范要求基础上，提出完善人脸识别应用的一些思考。

一、人脸识别的法律属性

全国信息技术标准化技术委员会将人脸识别定义为“一种基于人的面部特征信息进行身份识别的生物特征识别技术”。② 人脸识别的基本流程为：(1)人脸图像采集与预处理；(2)人脸检测；(3)人脸信息矫正；(4)特征提取；(5)人脸识别；(6)活体检测。③ 欲在规范层面讨论人脸识

---

* 王江桥，杭州互联网法院副院长；侍孝祥，华东政法大学知识产权学院副教授；李群涛，华东政法大学法律学院博士研究生。

① 参见杭州市中级人民法院民事判决书，(2020)浙01民终10940号。

② 全国信息技术标准化技术委员会、生物特征识别分析技术委员会：《2020年人脸识别行业研究报告》，载报告厅网2021年1月10日，https://www.baogaoting.com/info/25044。

③ 参见卢佩珊：《2020年中国人脸识别市场报告》，载头豹网2020年1月22日，https://pdf.dfcfw.com/pdf/H3_AP202101221453140684_1.pdf?1611321532000.pdf。

别规制,首先须在法律体系中准确界定人脸识别及相关信息处理行为的法律属性。

(一)人脸识别是以识别身份为目的的面部特征信息处理活动

人脸识别技术首先是一种面部特征信息处理技术,本质上是对自然人的面部特征信息进行收集、存储、识别分析等处理的技术。人脸识别属于人工智能具体应用类型之一,是处理自然人面部特征信息的活动。这一法律属性意味着人脸识别应用必然要遵循个人信息处理规则。

人脸识别技术在于通过面部特征信息处理识别自然人身份。按照是否以识别自然人身份为目的,个人信息处理被分为两大类,两者的法律效果有所差别。为了尽可能地降低个人信息主体合法利益受损风险,相较于非身份识别目的的个人信息处理行为,对于以识别身份为目的的个人信息处理行为,法律规制力度理应更大。

(二)面部特征信息是敏感个人信息而非私密信息

关于面部特征信息的法律属性尚无一致意见,目前有三种观点:第一种观点认为面部特征信息属于私密信息;①第二种观点认为面部特征信息兼有敏感个人信息和私密信息的属性;②第三种观点认为面部特征信息是敏感个人信息。笔者认为第三种观点值得肯定,面部特征信息是敏感个人信息而非私密信息。

首先,面部特征信息是敏感个人信息,面部特征信息是人脸识别的关键原材料。个人信息之于主体的敏感程度并非相同,我国《个人信息保护法》规定了敏感个人信息,生物特征信息属于敏感个人信息之列。作为敏感个人信息的一类,面部特征信息当然是敏感个人信息。

其次,面部特征信息并非私密信息,不属于隐私权保护的范畴。此处涉及敏感信息与私密信息的区分。私密信息与敏感个人信息是按照不同标准对个人信息进行划分的结果。我国《民法典》第 1032 条第 2 款根据是否客观上具有私密性、主观上不愿为他人知晓以及是否涉及

① 参见冉克平:《论个人生物识别信息及其法律保护》,载《社会科学辑刊》2020 年第 6 期。

② 参见王利明:《人脸信息是敏感信息和核心隐私应该强化保护》,载《新京报》2021 年 1 月 26 日,B08 版。

隐私利益,[①]将个人信息划分为私密信息与非私密信息,私密信息优先受到隐私权保护。然而,按照《个人信息保护法》第28条第1款的规定,敏感个人信息与非敏感个人信息是以敏感程度为划分标准,其敏感性表现在一旦泄露或者非法使用,可能导致个人受到歧视或者人身、财产安全受到严重危害。面部特征信息仅属于敏感个人信息而非私密信息,理由在于面部特征信息并不具有客观私密性;另外,出于日常生活交往需要,人们也常常袒露面部而不遮掩,所以也不符合主观不愿为他人所知晓的要求。[②]

面部特征信息虽然同其他生物特征信息均属敏感个人信息,但是面部特征信息相比其他生物特征信息具有特殊性。正如郭兵案二审判决书所指出的,"人脸识别信息相比其他生物识别信息而言,呈现敏感度高,采集方式多样、隐蔽和灵活的特性,不当使用将给公民的人身、财产带来不可预测的风险"。[③]

因此,面部特征信息的此等属性决定了人脸识别应符合敏感个人信息处理规则,甚至要受到更严格的规制。

二、人脸识别应用的规范性要求

从现实应用情况来看,人脸识别主要涉及三种场景:第一,人脸验证;第二,人脸辨识;第三,行为识别。[④] 从信息处理角度来看,人脸识别应用的规范要求有三:首先,应用场景须严守必要原则;其次,有效同意标准须从严把握;最后,面部特征信息安全须严格保障。

(一)应用场景须严守必要原则

目前,人脸识别技术的高效和准确赢得了不少商家青睐,其应用范围迅速扩大,应用场景愈加多样化。但人脸识别属于个人信息处理,须符合

---

① 参见张璐:《何为私密信息?——基于〈民法典〉隐私权与个人信息保护交叉部分的探讨》,载《甘肃政法大学学报》2021年第1期。

② 参见闫双巧:《人脸识别等生物识别技术侵权救济——以个人信息保护为视角》,载《河南工学院学报》2020年第6期。

③ 浙江省杭州市中级人民法院民事判决书,(2020)浙01民终10940号。

④ 参见胡凌:《刷脸:身份制度、个人信息与法律规制》,载《法学家》2021年第2期。

合法、正当、必要原则，其中必要性原则尤为突出。

前文所述人脸识别的三种场景是否合法，首先需检验其必要性。《个人信息保护法》第26条提出，在公共场所进行图像采集须限于维护公共安全目的，且须论证人脸识别是维护公共安全的必要手段。必要性体现在无其他效果相当、可供替代的身份识别方式，如果有并存的可能，基于尊重消费者选择权的要求，需要设置并列的识别方式。2019年国家质量监督检验检疫总局和国家标准化管理委员会发布的《信息技术 安全技术 生物特征识别信息的保护要求（征求意见稿）》就明确提出，在收集个人信息主体的生物特征识别信息之前，如果数据主体不想注册或无法注册时，还应告知可用替代程序的信息。

在郭兵案中，原审被告采用人脸识别技术，并不满足必要性原则。一方面，如一审法院所指出的，当应用指纹识别系统作为身份验证手段时，拍摄郭兵及其妻子的面部照片本身无必要性；另一方面，完全利用人脸识别系统识别消费者身份，基本取消指纹识别等其他可替代途径，也难满足必要性要求。

（二）有效同意标准须从严把握

值得注意的是，《个人信息保护法》第26条仅提及公共场所进行人脸识别的规制问题，但人脸识别场所并不限于公共场所。例如，使用支付宝进行支付时，在手机终端也会进行人脸识别。一般来说，除了履行特定公共管理和安全等职能的政府部门或机构之外，私主体采用人脸识别技术，原则上要以个人信息主体同意为合法性基础。正如邢会强教授指出的，“每个人的风险偏好是不尽相同的，法律规则的设置应容忍和尊重那些低风险偏好的人，尤其是在当前不能做到人脸识别系统百分之百安全的情况下”，人人都有权拒绝刷脸。[①]

为防止同意流于形式，切实保障面部特征信息主体的权益，从别国的经验来看，需要对有效同意标准从严把握。[②]

---

① 参见邢会强：《人脸识别的法律规制》，载《比较法研究》2020年第5期。

② 参见潘林青：《面部特征信息法律保护的技术诱因、理论基础及其规范构造》，载《西北民族大学学报（哲学社会科学版）》2020年第6期。

首先,同意应以充分告知为前提。依《民法典》第1035条第1款之精神,在人脸识别领域,信息处理者必须向个人信息主体履行告知义务,让个人信息主体充分知悉处理规则、目的、方式和范围,了解面部特征信息收集和使用的后果和可能的风险。[①]《信息安全技术 个人信息安全规范》(GB/T 35273—2020)(以下简称《安全规范GB/2020》)第5.5条第a项第6目也体现了相同精神。[②] 另外,此种告知义务并非以个人信息主体质疑为前置条件,也并不因个人信息主体知识水平和专业领域不同而对告知程度和范围产生影响。在美国伊利诺伊州最高法院"罗森贝驰(Rosenbach)诉六旗游乐园(Six Flags Entertainment Corp.)案"中,正是因为被告游乐园在未充分告知的情况下收集了原告生物特征信息,得到了法院的否定评价。[③] 2008年美国伊利诺伊州出台了《生物信息隐私法》,已经明确了充分告知这一前提;2020年美国有关方面提出了国家生物识别信息隐私法案,欲将州立法确立的这一前提上升到联邦层面。[④]

其次,同意须单独、明示作出。一方面,人脸识别中的同意应单独作出。按《个人信息保护法》第26条的规定,基于个人同意进行人脸识别,个人信息处理者应当取得个人的单独同意。根据《安全规范GB/2020》第5.4条第c项的规定,进行人脸识别前,应单独向个人信息主体告知并征得同意。要做到"单独",第一,同意不能与其他合同内容混淆;第二,同意的内容不能与一般个人信息的相关政策混淆。另一方面,人脸识别中的同意应当以明示方式作出。根据《安全规范GB/2020》第3.6条的解释,明示同意是指"个人信息主体通过书面、口头等方式主动作出纸质或电子形式的声明,或者自主作出肯定性动作,对其个人信息进行特定处

① 参见最高人民法院民法典贯彻实施工作领导小组主编:《中华人民共和国民法典人格权编理解与适用》,人民法院出版社2020年版,第378页。

② 参见中国信息通信研究院泰尔终端实验室等:《生物识别隐私保护研究报告(2020年)》,载金融界网,http://pg.jrj.com.cn/acc/Res/CN_RES/INDUS/2020/10/29/df22622a-a5d1-4006-8865-17daf74bde53.pdf。

③ See Rosenbach v. Six Flags Entertainment Corp., 2019 IL 123186.

④ See Sen. Merkley, Jeff [D-OR] (Introduced 08/03/2020), S. 4400 - National Biometric Information Privacy Act of 2020.

理作出明确授权的行为”。肯定性动作包括个人信息主体主动勾选、主动点击“同意”“注册”“发送”“拨打”、主动填写或提供等。观察域外规定，2012 年，欧盟第 29 条工作组出台了网络和移动设备上应用人脸识别的意见，即强调数据主体的明示同意。2018 年生效的欧盟《通用数据保护条例》（GDPR）第 9 条允许在明示同意（explicit consent）前提下以识别身份为目的处理面部特征信息。美国也与欧盟相一致，2019 年公布了《商用人脸识别隐私法（草案）》，规定禁止私人机构未经明示同意而实施人脸识别。有学者甚至指出，对于面部特征信息的同意的严格程度应提高到书面同意的程度。① 但无论如何，涉人脸识别领域，同意绝不能以沉默的形式进行。

在郭兵案中，原告郭兵在办理年卡时配合拍摄照片，并未意识到是为未来采用人脸识别作准备，自不存在有效同意。另外，被告在引入人脸识别系统时，以店堂告示的形式简单告知了部分内容，没有告知消费者相关风险等事项，消费者也未单独、明示进行同意，难谓形成有效同意。

（三）面部特征信息安全须严格保障

信息安全（或数据安全）是信息处理领域的基石。在人脸识别过程中，严守必要原则以及从严把握有效同意的标准是对信息处理者的约束，有利于降低来自信息处理者的风险。信息安全义务则主要通过确保信息处理者采取各种措施，防止信息泄露，从而防范不法分子利用个人信息从事违法犯罪行为，降低来自信息处理者以外第三人的风险。

我国已经制定了一系列法律规范，以构建信息处理者的安全义务框架。自 2012 年 12 月 28 日全国人民代表大会常务委员会发布《关于加强网络信息保护的决定》开始，我国就强调信息处理者的安全义务；2021 年正式生效的《民法典》也依然强调“信息处理者应当采取技术措施和其他必要措施，确保其收集、存储的个人信息安全，防止信息泄露、篡改、丢失”。同时，全国人大常委会通过的《数据安全法》以及国家市场监督管

① 参见林凌、贺小石：《人脸识别的法律规制路径》，载《法学杂志》2020 年第 7 期；邢会强：《人脸识别的法律规制》，载《比较法研究》2020 年第 5 期。

理总局、国家标准管理委员会公布的《信息安全技术人脸识别数据安全要求(征求意见稿)》,针对人脸识别这一特殊领域,均对信息处理者的安全义务提出了更具体的要求。

在人脸识别领域,信息处理者的安全义务主要涉及三个方面。第一,信息处理者不能主动泄露面部特征信息给第三方。第二,信息处理者应当采取技术措施、管理措施等,防止面部特征信息泄露、篡改、丢失。第三,一旦发生了面部特征信息泄露、篡改、丢失的情况或者有此类危险,信息处理者应当积极采取补救措施,并向相关自然人和有关机关主动报告。

虽然在郭兵案中,安全问题并非主要问题,而且原告也未举证证明被告存在未尽安全保障义务的问题,但是将来若要合法地引入人脸识别系统,理应采取相应技术措施和管理措施,加强包括面部特征信息在内的数据安全保障。

三、完善人脸识别应用的思考

人脸识别技术虽然有引发风险的可能,但其为社会带来的便利也不容忽视。因此,应理性看待人脸识别技术,不可因噎废食。有关人脸识别的立法和标准,也应体现人脸识别的特别规范要求。同时,司法、行政、行业、企业各环节应勠力同心,共同打造人脸识别协同治理的新格局。

(一)理性看待人脸识别技术应用

部分学者认为人脸识别有风险,因此对待人脸识别的态度比较谨慎、保守。同时,欧美有些国家已经或者正在考虑通过立法,限制或禁止人脸识别的应用。例如,2019 年 5 月,美国旧金山市通过决议,禁止警察等公权力机构使用人脸识别技术。[①] 欧盟立法者也认为,人脸识别技术太新、风险不明,欧洲严格限制和监管其应用。

笔者认为,要理性看待人脸识别技术,只要人脸识别应用合法合规,即应支持其应用。人脸识别是网络技术、信息处理技术、大数据发展到一定阶段的产物和表现,它本身代表科技水平的进步和提高。要承认,人脸

① 参见闫晓丽:《美国对人脸识别技术的法律规制及启示》,载《信息安全与通信保密》2020 年第 11 期。

识别活动有其独特优势，也有潜在风险。技术、科技是中立的，目前的任务是引导科技向善，使个人、企业和社会均能受益于数据福利。人脸识别作为一种身份识别技术，大大提高了识别效率和准确度，这是人工识别和指纹识别等方式不具备的优势。在抓捕犯罪嫌疑人方面，人脸识别技术大大降低了人力耗费，公安机关依靠人脸识别技术辅助，能够最短时间内定位在逃犯罪嫌疑人并及时抓捕，更好维护公共安全。

目前，部分国家禁止使用人脸识别技术，但是过犹不及，不能仅因为人脸识别有风险而禁止其应用，也应看到正确使用人脸识别技术能够带来数据红利。个人信息保护与利用的平衡程度要与本国经济发展水平相适应。在保护个人信息主体权益的前提下，应支持利用面部特征信息服务经济发展、维护安全、开发新知、辅助决策。对于人脸识别可能引发的风险，只要针对性地预防和防御即可。例如，防止信息处理者超范围使用面部特征信息；通过技术和管理升级而降低信息泄露可能性；升级识别技术，增强防护和干扰攻击的能力；采取多种验证身份方式组合的方法进行身份验证，例如，可以用人脸识别配合验证码等方式，确保安全性和准确度。

（二）立法明确人脸识别特别要求

加快人脸识别立法进程，并将人脸识别的特别规范要求落实到法律条文中。2021 年 11 月 1 日，《个人信息保护法》正式施行，其中涉及人脸识别的条文（第 26 条），除为公共安全目的之外，没有列明其他应用场景及相关配套规定。

在《个人信息保护法》配套规定制定过程中，应当将应用场景须严守必要原则、有效同意标准须从严把握（包括充分告知和单独、明示作出）、面部特征信息安全须严格保障这三点要求体现于其中。

（三）共同打造人脸识别协同治理新格局

司法、行政、行业各环节应当协作，共同打造人脸识别协同治理新格局。这种协同治理格局一方面要求各环节间的合作，《个人信息保护法》第 11 条、《数据安全法》第 9 条中均有体现；另一方面要求各环节要充分配合、衔接，以发挥协同治理的作用。

司法机关在个案中应当大胆裁决,在缺乏相关规定或规定尚不明确地带,积极探索人脸识别应用的法律边界,以裁判方式引导产业健康发展。尤其应当对于同意是否有效等方面从严认定。

行政机关要发挥监管作用,主动作为,统一执法标准。对于滥用人脸识别技术、破坏人脸识别技术生态的企业、个人要依法进行监管,严厉打击利用人脸识别技术及其漏洞违法犯罪的组织和个人。

除司法、执法环节,人脸识别行业和其他应用人脸识别技术的行业也要加强自律,通过形成自律标准、规范等,指导行业健康发展。各企业也要自觉接受行业协会的指导,合规使用人脸识别技术。

结语

人脸识别的运用体现效率与安全的动态博弈。一方面,人脸识别在识别身份方面相比人证核验、指纹核验等手段的效率更高;另一方面,人脸识别是运用敏感性极高的面部特征信息进行身份识别,因此也面临安全风险。但是,不宜因为人脸识别有潜在风险而因噎废食,应当趋利避害,最大限度避免人脸识别的风险,积极利用人脸识别为社会的良好运行作出应有贡献。“一刀切”式地禁止人脸识别应用是值得三思的,当然,人脸识别应用也应当谨慎。在人脸识别的合规层面要完成以下要求:首先,要论证应用人脸识别技术具有必要性。其次,有效同意的标准要从严把握,并确保面部特征信息的安全。绝对不能强迫消费者拥抱高科技,应当赋予消费者以充分的选择权。在合规的前提下,应该允许人脸识别的应用。司法、执法、行业各个环节要协同促进人脸识别的规范并造福社会。

原文首发于《人民司法》2021 年第 23 期

第 三 编

互联网司法模式探索

互联网法院民事诉讼规则完善研究
——以杭州互联网法院民事诉讼运行情况为样本的考察

杭州互联网法院课题组*

在实践探索的过程中，以严谨、烦琐、封闭、程式化为特征的传统民事诉讼规则，如何把握互联网法院案件审判的规律，以应对公众对司法服务便利化、快捷化、开放化、个性化的新需求，是传统民事诉讼规则在"互联网+"时代面临的新挑战。本文从互联网法院民事诉讼规则的概念、任务、基本原则入手，以全国首家互联网法院——杭州互联网法院诉讼流程再造为样本，探索传统民事诉讼规则与互联网法院民事诉讼规则之间的区别联系，剖析传统民事诉讼规则不适应互联网案件审判规律的理论困境、立法困境、规则困境，通过梳理网上起诉、前置调解、电子送达、网上庭审、网上裁判等网上诉讼流程中与传统民事诉讼规则不同之处，探索尝试互联网法院民事诉讼规则的重塑路径。

互联网时代的基本特征是在线。这意味着时空界限被打破，意味着信息的传递、交流、留存、呈现、使用方式发生了根本性的变化，诉讼作为法院、当事人及各方主体信息交互的过程，必然需要适应和回应在线时代的需求。互联网案件是法律关系产生、变更、消灭在互联网上的案件，其整个过程需要完全依托互联网技术或者完全发生在互联网上。互联网案

---

* 本文系最高人民法院 2018～2019 年司法改革重点调研课题"互联网法院民事诉讼规则完善研究"成果摘要。课题主持人：杜前，湖州市中级人民法院院长，时任杭州互联网法院院长；课题组成员：倪德锋、叶胜男、柯敏杰。

件应与涉网案件相区分:涉网案件的外延十分宽泛,只要法律关系的某个环节或者说一部分内容发生在互联网上就可以称为涉网案件;但是互联网案件要求法律关系完全产生、消灭于互联网上。互联网法院民事诉讼规则是指适用于互联网民商事案件审判的民事诉讼规则;并非只针对杭州互联网法院集中管辖的互联网案件,其应当适用于所有互联网法院集中管辖的互联网案件。

一、杭州互联网法院民事诉讼运行的总体概况

杭州互联网法院坚持"以全程网络审理为原则,线下传统审理为例外"。通过杭州互联网法院诉讼平台 PC 端和移动端,实现起诉、调解、立案、举证、质证、庭审、宣判、送达等全流程、全环节在线进行。

(一)创建诉讼全流程在线审理方式,实现在线审理常态化

互联网法院采用在线视频方式开庭,组织当事人和其他诉讼参与人使用诉讼平台,分别在不同地点同时参与网上庭审,或者根据案情需要组织当事人和其他诉讼参与人使用诉讼平台,分别在不同地点错时进行网上庭审。目前,互联网法院已经实现电子送达、网上立案、网上应诉与答辩、网上举证质证、网上庭审、网上裁判、网上执行全流程在线审理,同步实现网上审判全覆盖。互联网法院常态化的在线审理模式,通过互联网方式打破了空间限制,是对传统诉讼模式"现场感"的再造。这是基于网上诉讼平台,经过不断迭代优化,已形成日渐成熟完善的在线诉讼体系。网上诉讼平台是互联网法院最主要的审理模式,也是当事人最常用的审理模式,运行成效显著。

(二)创新应用电子送达,突破传统送达瓶颈

杭州互联网法院创新构建了以电子送达地址为中心的电子送达体系。送达地址一般可分为五个层级:第一层级是诉讼中当事人确认的送达地址,第二层级是诉前协议确认的诉讼送达地址,第三层级是法院调取的当事人经常使用的、可确认收悉的送达地址,第四层级是躲避、规避特定情形下推定的送达地址,第五层级是公告送达。法院在确定送达地址时,这五个层级大致呈渐次递进的关系。送达按所需的生效要件总体上可分为收悉主义与到达主义。收悉主义,送达发生法律效力以受送达人

实际收到送达文书或知悉文书内容为准。到达主义,送达发生法律效力以文书送到法律规定的受送达地址为准,并不以受送达人收悉为前提。相对应地,可确认收悉的送达标准应采用知悉主义,上述其余方式应采用到达主义。电子送达体系的构建亦具有该特点:杭州互联网法院优先推动受送达人到法院网上诉讼平台确认电子地址,引导商事主体诉前强化对送达地址的约定与管理,在无法获得受送达人提供的电子地址情况下主动挖掘其经常使用的电子地址。经过确认或约定的电子地址优先适用,在未确认或未约定情况下适用常用电子地址送达,形成不同方式、不同层次相互补充的电子送达体系,最大限度化解互联网案件送达难的问题。

(三)承接区块链技术,健全电子存证平台,解决举证难

司法区块链(Blockchain)平台是广义电子存证平台的一种类型。电子存证平台可分为中心化平台和去中心化的平台。前者哈希值统一存储在一家服务器并独家管理,后者分布存储并由多方管理。前者提供了统一的见证人,后者提供了多位见证人。通说认为区块链是一种由多方共同维护,使用密码学保证传输和访问安全,能够实现数据一致存储、难以篡改、防止抵赖的记账技术,也称为分布式账本技术。典型的区块链以块—链结构存储数据。司法区块链就是为了满足电子证据存储、提交和核验的司法需求,用区块链技术开发建设公信证据链,实现电子数据的全流程记录、全链路可信、全节点见证。加快智能证据分析系统等审判辅助平台与已有区块链平台的有机融合,实现链上证据存取和比对认定"一体化"操作,优化用户体验,提升知识产权保护精度。充分发挥司法区块链研发与应用的先发优势,推动建立统一的行业标准、数据格式和智能合约规范,主导"长三角"智慧诉讼协同平台建设。

(四)首创异步审理模式,开拓多时空交错诉讼新领域

"异步审理模式"是对诉讼流程的再造。不仅突破空间限制,还突破了时间的限制:当事人可利用空余时间,不同时、不同地、不同步地参与诉讼活动,真正实现了"一次都不用跑"就解决了纠纷。为保障异步审理的规范性和有序性,杭州互联网法院制定了《涉网案件异步审理规程(试

行)》,对异步审理的适用范围、程序启动等作出了明确规定。在规定期限内,当事人可以通过杭州互联网法院诉讼平台的智能推送系统查看相似案例,可以通过咨询专家、律师获得专业答复,可以精心准备每一个提问、周密思考每一个回答,全面充分行使诉讼权利,及时有效履行诉讼义务,避免由于信息及诉讼能力的不对称在诉讼中处于不利地位。异步审理的各个节点均有时间限制,并及时通过多种电子送达方式自动提示信息交换动态,到期后系统将跳转到下一环节。该模式以信息化、标准化的手段,对审判环节的主要流程、关键环节进行重设,系统对庭审内容进行整理和分析,并在每个环节对法官提示,进一步将法官从传统的庭审模式中解放出来。整个诉讼流程可在20日内完成,比传统审判模式节约一半以上的时间。

(五)综合运用人工智能、大数据、云计算等前沿技术

上线智能证据分析系统,"一键完成"证据目录制作、图文视频查重、金融案件标的计算等工作,将法官从机械、重复的事务中解放出来。开发人工智能语音助手——"杭小互"。通过标准化、批量化和智能化设计,让电子送达更加高效和规范有序。丰富人工智能应用场景,不断完善语音交互图谱,持续将来自党群机关、公安部门、通信架构、电商平台的信息输入"杭小互"的"大脑",实现对当事人的自动画像分析,以更加人性化、多元化、智能化的方式开展司法辅助工作。持续拓展知识架构图谱,正式上线AI辅助法官办案系统,以"快审简审"为目标,探索简易案件"一人多案"同步审理模式,提升纠纷化解效率。畅通一线办案人员与技术研发团队沟通交流的渠道,集聚更多智慧改进优化人工智能。

二、传统民事诉讼规则不适应互联网法院审判的困境

具有当事人分布跨地域、交流在线即时化、行为虚拟化特点的互联网纠纷对传统民事诉讼规则提出了巨大挑战。以下从杭州互联网法院全流程再造诉讼程序实践中的问题出发,梳理传统民事诉讼规则不适应互联网案件审判规律中的难点。

(一)理论困境

一是互联网法院民事诉讼规则的灵活开放性与传统司法程式保守性

之间存在冲突。传统民事诉讼适用的诉讼规则具有强程式性,追求程序稳定是其重要特征。互联网法院民事诉讼规则具有灵活性,呈现开放多元的特质。随着科技发展、技术进步,迭代更新的步伐在加快,这与传统司法理念可能存在冲突。例如,异步审理程序,突破了传统民事诉讼要求当事人面对面举证、质证、辩论的程序,有人提出是否违背了民事诉讼法的直接言词原则。二是网上审判方式与传统审判中当事人诉权同等保护之间存在冲突。程序适用的平等是保障公正的重要内容,当事人参加网上审判与参加传统审判诉权能否得到同等保护是关注度较高的问题。当事人参与诉讼的程度因互联网技术的介入而呈现不同。互联网法院民事诉讼高效、便捷、公开的特性是建立在一定的互联网技术门槛之上的,有人提出对于技术弱势方可能相对存在减损诉讼当事人诉权的问题。三是互联网司法的跨地域性和司法主权之间存在紧张关系。互联网崇尚开放、跨边界,互联网司法作为依托互联网的司法方式具有明显的跨地域性,打破了物理的空间限制,但司法主权的行使有特定的地域范围,从而引发了网上审判与司法主权边界的紧张关系。

(二)立法困境

一是部分诉讼原则仍处于空白阶段。原则体现了人类实践行为所应遵循的一般准则;诉讼原则是为其他法律要素提供基础或本源的综合性原理或出发点,是决定法律行为、法律程序、法律裁决的规则。有人提出互联网民事诉讼已经突破民事诉讼法的基本原则,如直接言词原则、公开原则,故应当根据互联网民事诉讼全流程在线的特点,重新解读这些基本原则,或者重塑、补充部分诉讼原则,弥补这一空白地带。二是相关制度规则亟待清理和融合。电子送达规则、前置调解规则、异步审理规则、电子证据规则等互联网特性的制度、规则,已经在司法中得到有效运用,且取得较好效果;但是其中具体细节问题还亟待厘清和固定,例如,前置调解程序中"强制"如何理解、异步审理的非同步性如何解读等问题都需要明确。三是部分关键程序的规制性法律缺位。互联网法院依托智能立案系统、智慧庭审系统、裁判辅助系统、电子签章系统、电子卷宗随案生成系统,起诉、调解、立案、举证、质证、庭审、宣判、送达等诉讼环节全程网络化，司法程序实现了由“线下人工”向“线上智能”的转变。但是前置调解等关键程序，没有规制性法律予以明确法律效力，在适用过程中容易产生争议。

(三)技术困境

互联网法院诉讼规则的适用离不开技术的支撑，技术问题会直接影响规则实施的效果。一是单一的技术路径依赖带来了被动。互联网法院发展过程中对技术依赖程度较高，但是单一的技术路径依赖带来了被动，自主选择程度小。互联网公司为互联网法院提供技术到一定程度时，就会提要求、提对价，一定程度上限制了互联网法院的发展。二是平台信息存储容量无法满足实践需求。互联网民事诉讼对网速的要求比较高，一般用户的技术设备支撑不了。例如，上传证据的格式是通用格式，部分当事人的视听资料或 PDF 的图片上传不了。特别是网络一断，上传的电子证据就会不完整，影响诉讼效率和质量。三是数据共享是网上诉讼持续发展的瓶颈。目前证据材料还不能做到完全的信息共享对接，互联网法院跟部分平台实现了涉案电子证据无缝对接，可以从数据库直接调用，视同证据原件使用。但是对于互联网法院没有通过数据库对接的案件，如果当事人对原件提出异议，网上审理会进行不下去，影响庭审的效率。

(四)规则困境

1. 互联网法院管辖　管辖列举的局限性有三：一是互联网技术和产业在不断发展，很难通过列举的方式穷尽。二是全国目前只有 3 家互联网法院，审判资源紧张，列举的范围需要充分考虑与互联网法院的审判资源相匹配。三是互联网法院的管辖应以专业审判疑难复杂或者新类型案件为导向，需要不断变动列举类型。而选择性管辖也存在一定局限性：一是由于习惯使然，已经习惯了传统诉讼规则的当事人很难做出改变。二是不确定性过大，普通法院和互联网法院之间缺乏明显的案件管辖界限，容易造成案件量的过度波动。三是不利于实现设立互联网法院的改革初衷，无法发挥互联网法院在智能审判、专业审判以及网络空间治理等方面的优势。

2. 前置调解程序　前置调解程序是指案件在进入诉讼前必须先经过

调解的一种制度安排。这种制度安排应当具有法定性和强制性，即该程序的启动由法律明确规定，无须经当事人同意。《民事诉讼法》第 125 条规定了“先行调解”原则，赋予法官自由裁量哪些案件适合先行调解的权利，该条文与立案登记一样是 2012 年修正时最新增加的条款，说明立法机关已经注意到诉前先行调解的重要性。但遗憾的是，法律并没有对第 125 条与第 126 条之间如何衔接作出规定，限制了前置调解程序的适用。

3. 网上举证、质证　(1) 线上程序与线下程序转换效力存争议。如果出现当庭查明身份、核对原件、查验实物等特殊情形，互联网法院决定线下开庭，线上开庭与线下开庭如何衔接？庭审方式经过转换的，已经进行的庭审是否依然有效？线上开庭中已经进行过的质证意见，如今转为线下开庭，如果有相互冲突矛盾的地方，是否应当以当事人最后一次意思表示为准？这些问题亟待明确。(2) 证人、鉴定人、专家辅助人如何出庭作证。传统民事诉讼法规定，在特定情形下，证人可以通过视听传输技术作证，是否允许鉴定人、专家辅助人也通过视频方式作证？在一方当事人通过视频系统出庭，证人也通过远程视频系统进行作证，但是原告、被告双方当事人、证人都上线的情况下，证人可能在作出证词之前就已经知晓案情，对案情已经有了初步了解，这种情况下出庭作证就违背了民事诉讼作证的基本原则，而法官又难以查知。原告被告双方都上线、证人线下到庭，证人又难以享有在线诉讼的便利。(3) 电子证据举证难、认证难。电子证据存储在电子介质中，如何调取并向法院提交存储在第三方平台上的证据存在许多困难。电子证据从原始存储平台分离再提交诉讼平台的做法难以确保其真实性。传统的做法是将证据打印或拍照上传到诉讼平台，其实质是将原件复制提交，该证据是否会被上传者修改无法验证。

4. 网上庭审　(1) 线上庭审方式的选择需要当事人同意。网上纠纷网上解决是审理涉网纠纷的基本方式，目前，杭州互联网法院推行线上审理方式。根据《人民法院在线诉讼规则》的相关规定，尊重和保障当事人及其他诉讼参与人对诉讼方式的选择权，未经当事人及其他诉讼参与人同意，人民法院不得强制或者变相强制适用在线诉讼。(2) 网上庭审环境规范及“碎片化”截取问题。由于网上庭审在网络上公开,可能部分庭审画面会被截取用于炒作,引发负面舆情。如何防止在线旁听庭审被录音、录像,如何避免网络庭审被“碎片化”截取是法官担忧的问题。网上庭审中,诉讼参与人行为随意或者有其他与开庭无关人员进入庭审界面,有损庭审的严肃性和威严性。如何保障在线庭审需要的空间环境,对于参与网上庭审的诉讼参与人,应要求其保证网上庭审的环境达到一定标准,但缺乏具体规定。

5. 电子归档随案智能适用有待提高　真实性、完整性、可用性和安全性是确保电子文件档案性质的重要属性,对于发挥电子档案的凭证价值、查考价值和保存价值具有重要意义。如何采用技术手段对电子档案的真实性、完整性、可用性和安全性进行检测以实现对纸质归档的替代,是网上诉讼的一个重要问题。电子归档的重要目的在于随案运用,在电子化、数据化诉讼材料的基础上,实现司法的智能化;但在司法实践中,电子归档实现程度的智能化仍有大幅提高空间。

三、互联网法院民事诉讼规则重构

现行的法律、司法体制模式,虽然产生于农业社会,却在工业社会成熟、完备,所以努力实现代际发展与改革提升以应对信息时代和信息社会的挑战,是必须面对和思考的问题。

(一)管辖

在通过列举确定管辖类型的情况下赋予各方一定选择权,先由法律明确列举互联网法院的管辖案件类型。在列举的过程中应充分考虑互联网法院的职能定位、互联网的发展趋势、互联网案件与涉网案件的区分等问题。在已经框定管辖类型的大前提下,考虑到最大限度发挥互联网法院的专业审判优势,应将互联网案件中疑难复杂、涉及新类型、涉及新技术特征、需要借助一定互联网工具分析的普通法院审理难度较大的案件归入互联网法院集中管辖。在具体判断上可赋予当事人和普通法院自主选择权和判断权。

(二)网上立案

1. 明确诉讼参与人身份真实性确认程序　根据《最高人民法院关于

互联网法院审理案件若干问题的规定》，通过专有账号登录互联网法院诉讼平台所作出的行为不视为本人行为的只有两种情况：一种是技术故障，另一种是账号盗用。原告登录账号填写诉状提交证据；立案法官在诉讼平台进行立案操作，并且可以在平台上把有关案件导入调解平台进行调解；法院通过原告提供的手机号、传真、通信账号等，通知被告和第三人通过诉讼平台进行案件的关联和身份认证；被告和第三人通过身份认证关联后可以知悉原告提供的所有证据材料。因此，互联网法院应确保各方诉讼参与人身份的真实性，通过证件证照比对、生物特征识别、实名手机号码关联等方式在线完成身份认证，提供各方诉讼参与人诉讼平台专用账号，实现"人、案、账号"匹配一致。

2. 明确前置调解程序适用范围、时间、主体、费用

适用范围：前置调解的启动具有法律强制性。为了避免立案法官利用该制度拖延立案，不宜由立案法官来判断案件是否适合调解，必须由法律对适用范围作明确界定。

调解时间：考虑到送达期间、当事人协商期间、诉讼冷静期间等相关因素，调解期间一般为 30 日，经双方当事人申请可最多再延长 30 日。

调解主体：前置调解作为独立程序，虽然依托法院设立，但必须在调解人员、组织、管理等方面与法院分离，确保实现制度目的。法院在前置调解中仅负责前置调解与诉讼的衔接工作，如提供平台对接，提供法律条文、类案判决参考，审查需要前置调解的案件是否经过前置调解等辅助性工作。

调解费用：为了保证制度的正常运行，必须有必要的经费保障。经费的来源可以多元化，可考虑主要依靠行政拨款，以此解决支持法院开展前置调解的人工智能等新技术研发、平台建设、组织协调等费用问题。可考虑一部分经费由当事人交纳，先由申请人预交，费用应低于简易程序案件诉讼收费。调解成功的案件，费用的承担由双方协商；调解不成的，费用抵扣后续诉讼费。

(三) 网上举证、质证

1. 探索证人参与庭审的方法　证人出庭作证有利于查明案件事实、

落实言词证据原则，在线庭审中应当避免证人旁听庭审影响证人证言的客观性，因此可以尝试探索证人先在线下等候，需要出庭作证时再上线的方法，通过IP地址查询等方式确认证人所在方位，以避免证人旁听庭审提前形成偏见，并将这种作证方式视为《民事诉讼法》中规定的“证人出庭”，明确其法律效力。

2. 建立电子证据展示及效力认定规则　首先，确认证据在线提交规则。建设网上诉讼平台，当事人可以在线提交电子证据。互联网案件的证据存储在线上，当事人将电子证据直接通过网络上传到诉讼平台比起传统线下打印复印并以纸质方式提交到法院更快速、方便且成本更低。其次，构建平台数据对接。平台之间接口互联才能使线上传输通畅。互联网案件证据存储在线上，部分案件如互联网金融借款纠纷存储在自建的平台上，但更多的证据存储在第三人的平台上。平台对接后，诉讼平台可以直接对第三人平台发出调取涉案电子证据指令，可以进一步避免当事人对电子证据的不当操作。最后，建设电子存证平台。平台数据对接解决了诉讼平台与当事人平台、第三方平台之间不同平台数据的传输问题。

（四）司法区块链平台

区块链作为一种去中心化的数据库，是一串使用密码学方法相关联产生的数据块，每一个数据块中都包含了一次网络交易的信息，用于验证其信息的有效性（防伪）和生成下一个区块。具体来说，区块链网络是以多个机构或公司服务器为节点构成的网络，该网络上的某节点会对一个时间段内所产生的数据打包，形成第一个块，然后将该块同步到整个区块链网络。网络上的其他节点对接收到的块进行验证，验证通过后加到本地服务器。之后，某节点会将新产生的数据与本地服务器内已有块的信息放在一起打包，形成第二个块，其他节点接收该块并验证通过后，将第二个块加到本地服务器，第一个块与第二个块相连，之后的网络内部的数据均经上述相同方式打包成块，块与块首尾相连形成链，该链即区块链。若需要修改块内数据，则需要修改此区块之后所有区块的内容，并将区块链网络所有机构和公司备份的数据进行修改。因此，区块链有难以篡改、删除的特点。诉争电子数据已保存至区块链后,可以可靠地保持其内容完整性。

(五)网上庭审

1. 明确线上或线下庭审的范围　存在确需当庭查明身份、核对原件、查验实物等特殊情形,互联网法院可以决定在线下开庭,但其他诉讼环节仍应当在线完成,具体可以包括以下情形:一是案件需要较强的现场经历感,或者强互动性的;二是案件疑难复杂,不在现场听取意见会影响事实的认定及法律处理的;三是案件可能涉虚假诉讼的,线下开庭具有更强的震慑力,更容易查清案情;四是纠纷的解决需要各方即时在同一个空间内互动的。

2. 确立线上线下庭审程序转换规则　庭审程序转换的决定权应在法院,承办法官可以根据案情需要,决定是否转换庭审程序,双方当事人同意不是必经程序。法院决定从线上审理转入线下审理的,为避免当事人在转换后又申请线下开庭,影响庭审程序的确定性,可以在转换前征求当事人意见。当事人没有合理、正当理由拒绝程序转换的,法院可以自行决定。

3. 尝试探索被告缺席审理机制　互联网法院在政策考量、案件类型、技术便利方面对互联网法院当事人的程序选择权作出必要限制有其正当性基础;因此从便利诉讼的审查标准出发,在完善电子送达、保证当事人知情权及各项告知义务的基础上,探索尝试直接审理被告缺席案件有其合理性。对于当事人不关联的案件,通过其他方式向当事人送达各种文书材料并在保证当事人诉讼权利的基础上,互联网法院可以以“被告经本院合法传唤无正当理由拒不到庭”为由缺席审理互联网案件。

4. 发展在线庭审直接言词原则　直接言词原则体现了审判亲历性和辩论性,逐渐成为真正认定审判的方式,且在互联网时代可以得到更好的延续和发展。首先,在线庭审可以保障当事人的参与度:不仅可以克服当事人在空间上的障碍,使其免除舟车劳顿之苦,节省时间和经济成本;还可以保障当事人尽可能参与庭审。其次,在线庭审可以保障当事人的亲历性,庭审界面的多屏幕展示使双方当事人的声音、语态等完全展现在法官面前,法官通过充分的法庭调查、法庭辩论,增加内心确信,通过辨别真伪避免、排除信息传递过程中的偏差和错误。最后,在线庭审以电子证据多种方式展示进行法庭调查、法庭辩论,技术手段没有减损言词辩论性,新型载体反而能够更加直观地展示双方争议焦点。

5. 保障在线庭审配套设施　线下审判中的固定空间、法庭布局、服饰器物等规范的审判程序,营造出庄严肃穆的气氛,彰显了审判仪式感和神圣性。在线审判中,法官无法直接掌控无关人士进入庭审环境、当事人缺席或中途离席等行为,特别是网络信号故障、庭审掉线等紧急情况,因此互联网法院应当加强对在线庭审参与人的诉讼指导,明确在线庭审纪律,确保庭审过程安全文明、规范有序。

6. 发展在线庭审需要的法庭　互联网法院开展在线庭审,一般应当在法庭内进行;确需在其他场所在线开庭的,应当报请本院院长同意,并保证开庭场所庄严肃穆、庭审礼仪规范。此外,可以增加线下可供当事人使用的适合庭审的物理空间,当事人线上庭审找不到合适环境的,可以通过司法协作,让当事人到离自己比较近的基层人民法院进行远程开庭;可以充分利用司法共同体,与律师事务所合作,开辟可供庭审的房间;也可以与司法局合作,由司法局提供法律援助,为当事人设置专门的房间。

7. 发挥庭审录音录像替代功能　在线审理的庭审笔录是在实际需求中催生的,包括上诉法院开庭、查阅等问题,且在线审理录音录像在记录和保存庭审信息的速度、准确性、完整性等方面具有显著优势,相比传统纸质法庭记录实现了功能等同甚至功能优化。互联网法院应当积极运用语音识别技术同步生产庭审笔录,由审判人员、当事人及其他诉讼参与人等在线确认,确保在线庭审活动效力的同时,也应当按照《最高人民法院关于人民法院庭审录音录像的若干规定》,全程录音录像并存储归档。

（六）异步审理

异步审理作为新生的制度,仍有较大完善空间。一是进一步明确异步审理的适用范围。除了适用于简易审案件外,也适用于部分普通审案件。具体来说,当事实的查明不需要借助言辞的对抗,不需要在辩论中展开复杂的攻击、防御,也不存在追问、逼问等即时性需要时,即可适用异步审理。二是规定一审案件异步审理可以采用书面形式。异步审理的发言主要采用文字输入的方式,在某种意义上相当于书面审理,有其自身的优越性,可以将一切诉讼行为都记载于书面,作为裁判的基础材料明确且没有遗漏,便于审核以该材料为基础的裁判是否妥当。三是完善异步审理与同步审理的转化规则。进一步明确异步审理转化为同步审理的条件,同时,在特定情况下,同步审理也可以转化为异步审理;同步转异步的,应取得当事人同意。

(七)明确电子档案的归档及利用标准

电子卷宗与电子档案的重复扫描问题,是当前电子卷宗随案生成工作的最大掣肘。为解决这一问题,应当积极尝试电子档案管理改革,研究电子卷宗与电子档案转换技术,通过电子目录生成和电子页码,避免案卷材料的二次扫描。利用人工智能图像识别技术,使电子卷宗扫描文件按照目录自动归类,并在案件办结后自动排序,形成电子目录。经法官助理比对核实后,扫描文件加盖电子页码,自动转化为电子档案归档。

在信息科技与工业社会进行效率对决的背后,传统的司法理念与现代司法文明正在博弈与融合。互联网法院民事诉讼规则既要考虑程序保障,也要考虑民事上诉讼法所处的信息时代环境;唯有如此,才能使民事诉讼法的完整性与开放性在发生冲突时可以相互支撑。

比较法视野下的互联网域外管辖制度

曾宪未　戴敏敏*

随着互联网及其相关产业的迅速发展,与互联网有关的涉外民商事活动日趋增多,发生在该领域的民商事纠纷也相继增多,由此产生大量涉网涉外民商事诉讼。然而,互联网的全球性、开放性、虚拟性、交互性和非中心化等特征,使涉外互联网诉讼具有特殊性。譬如,网络空间的全球性模糊了传统的法院管辖权区域,传统的确定管辖权的联结因素与互联网行为不再有稳定的联系,进而给传统的属人管辖、属地管辖等涉外民事管辖权依据带来极大的挑战与冲击,以致其难以在新的环境下继续适用,滞后性明显。此外,当事人对高效、便捷、低成本化解涉外纠纷的需求日益强烈,现行机制有待更新完善。研究域外相关制度和案例,对于在互联网时代背景下,构建完善我国法域外适用的法律体系,具有重要意义。

一、互联网域外管辖标准

(一)滑动标尺法

在美国,国际民事管辖权制度由成文法规定和普通法原则共同规制。其中,"长臂管辖权"构成了美国管辖权制度的基石。面对互联网对传统涉外民事管辖权依据的挑战,尤其是对属人与属地管辖依据的冲击,美国法院将"长臂管辖权"制度用于解决互联网民事案件管辖权问题,形成了新的管辖权方法。这种根据被告通过互联网所从事的行为与法院地的密切程度来决定法院是否具有管辖权的方法,被称为"滑动标尺法"。美国

---

* 曾宪未,杭州互联网法院研究中心负责人;戴敏敏,杭州互联网法院互联网审判第二庭法官助理。

法院在运用该制度时,并没有完全抛弃传统的原则,而是根据新的案件事实,对传统原则进行相应调整,尽量使之能够满足新的司法要求。

被告通过互联网所从事的行为与法院地的联系,分为主动联系、被动联系和互动联系三类。其中,主动联系指当事人通过商业型网站积极从事商事交易。在被告拥有一个网站并通过这个网站完成其商务行为时,法院对其当然具有管辖权。被动联系,是指当事人仅在网站上发布一些信息。当被告只拥有一个消极存在的用来发布信息的网站时,法院对被告不享有管辖权。互动联系,是指当事人通过互动型网站进行信息交流。如果网站只存在一定程度的互动性,同时有其他支持法院拥有管辖权的活动,法院将结合各方面因素,判断是否行使管辖权。

在与电子商务有关的国际民事管辖权认定中,滑动标尺法有重要的意义,即其明确规定了法院有权管辖因积极利用互联网从事电子商务而引起的诉讼。这一方法在美国的司法判例中得以广泛应用。至今很多美国法院在判决中还将滑动标尺法作为论述的依据。

(二)影响方法

影响方法,是指以被告通过互联网所从事的行为在法院地产生的实际影响为法院确定管辖权的标准。影响方法是对滑动标尺法的发展和补充。根据滑动标尺法,法院对消极网站不享有管辖权。但是,如果被告的互联网行为对法院地造成了影响,则根据影响方法,即便是被动联系,法院地也可行使管辖权。

影响方法不仅适用于诽谤诉讼,还适用于知识产权诉讼和电子商务诉讼。因为网络空间的全球性特征,某一互联网行为对大多数国家和地区都有或多或少的影响。正因如此,影响方法虽然解决了根据滑动标尺法无法管辖的纠纷,但同时也可能导致许多国家或地区都享有管辖权,在某种程度上产生更大的不确定性。

(三)目标指向方法

目标指向方法,是指如果被告通过互联网所从事的行为明显指向法院地,且该行为对法院地造成了可预见的后果,则法院有管辖权。目标指向方法是在影响方法的基础上发展而来的。虽然目标指向方法与影响方法存在相似之处,两者都强调行为在法院地的后果,但两者也存在显著区别。影响方法侧重于行为产生的实际客观影响;而目标指向方法则更强调被告明显指向法院地,且能预见在法院地造成后果的主观因素。

从当事人采取的技术措施,可以判断其是接受某国管辖还是避免某国管辖。在美国,已有数家法院在判案中适用目标指向方法。目标指向方法有利于网络运营商预见并控制自己在外国的行为及后果,增强了法律确定性。美国律师协会在2000年提交的报告中,明确将目标指向方法作为确定互联网管辖权的方法之一。报告指出,法院对外国被告行使管辖权,不一定需要被告在法院地出现。如果该被告将行为的目标指向法院地,并希望通过互联网与法院地之间的联系获利,则该法院可以行使管辖权。

倡导目标指向理论的研究者加拿大渥太华大学的迈克尔·盖斯特(Michael Geist)教授认为,目标指向理论是目前互联网环境下确定管辖权的最好方法。该方法同时保证了四个方面价值的实现,包括可预见性、以影响方法为基础、法院间的互让互惠以及技术中立性。经济合作与发展组织(OECD)采用目标指向方法,指出"商业行为应考虑到电子商务的全球特性,并考虑他们将目标所指向的市场的法律特性"。有学者认为,此种确定管辖权的标准可以提供足够的确定性,使各当事方能够预测互联网运营的法律风险。更重要的是,即便面临互联网技术的飞速发展,此种管辖权标准仍然可以适用。

(四)"消费者保护优先"模式

大陆法系国家在确定互联网环境下的国际民事管辖权标准时,依旧坚持住所地等物理联系,并强调对消费者单方的保护。消费者所在地成为优先适用的管辖权标准,有利于保护处于弱势地位的消费者的合法权益。2000年,欧盟在《布鲁塞尔公约》基础上制定了《民商事管辖权及判决承认与执行条例》(以下简称《布鲁塞尔条例》)。

《布鲁塞尔条例》考虑了互联网和电子商务的发展给管辖权带来的挑战,在电子消费合同方面作出了特殊规定,允许消费者在其住所地与销售方企业住所地这两个不同的联结因素之间选择,而没有排除使用已列入"黑色清单"的"原告住所地"这一管辖根据。《布鲁塞尔条例》第 14 条一方面明确规定消费者可以选择在本国法院进行诉讼;另一方面赋予消费者根据合同条款获得的管辖权的有效性,很好地平衡了消费者和网络服务提供者的利益。《布鲁塞尔条例》明显反对适用滑动标尺法确定管辖,认为网站的交互性不是决定消费者合同规则适用的关键。在"LICRA v. Yahoo! 案"中,法国法院认为,国外网站上发表的任何违法言论,只要能在法国被点击,法国就当然拥有管辖权。由于网络空间的全球性和不确定性,有学者建议,应以"便利弱方当事人诉讼之地"这种具有弹性的联结因素替代"原告住所地"的管辖标准。

无论是滑动标尺法、影响方法,还是目标指向方法,均未对"服务器所在地""IP 地址""访问"等能否作为管辖权标准作出简单界定,也未对确定国际民事管辖权的传统标准进行修补,而是根据被告通过互联网所从事的行为与法院地联系的不同程度,就法院的管辖权进行具体规定。这一举措成为确立互联网环境下国际民事管辖权的新标准。

二、互联网域外司法管辖典型样态

(一)数据保护

在大数据成为各国高度重视的基础战略资源的背景下,2016 年 4 月,欧洲议会通过了《通用数据保护条例》(GDPR),自 2018 年 5 月 25 日起正式生效,取代了 1995 年通过的《计算机数据保护法》。

与《计算机数据保护法》相比,GDPR 体现出一种强化数据主体权利的进路。除设置一系列严密的预防、保护和惩戒制度体系,突出强调数据控制者和数据处理者的义务外,GDPR 还对数据跨境流动的概念、规制方式作出全新的规定,深刻地影响了跨国企业和国际组织的全球化运营。

在对待数据跨境流动的问题上,GDPR 最具特色的规定莫过于"长臂管辖权"制度,这与《计算机数据保护法》遵循的传统属地管辖原则有很大不同。《计算机数据保护法》规定,只有在欧盟设立机构,或是通过欧盟境内的设备处理数据,才适用欧盟数据保护法律。如果企业跨境提供服务,则可规避适用欧盟法律。而 GDPR 则将管辖原则扩展为"影响主义原则"。即便数据控制者或处理者在欧盟境内没有设立实体机构,其只要对数据主体的个人数据产生处理行为,即适用欧盟法律。在实践中,这意味着任何向欧盟居民提供商品或服务的企业都将受制于 GDPR,无论该企业是否位于欧盟境内、是否使用境内设备。GDPR 因而成为事实上的世界性法律,因为许多机构实体(如应用程序开发商、电商企业和跨国公司)都希望且需要连接欧洲市场。“长臂管辖权”效应的扩散,无疑会深刻影响全球数据的规制格局:一方面,它提供了一种规制数据传输的特殊方式;另一方面,欧盟还力图让其他国家和地区都接受这套标准,否则将不具备拥有欧盟个人数据的资格。

(二)知识产权

知识产权的地域性特征与互联网的跨空间性天然相悖。跨国电子商务中的知识产权侵权往往涉及不同国家或地区的不同当事人,行为的发生和结果也分别涉及不同的国家或地区。一旦发生侵权,由哪国法院管辖将直接决定适用不同的实体法,并可能导致不同的结果。因此,是否具有管辖权成了跨境电子商务知识产权侵权诉讼各方争议的焦点问题。

“长臂管辖权”因此成为欧美法院在本领域诉讼中行使管辖权、维护本国当事人权益的重要工具。

CEPIA,L. L. C. 是一家依据美国密苏里州法律成立的有限责任公司,主要从事各种儿童玩具的开发、制造和销售。该公司于 2010 年在美国专利商标局注册了“ZhuZhu Pet”标识及图形,并拥有 ZhuZhu Pet 产品设计和包装的若干著作权。阿里巴巴网络有限公司是阿里巴巴集团的子公司,其在美国的网站允许大量的第三方卖家向消费者展示卖家用于销售的商品。原告认为,阿里巴巴网络有限公司在其网站上将访问者导向由各种未经授权的销售商销售仿制的 ZhuZhu Pet 产品的微站点链接,故向美国密苏里州东部联邦地区法院起诉,指控被告阿里巴巴网络有限公司和阿里巴巴集团侵害了其对 ZhuZhu Pet 产品拥有的多项知识产权。

阿里巴巴网络有限公司、阿里巴巴集团提出法院没有管辖权的动议。密苏里州东部联邦地区法院根据“大众公司和国际鞋业公司案”所确立的程序标准,以及美国联邦第八巡回上诉法院创立的确定非居民被告与法院地州充分接触的五要素,认定阿里巴巴网络有限公司针对密苏里州公民的被诉侵权行为满足密苏里州的"长臂管辖法案"。其被诉侵权行为损害了原告的知识产权和在密苏里州的利益。鉴于很少有法院提及子公司的被诉侵权行为使"长臂管辖法案"牵涉母公司,且阿里巴巴集团在密苏里州没有业务,从未与密苏里州产生联系;因此,密苏里州东部联邦地区法院认定,不应对阿里巴巴集团行使管辖权。最终,法院判决批准阿里巴巴集团对管辖权的异议,否决阿里巴巴网络有限公司对管辖权的异议。

该案体现了"长臂管辖法案"有关标准和限制规则在国际电子商务知识产权侵权诉讼中的应用。

(三)互联网金融

在跨境金融监管领域,美国先后出台了《证券法案》《证券交易法》《银行保密法案》《洗钱控制法案》《洗钱检控改善法案》等一系列涉及资本市场、金融风险管控、反腐败反贿赂、反洗钱的法案。经过几十年发展,框架体系和组织架构日臻完善。美国"长臂管辖权"最低限度联系原则最大限度地扩大了美国的司法管辖权,从而最大限度地维护了美国的国家利益。但美国"长臂管辖权"在跨境金融中的制裁,同时打断了全世界产业链和供应链,对美国国内企业产生了不利影响。新兴经济体采取多种措施去美元化,推动本国主权货币国际化。2018 年,俄罗斯初步建立"金融电文传输系统"(SPFS),防止被"国际资金清算系统"(SWIFT)禁用后不能进行货币结算。欧盟正在建立以欧元结算的"特殊目的实体"(SPV)和"贸易互换支持工具"(INSTEX)系统。总体上看,世界经济体多极化发展趋势越来越明显,美国"长臂管辖权"的效力有所减弱。

原文首发于《中国审判》2021 年第 14 期

互联网法院行政诉讼受案范围的界定与探索

王丹华*

为适应互联网发展和网络空间治理的需要，行政机关近年来对互联网管理的力度呈明显强化趋势，由此引发的互联网行政纠纷快速增加。北京、杭州、广州三家互联网法院系集中受理互联网行政诉讼的试点法院，但就目前来看，互联网法院在行政诉讼领域尚有调整和进一步拓展的空间。

互联网法院是司法主动适应互联网发展大趋势的一项重大制度创新，为维护网络安全、化解涉网纠纷、促进互联网和经济社会深度融合提供了司法保障。互联网法院自成立以来，一直致力于探索行政审判新机制、新模式。在杭州互联网法院发布中国首个互联网行政审判规程后，互联网行政审判进入新阶段。在这个阶段，互联网法院面临的是互联网行政管理中出现的新手段以及由此引发的各类互联网行政争议纠纷。从设立互联网法院的意义角度出发，将互联网行政争议全面纳入互联网法院的受案范围，更有利于人民法院督促行政机关依法履职，实质性化解行政争议，从而实现网络空间的法治化治理，维护网络空间的安全和秩序。但目前来看，无论是在实务界还是在学术界，互联网法院行政诉讼领域似乎并未得到足够的重视，而互联网法院自身也存在管辖面窄、受理纠纷单一等问题。

笔者认为，受案作为诉讼程序的起点，直接影响人民法院对某一领域能否实现有效的司法规制。因此，互联网法院行政诉讼的受案范围如何

---

* 王丹华，杭州互联网法院综合审判第二庭法官。

依法作出合理调整以适应新时代互联网司法治理之需要,从而进一步发挥互联网法院行政审判职能,亟待讨论与解决。

一、受理行政诉讼案件的现状考察

关于互联网法院行政诉讼的受案范围,《最高人民法院关于互联网法院审理案件若干问题的规定》中规定了两项内容:一是因行政机关作出互联网信息服务管理、互联网商品交易及有关服务管理等行政行为而产生的行政纠纷。二是上级人民法院指定管辖的其他互联网行政案件。从司法实践情况来看,三家互联网法院受理行政诉讼案件目前已逾百件。其中,进入实体审理的案件,被告皆为市场监督管理局,纠纷起因主要系原告作为消费者向市场监管部门举报互联网经营者涉嫌相关违法行为。由此可见,目前互联网法院行政诉讼的受案来源主要集中于市场监管部门对互联网商品交易进行行政管理而产生的行政纠纷。然而,我国互联网经济正处于活跃繁荣期,随之而生的互联网纠纷数量日益增长,新问题亦不断出现,行政机关对各类互联网纠纷管理的广度和力度较之以往不可同日而语,由此引发的行政争议也呈逐年上升趋势,尤其是新类型行政纠纷所引发的法律问题值得引起思考与重视。与司法实践相比,当下行政机关对互联网的管理范畴并非局限于商品服务交易和信息服务,其范围要远大于此。因此,互联网法院目前的受案实践已不能满足互联网行政争议亟待公正、高效解决的实际需要。

实际上,最高人民法院在制定司法解释时已充分考虑互联网发展和试点探索的需要,对涉互联网行政诉讼受案范围作限缩规定的同时,又赋予上级法院可以指定管辖其他互联网行政案件的权限,为受案范围的调整留足了空间。互联网法院审理互联网案件实质上是一种集中管辖;若互联网法院仅将受理商品交易引发的行政案件作为互联网司法治理的最终模式,显然不符合互联网法院设立的初衷及集中管辖的精神。因此,互联网法院只有不断适应互联网司法治理的需要,及时调整政策与规则,才能实现互联网行政争议统一而有效的化解,发挥互联网法院的司法价值。

那究竟什么是互联网行政诉讼案件?从形式上讲,行政法律关系的发生与互联网有关的,都有纳入互联网行政诉讼范围之可能,但绝非所有涉及互联网的行政争议都有纳入互联网法院受案范围之必要。下文将从行政法律关系的互联网属性切入,分析并归纳互联网行政诉讼的本质特征,并以此探讨互联网法院行政诉讼的受案范围。

二、行政法律关系的互联网属性分析

互联网行政诉讼案件,在符合一般行政诉讼法定受理条件的基础上,应当具备一定的互联网属性。互联网属性是互联网行政诉讼的必要条件。随着互联网渗入社会生活的各个角落,越来越多的传统行政法律关系亦具备了涉互联网因素。其中,一部分符合互联网行政诉讼特征的纠纷被纳入了互联网行政诉讼的受案范围,另一部分则仍属于传统的行政诉讼案件。两者的区别在于,互联网行政诉讼案件不仅要求行政争议有互联网的"外衣",还要有互联网的"内核";只有在关键特征上具备互联网属性的行政法律关系所引发的行政争议,才符合纳入互联网行政诉讼受案范围的条件,并应当由互联网法院管辖。

笔者拟通过杭州互联网法院受理的首例行政诉讼案件来考察互联网行政诉讼中行政法律关系的属性及特征。在该起典型的互联网行政诉讼案件中,原告胡某系某电商平台卖家,经营一家销售婴儿奶粉的网店。被告浙江省嘉兴市市场监督管理局经调查发现,该网店在未取得食品生产经营许可的情况下,向消费者销售食品,且原告胡某在其经营的网店内公示了虚假的食品经营许可证。嘉兴市市场监督管理局认定胡某存在违法销售食品和提供虚假信息的行为,故对胡某作出没收违法所得并处罚款的行政处罚。胡某对该行政处罚不服,经复议后诉至杭州互联网法院。通过对该案基本事实的描述可推知,该起行政纠纷的互联网属性主要存在以下几点:第一,行政行为所指向的行政相对人具有网络属性,即被处罚人系网络店铺的经营者。第二,行政处罚所认定的违法行为系在互联网上发生,即通过网络平台经营食品销售。第三,违法行为的受害者为通过网络进店消费的买家。第四,主要证据即虚假的食品经营许可证取证于网络。

那么,纳入互联网法院审理的行政诉讼案件,是否都应具备以上特征,或是只需具备其中某一特征?下文将从行政法律关系的构成要素出发逐一分析。

1. 行政相对人　行政相对人是指行政管理法律关系中与行政主体相对应的另一方当事人,即行政主体的行政行为影响其权益的个人或组织。根据中国互联网络信息中心的统计,目前中国网民规模已达 9.89 亿人,且各年龄阶层分布差异不大,人均每周上网时长为 26.2 小时。另外,《中国互联网发展报告 2020》显示,中国电子商务年交易额达 34.81 万亿元。互联网不仅是我国广大人民生活的必需品,也已成为群众生活的主要空间,且使用互联网的人数和整体规模还在逐年增加。因此,未来绝大多数中国人将既有实体身份,又有互联网虚拟账户身份。笔者认为,在互联网行政管理中,行政相对人亦应具备双重身份的特征。例如,在互联网商品、服务交易所引发的行政争议中,消费者向市场监督管理部门举报互联网经营者的违法行为,市场监督管理部门因此作出相关处理决定。在这种情形下,该举报人作为行政相对人,一方面其系实体权益受到影响、损害的消费者;另一方面其以网络虚拟身份出现在互联网商品交易纠纷之中。因此,互联网行政诉讼案件的原行政相对人,其身份应具有双重性,即既是线下实际权益受到影响、损害的当事人,又是互联网虚拟身份的承载者。两者身份应当是对应关系,且缺一不可。

2. 行政主体　行政主体是指依法享有国家行政职权,能代表国家独立进行行政管理并独立参加行政诉讼的组织。在互联网行政管理领域,国家互联网信息办公室及地方网信办是专门的互联网行政管理机构。同时,为应对互联网快速发展而暴露的各类新问题,行政机关根据职能范围也将“手臂”延伸至互联网的其他领域。例如,公安部门设立网络安全保卫部门即俗称的“网警”,对互联网上违反治安管理的行为进行管制;市场监管管理部门设立网监部门,对互联网市场交易进行监督;文化及广电部门对互联网影视剧、互联网综艺节目进行指导、管控等。此外,党的十九届四中全会提出,全面提高网络治理能力,营造清朗的网络空间。由此可见,今后,政府各职能部门与互联网的融合将更加紧密,互联网综合治理体系将被打造得更加完整。综上分析,笔者认为,互联网行政诉讼案件的行政主体既可以是专门设立并依法享有互联网管理职能的行政主体,亦可以是依据职权对互联网纠纷进行行政管理的行政主体。

3. 行政行为的管理对象　互联网技术的进步已实际体现在大众生活的方方面面。从最初信息接收方式的改变,到如今各类生活、办公、娱乐等互联网应用的普及,大众正以互联网生存的模式存在于现实和虚拟两个空间之中。在“互联网 + ”背景下,互联网产业转化现实价值的效率和水平已远高于传统行业。因此,越来越多的生产、生活活动从线下转移至线上。而这一趋势也导致行政行为所管理的对象悄然发生改变:一方面,由于传统社会生活、生产经营等行为的网络化,行政行为所管理的对象具有了互联网属性。例如,违法行为人在微信群中对他人实施言语侮辱,公安机关作出相关治安管理处罚等。另一方面,行政主体所管理的直接对象为互联网事务。例如,通信管理部门颁发增值电信业务经营许可证,以准许申请人开展互联网信息服务的行政许可行为等。

三、互联网行政诉讼受案范围的调整

对行政法律关系的互联网属性进行分析,是为了辨清互联网行政案件的本质特征,明确互联网行政诉讼案件的界限。那么,什么样的涉网行政争议可以纳入互联网法院行政诉讼的受案范围?如何调整互联网法院目前的受案模式?弄清这些问题是互联网法院办好行政诉讼案件、完成试点任务的前提。

通过前文分析可推知,从广义上看,只要涉及互联网的行政诉讼,均可被称为涉网行政诉讼案件,都有纳入受案范围之可能;从狭义上看,只有符合《最高人民法院关于互联网法院审理案件若干问题的规定》中所规定的“因行政机关作出互联网信息服务管理、互联网商品交易及有关服务管理等行政行为而产生的行政纠纷”,才能作为互联网行政诉讼案件受理。

笔者认为,狭义解释不能涵盖互联网行政诉讼的应有之义,且限制了互联网法院进一步发挥行政审判职能的作用;但广义之说又脱离了互联网行政法律关系的本质。结合前述对行政法律关系互联网属性的分析,互联网行政诉讼案件在行政相对人、行政主体及行政行为的管理对象三方面都应具备互联网特征,即具有互联网管理职能的行政主体针对互联网事务、互联网行为等作出行政行为,由此产生的行政争议纠纷,可视为互联网行政诉讼案件。

互联网法院行政诉讼受案范围目前受限于特定行政行为和特定地域范围,这并不符合互联网行政诉讼的应有之义。故下文将从行政行为和地域管辖的角度,遵循互联网行政诉讼的本质,对互联网行政诉讼受理范围加以探讨。

首先,具有互联网特征的行政行为日益增多,早已突破了信息服务、互联网商品交易管理的领域。其中,电子政务作为当下行政机关主推的行政管理方式,此类行政行为能否纳入互联网法院的受案范围一直备受争议。从现实背景看,电子政务经过多年的建设和推广,已成为我国群众办事的主要方式。其常见场景如下:通过专门政务网站进行办理,如针对经营者侵犯消费者权益或存在其他违法经营行为的,公民可以通过全国"12315"平台进行投诉、举报;通过政府门户网站办理,如全国县级以上人民政府的门户网站均设立了政府信息公开事项,申请人可以在线申请政府信息公开;通过政务软件办理,如浙江省人民政府主办的"浙里办"手机 App,办事群众可以由此办理浙江省各地的部分政务,包括工商登记、行政许可、户籍管理等。

从前述实例分析,电子政务显然具有互联网特征,那是否等同于电子政务所引发的行政纠纷即互联网行政案件?目前,大多数互联网行政诉讼案件的被诉行政行为均涉及电子政务。例如,消费者通过网络平台举报,市场监督管理局对互联网经营者进行调查取证,并将立案及后续处理情况通过网络平台、手机、邮箱等电子送达方式告知当事人。从电子政务的含义及特点出发,笔者认为,电子政务的本质属性在于"电子"即互联网技术,而政务所涉及的行政法律关系不一定与互联网行政管理有关。这是电子政务与互联网行政案件的本质区别。因此,电子政务的本质与互联网行政案件并不相同,其引发的行政纠纷,并不一定就是互联网行政诉讼案件;互联网法院在受理因电子政务所引发的行政诉讼时,应当严格审查。

其次,从地域管辖范围角度来看,管辖范围是影响受案量的重要因素之一。目前，三家互联网法院行政诉讼案件受案量普遍不高，甚至低于地方法院平均水平，这并不利于互联网行政审判的经验积累和探索创新。《行政诉讼法》第 18 条中规定，行政案件由最初作出行政行为的行政机关所在地人民法院管辖。经复议的案件，也可以由复议机关所在地人民法院管辖。三家互联网法院的管辖地域范围，因该条规定而受限于所在地的区划范围。然而，互联网本是信息共享、无明显地域边界的空间范围，地域管辖的限制割裂了互联网治理与司法尺度统一的有效联系，束缚了互联网法院开展司法治理的步伐。此外，人民法院一直在探索行政案件跨区划集中管辖，其目的之一就是减少行政机关对司法的干预。互联网法院受理行政诉讼案件实质上也是一种跨区划集中管辖，但由于地域限制，目前仍处于一个不完善的阶段，削弱了互联网法院发挥跨区划集中管辖的优势。

笔者认为，互联网法院应在管辖区域与管辖连接点上作出调整，实现从“地域”到“网域”的突破：第一步，打破本地限制，经省（市）高级人民法院指定，对该省（市）范围内的互联网行政诉讼案件进行管辖。第二步，尝试“网域”管辖的试点方案。互联网法院所在城市——北京、杭州、广州存在大量互联网企业，如淘宝、京东商城、新浪微博等经营者。现实中，绝大多数互联网纠纷发生在此类企业经营的网络平台上，各地方行政机关在管理互联网活动中涉及此类企业的概率极高。笔者认为，互联网行政诉讼案件可以类比民事诉讼管辖规则，增设管辖连接点，尝试“网域”管辖。也即，在互联网行政纠纷中，当行政相对人为互联网企业时，可以在企业所在地的互联网法院提起诉讼；而当原告为一般网络用户时，可选择互联网纠纷发生的网络平台所在地的互联网法院提起诉讼。

原文首发于《中国审判》2021 年第 9 期

人工智能介质下的审判范式

叶胜男　李　波*

当前的法律人工智能已经从最早的基于规则的专家法律系统（以规则的形式将法律专家的法律知识、经验等转变为计算机语言）逐渐转向以深度学习、机器学习、大数据等为支撑的自主系统，①且变革正在进行。在全球人工智能热潮的持续推动下，司法实务已经进入了“人工智能＋”的时代，而且司法机关正在以高昂的热情、巨额的投入、异乎寻常的速度和规模，实现人工智能与司法操作的对接。②

就大势而言，人工智能将会深刻影响法律和法律共同体，③如智能化、自动化的法律检索将深刻影响法律人进行法律研究（检索）的方式，人工智能将持续推动法律文件自动化，在线法律服务、机器人法律服务等替代性商业模式不断涌现，使法律服务日益标准化、商品化、自动化、民主化，基于人工智能和大数据的案件预测将深刻影响当事人的诉讼行为和法律纠纷的解决，在线法院和人工智能法律援助将促进司法可得性，帮助消除司法鸿沟等。未来虽然可期，但路途尚还遥远，人工智能已经给人类司法伦理带来了冲击。当我们使用“人工智能审判对司法的挑战”的概念时，应当区分理论的和实践的挑战，以对应于看法和挑战、观念和行动，

---

* 叶胜男，杭州互联网法院综合审判第二庭副庭长；李波，浙江省高级人民法院研究室干部。

① 腾讯研究院、中国信通院互联网法律研究中心等：《人工智能》，中国人民大学出版社2017年版，第270～271页。

② 参见黄京平：《刑事司法人工智能的负面清单》，载《探索与争鸣》2017年第10期。

③ 参见腾讯研究院、中国信通院互联网法律研究中心等：《人工智能》，中国人民大学出版社2017年版，第271～282页。

不能将人工智能审判对于法律理论的挑战与人工智能审判对于法律实践的挑战混为一谈。[①] “法律理论的挑战”是指关于法律的观念或者看法已经无法与人工智能相匹配,如算法与法律之间的关系,所以要作出相应的修正;法律实践的挑战是指人工智能的运用改变了司法裁判的性质以及法律的传统风险防范和救济机制。[②]

一、融合:人工智能审判的可能性——以互联网法院为例

互联网法院全程在线、全程留痕的特性给人工智能审判带来了更大契机和更广阔的天地。法律实务界将人工智能审判视为一个聪明但不独立的助手,即以海量数据为基础,以类型化案件为突破口,通过提炼裁判规则、研发最优算法、归纳既有经验,以实现在类型化案件中的裁判规则和司法经验,完成有限智能化。[③]

(一)信息可溯源

互联网法院受理的案件均为互联网案件,即法律关系产生、变更、消灭在互联网上的案件,其整个过程需要完全依托互联网技术或者完全发生在互联网上;因此诉讼源于网络,信息可追溯、可留痕。当事人起诉的案件信息均从网上诉讼平台录入,比如,信息网络传播权类纠纷案件都可以实现结构化录入,因此人工智能审判特别适合应用于互联网法院。互联网法院的电子存证平台、司法区块链平台均可以通过时间、地点、人物、事前、事中、事后等六个维度解决数据生成的认证问题,让电子数据的生产、存储、传播和使用全流程可信;因此,相比于传统法院,互联网法院对于网上信息处理更具有优势,人工智能审判更容易实现。

(二)链路可互通

在链路上,互联网案件的信息是互通的。比如,网络购物案件中淘宝订单等信息,证据可以保持从头到尾的一致性,信息互通没有障碍,机器

---

① 参见陈景辉:《人工智能的法律挑战:应该从哪里开始?》,载《比较法研究》2018 年第 5 期。

② 参见马长山:《智能互联网时代的法律变革》,载《法学研究》2018 年第 4 期。

③ 参见黄京平:《刑事司法人工智能的负面清单》,载《探索与争鸣》2017 年第 10 期。

可以在任一环节抓取证据。在诉讼效果上,全链路使诉讼所有信息都可沉淀、可挖掘、可应用,能够真正形成司法大数据,极大地拓展了诉讼信息的功效和诉讼的功能。最典型的杭州互联网法院的司法区块链,具有全链路功能,通过实名认证、CA(Certification Authority)证书、时间戳、加密、隐私保护、风控、信用评价等技术,使区块链中所存储的信息分布于多个服务器甚至所有网络用户的数据库中,在保证被存储数据与原始数据可以一一对应、无法篡改的情况下,也使任何一个环节的电子证据容易被抓取。

(三)机器可抓取

互联网案件因法律关系产生、变更、消灭在互联网上,事实相对清晰。以互联网侵权为例,该侵权行为主要是指利用信息网络侵害人身权益、财产权益的行为,其侵权对象如作品、商标、宣传内容等往往存在于网络环境下,因下载、链接等网络行为而发生,侵权行为实施的渠道、途径都发生在网上,事实相对容易固定;故审判相对容易,机器比较擅长处理这类信息。以信息网络传播权类纠纷案件为例,这类案件具有高标准、重复性大、可定量的特点,在事实方面,作品名称、作品作者、作品授权日期、授权公司名称、侵权时间、侵权账号ID、侵权账号名称、作品首次发表时间、发表地点、被告注册资本、被告经营范围等要素相对比较清楚,机器可以通过关键词等方式抓取。

(四)图谱可绘制

构建知识图谱的主要目的是获取大量的、让计算机可读的知识,包括知识获取,即从非结构化、半结构化以及结构化数据中获取知识;数据融合,即将不同数据获取的知识进行融合,构建数据之间的关联;知识计算及应用,即基于知识图谱的计算功能以及基于知识图谱的应用。

大量的法律专业人才和技术人员通过构建法律知识图谱来实现技术和法律的融合。目前,华宇元典法律知识图谱内容的提炼过程大致经历了这几个步骤:小样本研究、监督学习、人工标记、人工检索、强化学习、交叉验证、原型开发、模型测试、部署试用、模型调整(见图1)。

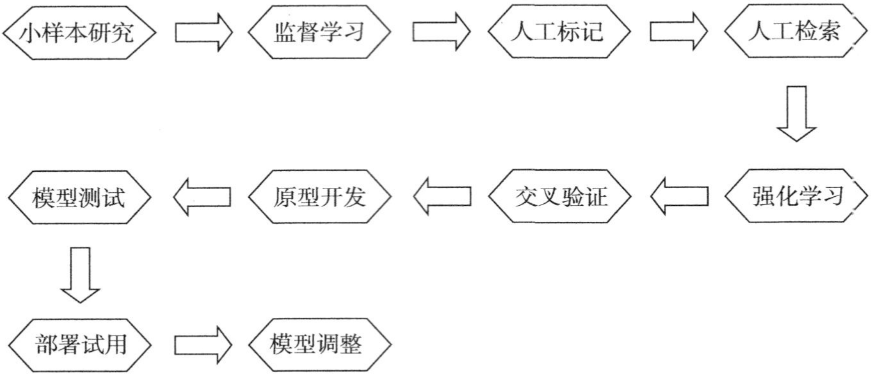

图 1　华宇元典法律知识图谱内容

法律知识图谱属于垂直行业领域的知识图谱，从图示的直观形式来看，它是众多法律要素组成的知识库。法律知识图谱是机器进行法律知识推理的基础，它将法律规定、法律文书、证据材料及其他法律资料中的法律知识点以一定的法律逻辑连接在一起形成概念框架，它的概念框架上的每个知识实体或概念又分别与法律法规、司法经验、案例、证据材料等挂接，从而建立起法律概念、法律法规、事实、证据之间的动态关联关系。不同于英美法系的判例法，中国在成文法的背景下，知识图谱将法条和司法解释用更加有逻辑的语言表达出来，且比文字更加明确、更加有逻辑。知识图谱的优势在于可以根据法条、司法解释的更新进行迭代，因此可以构建出以知识图谱为主，以大数据、类案为辅的人工智能审判框架。

(五)黑盒子的悖论

人工智能审判的"黑箱"可以被解读，AI 像人一样具有复杂学习的能力，可以从许多看似不相干的事物中产生一个认知。神经网络算法可以描述不相干的事物，其采用网状的非线性函数，在不相干的元素中建立一个假设的逻辑关系，然后通过海量的数据来检验这种假设的正确性，淘汰正确度低的假设，保留正确度高的假设。如果通过简单的线性逻辑去反向理解它产生结论的原因，就相当困难；但是法律知识图谱并不是一个黑盒子，神经网络算法突破了传统的线性思维逻辑，图像领域的许多标准任务上已经有一定的可解释性。实际操作中，人工智能审判的每个环节法官都可以参与，比如，证据认定环节、事实认定环节等，法官知道自动生成裁判文书的推理过程，如图 2 所示，人工智能审判的整个框架都在审理案件的逻辑中，最后作出裁判结果。

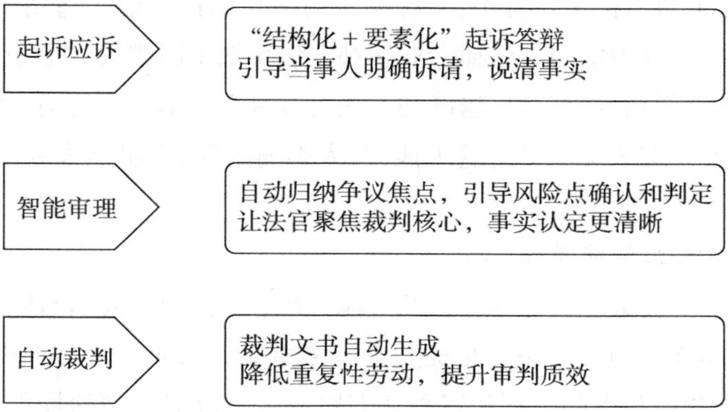

图 2　人工智能审判的框架

二、阻碍：人工智能审判的局限性——从技术的本质特征角度

人工智能审判有没有技术禁区？技术禁区或称技术边界、能力禁区，是指司法人工智能所不能做的事情。有人指出，司法人工智能审判存在匮乏且低质的法律数据、隐秘且低效的算法、薄弱的人才等三方面的现实困境，难以深入全面开展。①

（一）法律知识图谱没有衍生性

法律知识图谱构建通过两种方式：一种是自顶向下的专家系统构建路径；另一种是自底向上的机器学习构建路径。前者通过人工构建的方式预先构建知识图谱模式图，并进一步构建数据图。其对专家提出很高的要求：不仅需要扎实的理论功底，能将抽象法律与具体实施焊接在一起；还需要较强大的数据分析能力，对法律大数据进行有效的分析与管理，并将之转变为可以为机器所识别的某种结构的运行模式，对机器进行训练，教会机器挖掘法律知识。后者要求机器首先能识别各种数据的法

① 参见左卫民：《关于法律人工智能在中国运用前景的若干思考》，载《清华法学》2018 年第 2 期。

律含义,能从海量数据中抽取其中相关的法律知识点,厘清这些知识点之间的关系,然后将各种知识点合并到知识图谱中。

但是机器不是万能的,法律知识图谱没有衍生性。目前的人工智能审判都是通过案由进行分类,一种案由的法律知识图谱只适用于特定案件,没有衍生学习能力。法律专业壁垒在法律知识图谱的构建中,乃至在法律大数据领域,都是难以逾越的。法官具有全面学习的能力,法官是全能的;但是机器人无法具备这种能力,人类输入什么,机器人就会接收什么。

(二)人工智能无情感

有人认为,人工智能缺乏人类智能心性、灵性和智性混合体中的灵性成分,根本无法与人类法官相提并论。法律事务从业者认为至少在某些方面人工智能与人类法官注定存在差距。人工智能审判的局限性、法官审判工作的逻辑性和系统性、法官的职业性和经验性等三方面的原因,导致司法人工智能无法取代法官。①

必须承认的是,像案情整理和法律检索甚至是首次公开募股(initial public offering,IPO)这种标准化程度较高的工作,都能由机器人承担,关键点在于复杂案件中的事实认定和法律适用问题。法律的生命不在于逻辑,而在于经验。潘德克顿法学的法律体系发展出一套概念法学。其主张用逻辑的方法解释实在法,法官就是对法律进行逻辑操作的机器,不允许司法对立法进行解释和续造最终都失败了。

机器是没有感情的。这使机器人虽然不会被情绪所影响,能够做到绝对地无所偏私;但是它不会使用情绪,不会理解情感,也不会理解何为正义感。即使机器人有学习能力、大数据运算能力,也无法像法官一样在面对一个主动认罪的被告人时作出如下思考:“是不是可以考虑减少 1 个月,酌定从轻处罚?”特别是在民商事案件中,很多案件的服判息诉都是因为法官在审判过程中体现的公信力、人文关怀和人格魅力,而机器无法体现。因此法官需要不断学习更新,需要对社会和人生具有深刻理解,需要

① 参见潘庸鲁:《人工智能介入司法领域的价值与定位》,载《探索与争鸣》2017 年第 10 期。

充满创造性、富有正义感。

(三)标准化冲突

人工智能审判面临的挑战之一在于当前人工智能审判的标准化的要求与当前人类司法的可靠性、相对性、适度性、独立性、可控性存在间接的潜在冲突。有人认为,无论是在线纠纷解决(online dispute resolution, ODR)还是正式的判决系统,通过使用多渠道、更好且易用的信息,并去除诉讼当事人的外表信息(如种族、性别、体重等),都能够有效降低判决过程中的主观偏见性。也有人认为,具有相对性的民商法司法裁判都具有明确的上位法依据,主要体现为正式制度适用的差异,因此作为判定司法责任基准的裁判尺度是以相对性为基本特征的。① 人工智能审判提供的是标准化审判,而法官经过长期、良好的司法专业训练,对审判工作没有完全统一的标准尺度,特别是对于疑难复杂案件,人工智能审判对于判决书说理论证等需要法官自由发挥的部分无法胜任。

(四)人工神经网络适用类型的局限性

人工神经网络由输入层、多隐层、输出层构成,每一层都有若干个神经元,神经元之间有连接权重,是模仿神经网络行为特征并进行分布式并行信息处理的算法模型。由众多神经元的连接权值构成的神经网络系统,具有深度学习的能力。② 人工神经网络对没有严格定律的隐含层神经元数量的选取,可以通过经验、训练来获取;但是对层级化结构、要件化、标准化要求较高,故而限制了适用的案件类型。遵循"确定请求权基础—解构要件—证明要件—事实认定—法律适用"识别路径的要件事实型民事裁判案件,内在契合了人工神经网络的特征,实体法规范、构成要件以及要件事实构成逻辑严密的网络,能够使机器从案件事实中区分出基本层次,最适合通过绘制法律知识图谱来实现智能审判。

三、应用:人工智能审判的模型探究——要件事实型民事裁判论

要件事实型民事裁判论是指明确要件事实法律性质后,依据民事实

① 参见黄京平:《刑事司法人工智能的负面清单》,载《探索与争鸣》2017年第10期。

② 参见[美]斯图尔特·罗素、[美]彼德·诺维格:《人工智能——一种现代的方法》(第3版),殷建平、祝恩、刘越、陈跃新、王挺译,清华大学出版社2013年版,第254页。

体法规范结构、民事诉讼审理机构展开的民事裁判方法。① 其裁判逻辑为:识别请求权基础规范—请求权基础规范的要件解构—争点整理—证明责任分配—争议事实认定—涵摄得出裁判结论,综合实体与程序,最终得出结论。人工智能易于模拟具有确定的审理对象、明晰的法律规则、经审理后确定的案件事实以及规范的程序规则。这些内容都是要件事实型民事裁判论的核心要义,因此从性质、结构、方法等方面来看,要件事实型民事裁判论都是人工智能知识积累的较好选择。

在序列标注方法上,学界提出了 LSTM-CRF 模型做序列标注,在 LSTM 层后接入 CRF 层来做句子级别的标签预测,使标注过程不再是对各个 token 独立分类。在英文 NER 任务中先使用 LSTM 来为每个单词由字母构造并拼接到词向量后,再输入到 LSTM 中,以捕捉单词的前后缀等字母形态特征。基于字的 BiLSTM-CRF 模型结构如图 3 所示。

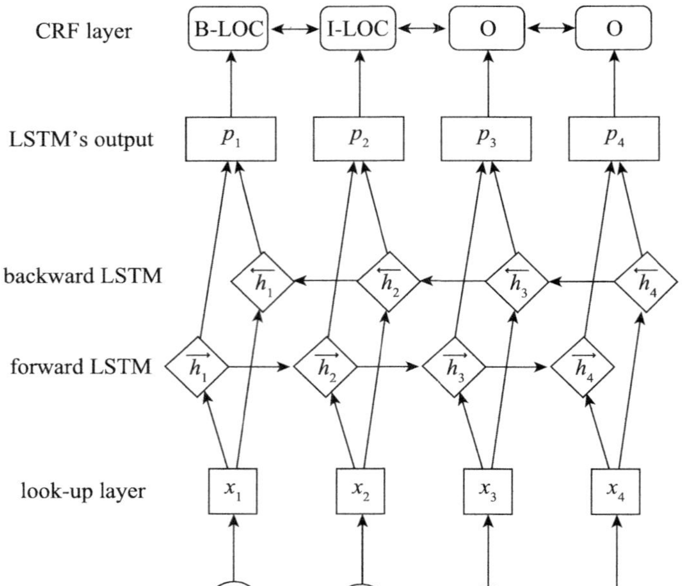

图 3 LSTM-CRF 模型

① 参见许可:《民事审判方法:要件事实引论》,法律出版社 2009 年版,第 2 页。

(一)模型总体路径分层标注的解读

首先,根据原告诉讼请求以及事实理由明确案由、诉讼标的,以确定案件审理的请求权基础规范,再将请求权基础规范解构为若干要件,对请求权基础解构下的第一层次的要件事实进行标注。

其次,标注要件事实的证明与认定过程。审理过程中,被告对于原告诉请会进行答辩,原告要对其所主张的事实承担证明责任,只有符合高度盖然性的要求,原告的事实理由才能被法官认定。在此过程中,法律专家需要对证明责任分配和证明标准予以标注,提供给机器学习。被告针对原告诉讼会进行事实抗辩或者间接否认的积极防御,这就需要对事实抗辩与间接否认的证明责任分配及证明标准的节点予以标注。

再次,标注证明路径。证明路径可以分为两种:一种是直接证明,当事人通过举示证据而直接证明事实;另一种是间接证明,当事人通过间接证据来证明间接事实,法官依照经验法则推定主要事实。法律专家可以按照此二维路径对个案证明方式予以标注,并形成司法大数据,机器就可以依照证明方式的知识点进行深度学习。

最后,标注请求权基础规范能否适用的法律效果。在请求权基础规范的各个要件事实均被认定为真的情况下,请求权基础规范能够得以适用。法律专家可以对各要件事实的认定情况、裁判结果予以标注。

综上所述,通过要素解构要件事实型民事裁判论,可以对实体法规范、各要件事实、事实主张与抗辩、抗辩与间接否认、证明责任、直接证明与间接证明、裁判结果等各要素进行分层次、分阶段标注,这些要素也可以提供给机器规范化、标准化、体系化的知识积累。需要注意的是,机器在此过程中需要对起诉书、证据、庭审笔录等字、词、语句、篇章进行表征学习。文本表征里面分为三个部分:词级表征、句级表征、篇章级表征,可使用模型有词级表征模型:Word2Vec、Glove、Bert;句级表征模型:CNN、RNN、Bi-LSTM、G-RU;篇章级表征模型:RNN-Attention、GRU-Atten。篇章级表征模型如图4所示。

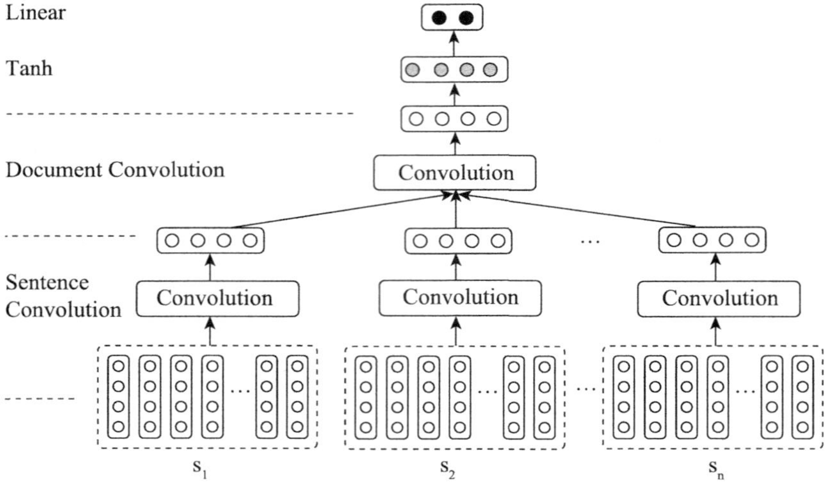

图4　篇章级表征模型

（二）案例演示——以信息网络传播权类纠纷案件为例

信息网络传播权纠纷是典型的要件事实型民事裁判类纠纷，法官可以根据请求权基础规范的构成要件，将待证事实解构为若干要件事实。在绘制法律知识图谱的过程中，法律专家根据要件事实论完成层级解构和标注以后，机器可以有效学习。在信息网络传播权纠纷中，包括以《著作权法》第3、9～11、25、47、48条，原《侵权责任法》第9条为请求权基础的侵权损害赔偿之诉。

首先，标注的请求权基础要件包括著作权人享有权利的种类和范围、作品权属确定、著作权授权转让关系确定、原告作品与被诉侵权人作品的内容比对、合理使用或法定许可使用的范畴、被诉侵权行为的认定。

其次，标注要件事实、证明过程。原告诉请的要件事实包括原始信息网络传播权的归属，信息网络传播权转授权的事实，文章或者图片侵权的时间、地点、过程。就侵权损害赔偿之诉来说，原告只要以著作权登记证书、声明书、转让协议等权属证据证明了作品性质、作品权属，并提供公证书、截图、录屏等证据证明侵权事实，即可证明侵权成立。在个案中，被告可能对权属事实提出抗辩，认为原告不享有著作权，转授权关系不成立，或者在侵权比对中认为不构成相同或者实质性相似,侵权不成立。抗辩事实包括侵权图片或文章已经删除、被告没有获利、服务器流量截图等事实证据。

再次,标注证明路径。直接证明路径为原告主张权利的作品属于《著作权法》第3、10条保护的作品,著作权类型成立,且该作品受《著作权法》保护的期限已经届满,原告作品先于被告作品产生,分析原告作品作为权利载体的表达形式和特点、被诉侵权人的作品表达形式和特点,进行作品比对,最后审查被告使用被控侵权作品的情形是否属于合理使用或法定许可使用的范畴。以上要件齐全,侵权成立。间接证明路径主要针对被告的抗辩理由,在难以进行直接证明的情况下,需要提供作者手稿、授权时转账记录等间接证据证明作品权属,并在庭审中详细比对原告作品和被告侵权作品,法官在以经验法则为大前提下进行间接证明。针对著作权是否成立、原告是否享有著作权、作品比对的权利阻却事实,被告承担证明责任。因此,为建构机器学习的前提,将权利妨碍事实、权利消灭事实、权利阻却事实等各类具体情形予以明细化、类型化,并予以标注,供机器学习,如此就可以形成围绕被告抗辩的人工智能裁判知识。无法直接证明作品权属、侵权成立、事实推定过程、经验法则、高度盖然性等间接证据达到民事诉讼优势证据原则的要求,侵权即告成立。两种证明路径标注后供机器学习,从而实现精准推送与精确辅助。

最后,对裁判结果进行标注。在信息网络传播权的侵权损害赔偿之诉中,对驳回原告全部诉讼请求、驳回原告其余诉讼请求、判令被告赔偿原告等裁判结果的事实依据、法律依据进行要素解构和标注。特别是对请求权基础、要件事实、证明过程、证明路径等事实成立或者部分成立导致不同的裁判结果进行标注,供机器深度学习,最终以相应的法律知识点作为分支结构,形成一棵决策树。目前一棵决策树的法律知识图谱被验证是不足的,且只是引擎的一个环节,法律图谱应当是立体形态的,多种图谱通过逻辑符改造搭建成引擎,最终绘制成立体决策树。

原文首发于《人民司法》2019年第31期

裁判智能化生成的模式选择与实现路径

萧方训　曾宪未*

近几年来,随着深度学习技术的日益成熟,计算机运算速度的大幅提升,加上互联网时代积累起来的海量数据,人工智能更是蓬勃发展,呈现深度学习、跨界融合、人机协同等新特征。司法亦加速融合于智能科技之中。司法裁判直接关系公平正义的实现,其人工智能化实现的程度及方式深受关注。

一、人工智能的司法裁判场景

人工智能(artificial intelligence, AI)这一概念正式提出于1956年的达特茅斯会议上。在人工智能的发展过程中,影响最大的技术学派当属符号主义和连接主义。

(一)两大技术流派考察

符号主义,又称逻辑主义、心理学派或计算机学派,其核心理念为所有与智力相关的工作都可以归结为对符号的操作。符号主义的代表算法是逆演绎算法,代表应用为知识图谱。在1956年首先采用“人工智能”这个术语的,正是符号主义学者。符号主义曾长期一枝独秀,尤其是专家系统的成功开发与应用,为人工智能走向工程应用发挥了重要作用。

连接主义,又称仿生学派,其原理为神经网络与神经网络间的连接机制与学习算法,与概率统计密切相关。连接学派的主算法是反向传播和深度学习,代表应用有语音识别、图像识别、自动驾驶。1986年,鲁梅尔哈特等人提出多层网络中的反向传播(back propagation, BP)算法。比

* 萧方训,时任杭州互联网法院研究中心负责人;曾宪未,杭州互联网法院研究中心负责人。

后,从模型到算法,从理论分析到工程实现,连接主义势头大振,为神经网络计算机走向市场打下基础。淘宝首页的"千人千面"、"今日头条"的精准推送均运用了连接主义技术。

符号主义技术与连接主义技术各有优劣。符号主义技术在缺乏数据资源时可以根据预先设定的规则准确地计算出结果,但梳理规则费时费力,"有多少人工才有多少智能",况且能通过逻辑规则定义的概念仅是冰山一角。连接主义技术则可以在具有丰富的高质量数据时,运用深度学习等算法得出结果;但在数据资源匮乏或者质量不高时,则实现效果不尽如人意。

(二)国内外人工智能司法应用与研究

1. 国外司法应用与研究

探索人工智能在法律领域中的运用是法学家及科学家的热门话题。美国伊利诺伊理工大学科学家用一种被称为随机森林的机器学习统计模型,对 1816~2015 年美国最高法院的判决进行预测,准确率高于 70%。该院法学教授丹尼尔·卡茨的团队利用最高法院数据库,为每个投票标注了 16 个特征,包括法官任期、诉讼发起法庭、口头辩论是否被听到等。该模型先学习了 1816~2015 年美国最高法院案例特征与裁决结果之间的关联,然后按年份研究每个案例的特征并预测裁决结果。最后,该算法会学习预测的结果,并升级以后判决的策略。结果显示,对于 28,000 项判决结果及 24 万张法官投票,新模型算法预测的正确率分别为 70.2% 和 71.9%。

据 Gardian 等国外媒体报道,伦敦大学学院、谢菲尔德大学和宾夕法尼亚大学的科学家的研究表明,人工智能法官模型在测试的 584 个案件中,通过与欧洲人权法院的审判专家组判决结果相比,平均正确率达到 79%。

在保释与假释决定中,美国一些州法庭使用算法来确定被告的"风险程度":从这个人会再次犯罪的可能性,到被告会如期出庭的可能性等各个因素考量,进而决定是否对其保释或假释。此外,法律人工智能还被用于法庭量刑。

2. 国内司法应用与研究

上海研发的“206 系统”设计有 26 项功能,88 项子功能。该系统不仅能够通过制定统一适用的证据标准指引、证据规则指引,嵌入公检法司机关刑事办案系统中,为办案人员收集固定证据提供指引,还能够对证据进行校验、把关、提示、监督。比如,在法庭调查阶段,若证据不充分,系统将提出证据瑕疵,并自动提示合议庭重点关注。

杭州互联网法院网络交易全程智能化审判系统,将起诉、答辩、举证、质证、庭审结构化、要素化、数据化,引导当事人说清诉请和事实,智能生成争议焦点。基于法官的专业积累,学习海量案件,形成完整的知识图谱,利用专业的算法,自动提取裁判风险点供法官确认,智能生成完整的判决书。

从上述中外司法实例可以看出,以法律知识图谱为核心的符号主义与利用机器进行深度学习的连接主义是被运用最多的技术。通过规则的梳理形成法律知识图谱适用于个案是当前主要的做法,机器学习的运用则是热门。

二、优缺点分析与融合之道

(一)符号主义的裁判应用分析

符号主义基于符号的逻辑规则展开,采用“if... then”的语句设计,确定性强,通过规则的梳理形成法律知识图谱适用于个案,在依赖严密逻辑的司法裁判中比较容易被理解与接受。它具有如下优点:一是符合立法与司法的关系以及法官依法办案的要求。“三段论”作为基本的裁判逻辑,法官在具体的案件中以法律规则作为大前提,案件事实作为小前提,推导出结论,从而保证把抽象的法律应用到个案中。二是能够给占多数的速裁案件提供有力辅助。速裁案件事实清楚,适用的法律规则明确,案件事实是否符合特定情况下的行为模式相对清晰,从而较容易也较准确地得出该案是否适用法律规则中的法律后果。三是技术要求相对简单。法律规则的梳理可以基于法律专家的经验,不需要大量数据的训练,典型的代表为法律专家系统。

首先,该模式最大缺点是封闭性。原因在于这类裁判系统以既有的人工梳理的法律规则为前提,当法律规则变化时,系统不能自动识别并作出相应调整,需要人工再次干预调整,无法自动适用新的规范环境。其次,知识图谱的梳理传统上比较依赖人工,图谱构建速度与精度不足导致案由覆盖范围十分有限,甚至只能解决一个案由中的某种类型纠纷。最后,知识图谱构建好后,可能需要借助成熟的自然语言处理技术来匹配案件事实与法律规则中的行为。绝大多数研发主体较多地运用了通用的自然语义识别技术,未针对性地根据司法场景进行开发,就容易造成基于知识图谱提取案件情节时产生错误与遗漏。

(二)连接主义的裁判应用分析

连接主义基于概率统计展开,模拟神经网络的工作机制,通过输入输出的闭环训练,具有学习进化的能力,在生动具体的个案裁判中有独特的价值。它具有如下优点:一是具备开放成长性。数据的积累与训练为机器学习提供了充足的素材,数量越大,沉淀越丰富,推送越精确。二是体现不同案不同判的价值。现实生活是丰富的,最厉害的专家也难以穷尽提炼。大量的规则散见于案例中,难以被抽象提炼。此类案例规则可以成为机器学习的对象,推送应用于案件中。三是满足法官裁判的个性化需求。机器学习可以基于法官的反馈情况比如法官使用痕迹进行不断优化,在与法官的长期互动中,能够捕捉并满足法官的偏好,形成针对特定法官的特定推送。四是提供更多的裁判辅助。符号主义的系统中规则缺失时,系统无法提供任何帮助;在连接主义模式中,几乎不存在这种可能性,机器始终会尝试推送最相似的结果供法官参考。

首先,该模式的最大缺点在于机器需要大量甚至海量的数据训练,个案中的裁判推理是大量规则的组合,至少需要成千上万的数据学习才能让机器识别特征。其次,机器学习推送的结果具有随机性,再加上法官偏好的多样性,难以保证法律的统一适用与质量控制。最后,机器学习质量受算法影响,算法模型技术难度相对较大,实现成本高。

(三)融合的路径

人们对司法的期待既有稳定性、确定性的一面,也有开放性、个性化的一面。法律需要成文法条来满足秩序的需求,也需要个案解释来满足变动的需求。符号主义恰好对应前者,连接主义则对应后者;二者在裁判应用中应取长补短,融合发展。成文法系的国家以法条作为治理的基础,人工智能的裁判应用中应以符号主义为主干,以连接主义为枝叶,形成智慧裁判之树。

1. 按法治逻辑构造智慧树之主干　法治是规则之治,理想的依法裁判完全凭借案件事实与法律规则的逻辑关系,不受非法律或非逻辑因素的干扰,从而保证法律的普遍适用。知识工程与知识图谱,将表示学习与符号逻辑相结合,能够产出效果可控、计算机可读的法律推理逻辑,最能保障法律严格贯彻。该模式自然成为智能化裁判的首选方案。司法裁判中的规则分布于以宪法为核心的成文法律、案例、法理之中,经过梳理整合形成具有逻辑层次以语义网络形态存在的主干,即法律的知识图谱。

2. 按数据量、要素化程度延伸枝叶　在智能审判化初期,由于数据量少质差,通过成文法则的精细化解析,梳理形成精细化的枝干,可以提高机器学习的效率。具有强要素特征的案件,甚至可能完全使用结构化细分整合的方式形成裁判。当可用的数据积累到通过算法足以识别案件的特征或者要素时,深度学习类算法开始发挥自己的优势,发挥实质性作用。司法不能拒绝裁判,在知识图谱空白之处,自然语言处理与搜索推荐技术能够帮助推荐相似案例。

3. 知识图谱的学习式构建　人力永远是有限的,人的错误和失误很难避免,而法律规则在不断更新演化中,保证规则的与时俱进,需要以算法的方式在两类模式中架起桥梁,通过机器学习的方式推动知识图谱完善。知识图谱在适用于个案的同时,应该吸收个案中的法律规则,案例经过学习可以丰富知识逻辑树的枝干。现阶段,法律知识图谱构建的自动化水平较低,对人工过度依赖,导致构建速度慢、精度不足、成本高。笔者认为,可以借鉴国际上基于数据驱动的自动知识图谱构建方法,如基于维基百科信息框(Wikipedia infoboxes)等结构化数据的构建方法、基于开放文档构建(schemaless)、基于 fixed ontology/schema 的构建方法和基于层次化本体(ontology)的构建方法,整合资源设计一套框架来实现法律知识表示和推理,将知识图谱实体、关系、词林、垂直知识图谱、机器学习算法模型等都纳入进来作统一的描述。

三、智能裁判的实现路径

通过知识图谱、标签技术、结构化电子数据库、搜索引擎的构建和深度学习等算法的应用,实现智能裁判,是法律人和法律技术人员共同追求的目标。如前文分析,融合符号主义和连接主义的模式在当下具有优势。但是,应当承认,通过这个模式走向"强人工智能"也还有很长的路,在构建完备统一可用的法律知识库、积累大量优质的电子化案件数据、探索先进有效的算法、培养优秀的法律与人工智能复合型人才等方面需要解决很多问题。

(一)构建完备统一可用的法律知识库

发展智能裁判,法律知识库是基础。法律知识库本身是一种信息库,包含了推理规则以及经验的信息。收集最新最全的法规、权威准确的案例、专业翔实的法学文献是必要的,但这远远不够,因为目前的人工智能技术还无法直接理解、学习、应用这些信息。应当打通法律规范、案例事实、裁判要旨、学术观点等内容之间的逻辑节点,并借助人工智能的语义分析、相似度排序、数据挖掘等技术,构建一套完整的、通用的、统一的、可利用的法律知识库,为法律语言理解、法律人工智能技术迭代打下基础。①

法律知识库建设中的一个突出问题是规则的冲突。同一假定条件下规定不同的行为模式,不同地区、不同法院同案不同判,不同的标准给智能审判系统的开发造成了困扰与障碍。对此,一是应完善相关法律法规,健全我国法律体系,消除体系内部的规范冲突。二是应打破裁判规则的地域限制。加强上级法院的指导,强化各区域、各法院的司法协同,统一裁判尺度。三是应规范自由裁量权的行使。审判人员应严格遵守法律明确规定的裁量范围。法律本身存在空白或冲突的,通过分析其问题、漏洞,及时更新裁判规则。

① 参见葛翔:《司法实践中人工智能运用的现实与前瞻——以上海法院行政案件智能辅助办案系统为参照》,载搜狐网 2018 年 10 月 31 日,http://www.sohu.com/a/272418418_731697。

(二)积累大量优质的电子化案件数据

发展智能裁判,电子化案件数据是前提。目前司法大数据与人工智能应用的涌现与中国裁判文书网的文书公开是分不开的,但尚不足以较好地支持智能裁判的发展:一是中国裁判文书网上结案文书的数量有限;二是反映的案件信息不全;三是公开的文书的质量良莠不齐。

要实现智能裁判,应当积累数量更多、信息更全、质量更高的电子化数据,为机器学习创造条件。首先,应在全国层面进一步推动案件数据的全程电子化。除了裁判文书的数据,还要积累起诉、立案、举证、质证、庭审和证据等方面的电子化数据。案件的电子数据尽量文本化,仅将书面的案件材料扫描转换成电子版本的做法因后续一般还涉及图文转换,会影响数据的准确度和获取效率。其次,应进一步推动司法公开,加大数据开放、共享。在确保数据安全、合法合规的情况下,将立案、证据、庭审等数据通过一定形式、流程公开或者共享给有关单位。最后,应确立司法数据标准,为法院之间或者法院与有关单位之间的数据流通和数据利用提升质效。

(三)探索先进有效的算法

发展智能裁判,算法是智能化技术的核心。人工智能"看""听""读""懂""搜集""判断""写作"的背后都需要算法的支撑。

知识图谱的学习式构建、案件信息的挖掘和处理等,运用了深度学习、特征学习、迁移学习等优秀的算法。通过这些算法,智能裁判系统才能具备自我构建能力,能够随着计算、挖掘次数的增多而不断自动调整算法的参数,使挖掘和预测结果更为准确。① 计算机视觉和语音处理方面,在司法实践中主要是运用了 OCR 文字识别技术和语音转换技术。总体而言,上述两项运用的效果较好,但也还有不尽如人意之处,比如,很难识别手写的文字。自然语言处理方面,机器通过该技术才能对法规、案例、证据、文书等进行精准地"识别""解析""搜集""理解""判断""生成"。

① 参见王禄生:《司法大数据与人工智能技术应用的风险及伦理规制》,载中国法学网 2019 年 6 月 26 日,http://www.iolaw.org.cn/showNews.aspx?id=71173。

但是,在裁判时,机器要在“法律条文与现实世界中来回穿梭”,客观上制约着机器对法律语言的理解和处理。笔者认为,自然语言处理应当结合深度学习等算法,让机器尽可能像人类的大脑一样学习、思考,并作出正确的决策。

(四)培养优秀的法律与人工智能复合型人才

发展智能裁判,复合型人才是关键。探索完成上述三方面的工作,需要大量既懂法律又懂技术的人才。法官与技术专家沟通的成本较高,裁判语言难以转化为技术语言。一方面,有些法官不了解、不认可人工智能,有对人工智能抱过高的不切实际期望的,也有人担忧人工智能的发展会损害人类利益;另一方面,技术专家对法律概念、诉讼流程、判案逻辑的了解有限,难以将技术运用到裁判中。

目前,“人工智能技术 + 法律”的复合型人才较少,亟须加强队伍建设:一是可制定与复合型人才相适应的招录政策,吸收一定数量素质较高的具有技术背景的人员。二是可构建培养机制,形成复合型人才培养体系。制定特殊的人才考核和奖励机制,实行专门人才管理制度,升级打造复合型人才库。三是可加强法院与院校、技术公司的合作。三方联合设立法律与人工智能研究院或者开设有关课程,相互派员讲授、学习法律和技术知识,共同参与有关项目。将法官、技术专家、法学专家和法科学生集合成包容并蓄的团队,协同推进各类数据库的建设与核心技术的研发。

总体上看,法律行业应用人工智能技术的水平还在初级阶段。我们应当保持乐观的心态,树立理性务实的发展理念,发挥丰富的想象力,既拥抱技术,也不一味地迷信技术,既讲究技术突破,也注重人文关怀和道德伦理,将符号主义和连接主义相融合,并在知识图谱、数据、算法与人才方面夯实基础,从而推动人工智能与法律行业有效地结合起来,为司法现代化开辟智能新路。

原文首发于《人民法院报》2019 年 12 月 6 日,第 5 版

互联网司法视域下道歉类案件执行之规则探索

曹瀚靖　吴　巍*

赔礼道歉强制执行制度设计的本意，在于填补受害人的精神损害。然而，在互联网司法视域下，由于法律指引和执行范式有待进一步明确，道歉类案件执行暴露了一些新问题。在互联网司法模式日益成熟的应用场景下，通过注入互联网司法的前沿理念，推进道歉类案件执行范式的进一步规范，有助于促进执行纠纷解决机制实现转型，更好地发挥涉互联网道歉类案件执行的功能价值。

一、现状梳理

关于互联网司法视域下道歉类案件的执行现状与问题，笔者进行梳理后，总结如下几点。

第一，法律文书表意不足。法律文书是否明确、规范，直接关系着执行的实质效果。在司法实务中，笔者通过中国裁判文书网，挑选了83篇裁判文书。通过分析和梳理发现，部分裁判文书存在以下问题：

(1)文书主文内容不明确。具体来说，主文内容不明确主要指履行义务起始时间、道歉平台媒介、具体道歉方式、不履行后果告知等重要事项存在内容缺失或歧义等问题。文书主文仅对执行进行了粗疏指引，而无具体细化操作。

(2)主文设计与实际效果具有较大落差。在涉互联网道歉类案件中，判决最终得到有效执行，通常需要多方协作，特别是判决指向的媒体甚至自媒体的配合。但是，在司法实践中，部分判决所要求的道歉刊登媒

* 曹瀚靖，杭州互联网法院执行局(法警大队)法警；吴巍，杭州互联网法院研究中心法官。

体并无相关业务。这在一定程度上加大了执行难度系数。一些媒体平台往往以其没有相应业务为由,对刊登道歉予以回绝。尽管相关平台作为第三方,确有配合法院强制执行的义务,法院亦可对拒不配合的第三方采取相应措施,但若判决能够设定出更加理性、实际的条款,则可大幅降低执行难度系数。例如,通过设定相应业务机制较为完善的媒体平台来完成道歉行为。

(3)内容过于简单,存在潜在隐患。在传统的道歉类案件执行中,往往只要求将文章刊登在相应官方媒体。纸质报刊具有不可篡改性,无法设置具体的刊登期限。在“互联网 +”语境下,基于侵权损害范围的大小,法律文书对道歉文本的刊登进行了具体的时间限制,短则数天,长则数周。但是,并未规定相应文章是否允许被转载、评论的情形。融媒体时代下,互联网具有极强的传播属性。若申请执行人恶意操作,则可能演变为判决履行后,道歉文本持续、广泛在网络上传播,甚至出现恶意转载、评论的现象。另外,对申请执行人而言,法律文书主文过于简单,缺乏替代性措施,难以保障案件有效执行,影响其权利的实现。

第二,现有法律和制度有待进一步明确。当作为第一序位的执行依据——法律文书陷入表意不足的困境时,如有明确、清晰的法律规定可供援引,亦可在较大程度上弥补完善,指引执行流程继续进行。但是,通过对现有法律规定进行梳理发现,关于道歉类案件的具体执行条款,仅存在简要的轮廓设计。例如,根据《民法典》第 1000 条的规定,行为人因侵害人格权承担消除影响、恢复名誉、赔礼道歉等民事责任的,应当与行为的具体方式和造成的影响范围相当。行为人拒不承担前述规定的民事责任的,人民法院可以采取在报刊、网络等媒体上发布公告或者公布生效裁判文书等方式执行,产生的费用由行为人负担。赔礼道歉可以书面或口头的方式进行,内容须事先经人民法院审查。换言之,赔礼道歉的执行方式、内容比较灵活,较为规范的是“须事先经人民法院审查”。但是,在司法实践中,审查主体应由谁来担任呢?从实践的角度出发,由执行部门负责审核,较为便利。但是,这是否属于执行实施权对审判权的越界之举?审判部门更加详尽地了解案件的来龙去脉,亦适合审核道歉内容。然而,若审判部门对已进入执行的法律文书进行重新审核，当双方当事人对内容的理解产生争议时，法院可否对判决或调解内容进行二次明确？在执行过程中，相关法律有必要对上述问题予以明确。

第三，司法范式有待进一步统一。由于法律文书的模糊不清，具体执行模式具有不完全确定性，执行过程中的自由裁量权有待进一步规范。

二、价值分析

针对上述现状和问题，笔者从思辨的角度出发，对完善涉互联网道歉类案件执行机制进行价值分析。

在现实需求方面，传统的道歉类案件执行方案难以做到与涉互联网道歉类案件"与时俱进"。具体来说，传统的道歉类案件执行形式过于简单。传统的道歉执行模式一般局限于纸质媒体和现场口头道歉；互联网道歉执行模式不仅包含前述方法，还涵盖了网络新媒体上的各种形式。例如，发表微博、微信朋友圈等。同时，传统的道歉类案件执行层级过于机械。传统的道歉执行模式受限于形式，信息隐藏度较低，常见形式为刊登于报刊版面之上；互联网道歉执行模式则更为新颖，且由于网络容量大，层级、范围较广，其版面链接形式多为"超链接"，信息隐藏度较高。另外，传统的道歉执行模式受限于实物媒介的形式，流通范围相对有限，流通度难以适应执行需求。而涉互联网道歉类案件具备网络流通性强的特点，被告发布的不实信息容易以网络为媒介进行发酵，单纯以传统的道歉执行模式无法达到执行的预期效果。

在技术支持方面，先进科技的发展，有利于建构多元化道歉执行模式。互联网时代，融媒体日益成为新闻报道的重要媒介。融媒体运用数字技术，兼容报纸、广播和电视等传播方式，通过文字、视频、动画等立体化构造，使各项信息更为直观、形象、生动，更具现场感和冲击力。这为道歉类案件的执行提供了更加广阔的思路。具体来说，融媒体更具时效性。网络传播具有方便、快捷、时效性强的特点。而传播速度的提高，将对执行时效产生变革性的影响。在传统媒体上刊发道歉声明，从申请执行到执行完毕，可能需要数周时间。而在沟通顺畅的情况下，通过新媒体则可当日完成。从灵活性上来说，传统媒体发布的内容难以修改。如需更正，程序也较为烦琐。而在各类门户网站上,若确有必要变更刊登内容,经济成本相对较低,效率更高。同时,融媒体更具广泛性。网络媒体传播具有海量性和开放性的特点,可以实现全网信息共享。这样的传播效能、范围、速度,传统媒体难以企及。将融媒体的效能优势适用于道歉类案件执行,可以大幅提升执行实效。另外,网络媒体传播具有极强的交互性,用户能够拥有更多的选择权,在"传播者"与"接受者"的角色之间切换。网民可以通过网站论坛、讨论区或即时通信软件等进行信息传播、评论,进而提高传播的影响力。对于道歉类案件执行来说,交互性的提高,可以使社会公众对道歉的内容进行更加多元的评价,从而提升执行效果。但是,应注意避免因留言、评价滋生而产生的二次网络侵权问题。总体来说,利用融媒体的特性,可使道歉类案件执行由原来的"扁平化执行"进化为"立体式执行"。这有利于推广"以互联网方式执行互联网案件"的模式,争取更好的执行效果。

在法理调试方面,需要在价值指向中寻求法益平衡。一方面,是关于道德与法治的宏观把握。赔礼道歉是侵权人感知到自己的行为产生了过错,从而导致良心上的不安与自责,向受害者表达歉意的举动。赔礼道歉属于良心自由的范畴。在适用此种执行方式时,需要考虑其是否与法治精神及世俗道德相冲突。良心自由是个人形成独立的内心判断,并根据良心来判断行事的自由。具体包括:遵从自我善意内心,形成是非善恶判断;拥有以世俗道德准则指导自身行为的自由。在执行过程中,"过分"强调良心自由会导致执行难以推进,标准难以把握;"过分"追求按规定机械执行,则会导致法律效果与社会效果难以统一,使法律"冰冷生硬"。赔礼道歉有助于填补受害人的精神伤害,使侵权人进行自我修德。从社会价值来看,赔礼道歉还具有树立法律权威、规范道德秩序的治理功能。在互联网侵权损害案件中,受互联网即时性与超时空性特点的影响,侵权行为发生后,会损害受害人的名誉,贬低其社会评价,甚至冲击互联网行为秩序。判决侵害人向受害人进行赔礼道歉,不仅有助于恢复受害人的客观评价,弥补其精神损害;还可以修补侵害人的道德感,在一定程度上为弘扬网络社会的正确价值观注入司法正能量。

另一方面，是关于审判权与执行实施权的适度衡平。执行的主要功能在于，通过具体的执行措施将法律文书内容及时“变现”。法官如何把握赔礼道歉的适用边界及限度？赔礼道歉能否作为“最后的修复手段”？这在审判、执行中均是难点。为保障审判权与执行实施权之间的平衡，亟待建立相应的具体规则。

三、路径建议

关于如何完善道歉类案件执行机制，笔者提出以下建议：

第一，构建审执交流机制，厘清法律文书的执行语境。强化审执部门之间的业务交流，提升法律文书的具体可执行性。在审判与执行部门之间，建立定期互联沟通机制。执行部门对执行中遇到的问题进行集中收集，定期向审判部门进行意见反馈。审判部门根据意见反馈，进一步总结归纳原因之所在，并根据相关法律法规及实际情况，提升审判工作实效。对于赔礼道歉的适用边界及限度问题，执行部门可书面征询审判部门的意见，由审判法官和执行法官共同确定执行方案。同时，合理组织协调，盘活审判与执行业务的人员流通。以组织调配为抓手，在院内各部门之间进行协调，实现审判与执行一线人员轮岗制，打破“工作壁垒”。另外，可创建执行法官会议制度，寻找统一的执行适用标准。在执行阶段，若发现执行内容指向不明或无法最终确立执行标准，由执行员将疑难案件整理成汇报稿件，报请执行法官会议讨论。在具体程序上，可由执行员对所涉事项或个案处理提供具体意见，发挥会议总结司法经验、完善执行制度的功能作用，形成可供参考的意见建议，推动执行适用标准的统一。

第二，完善条文设计，明确道歉类案件执行的操作原则。对于道歉类案件的执行，门户网站、社交媒体等网络载体的页面位置、字数、页面的层级等因素的不同，会引发浏览量的极大不同，且刊载费用亦存在巨大的差距。例如，若刊载位置显著，即使不能保证侵权人道歉的诚意，但公告宣誓作用较强；若刊载位置偏僻，则对侵权人的惩戒和公告作用相对较弱。目前，相关法律法规对此并未予以明确回应。因此，需要形成合理规范的执行机制，有效规制自由裁量尺度，确保执行模式形成统一范式。可在相关法律条文或司法解释中增设内容，从制度上明确媒体的层级、范围等要素，并预设替代性方案，以保证执行的顺利进行。

第三，升级用户体验，探索建立统一的“网上道歉平台”。在线平台模式引发了执行的日趋互联网化，实现了整个执行机制的变革和新动能的持续叠加。在道歉类案件执行过程中，可参照互联网法院执行平台的设计理念，探索建立覆盖全国法院系统的“网上道歉平台”，按照区域分布，设置国家、省、市级条目，分门别类地刊登道歉内容，并根据现实需要，及时调整处理。建立统一的“网上道歉平台”后，可将刊登载体由“纸质”转向“电子”。在节约司法成本的同时，充分利用网络的“超链接”功能，将案件信息相互链接，让社会公众可以更加直观、全面地了解案件，从而加强道歉的“力度”。同时，法院可进一步掌握执行主动权，及时、快速地发布判决所要求的道歉信息，并根据实际情况来调整结构、篇幅等，从而规范道歉的范围、途径，减少因道歉信息被转载所引发的次生侵权问题。

第四，延伸前置调解理念，提升执行效能。涉互联网道歉类案件执行中，大部分当事人通常对判决财产执行部分异议不大，而更在意填补精神损害的主观需求。根据涉互联网道歉类案件的性质、形式、对抗程度，其更适合利用前置和解的执行形式。鉴于互联网法院在线调解平台的先发优势，平台功能拥有成熟的技术支撑和经验保障。通过引入前期诉调的人才资源和制度模式，完善纠纷解决机制，促使纠纷以更加便捷、高效的途径得以解决，从而达到法律效果与社会效果相统一。具体来说，可参照人民调解员的形式，特聘执行和解员，充分利用平台的多方视频、电话会议、在线会话等功能，根据现实需求，适时切换沟通对象，并利用平台禁言、训诫、强制下线等功能，确保和解顺利进行。同时，可充分利用大数据平台，分析、提炼案例范式，充分发挥其“准法源”的作用，对执行适用进行示范指引。

原文首发于《中国审判》2020 年第 6 期

"5G＋区块链"在智慧执行中的应用探索

黄　璐　靳林东*

法院执行工作在经历了信息化改革后,已经开始向智慧执行迈进;这是时代的呼唤,是执行工作发展的必由之路。在建设智慧执行的过程中,杭州互联网法院将"5G＋区块链"应用到执行指挥、财产处置等执行工作中,并取得了一定成效,为探索智慧执行提供了一定的实践经验和理论基础。由于前沿技术尚处于发展阶段,"5G＋区块链"的执行探索也存在一定问题;但从长远来看,"5G＋区块链"等前沿科技必将在建设智慧执行的过程中发挥重要作用。

一、"5G＋区块链"在智慧执行中的探索

2017年4月12日,最高人民法院发布了《最高人民法院关于加快建设智慧法院的意见》,对建设智慧法院作出了顶层设计,推进了人民法院从信息化向智慧化的飞跃。

就执行工作而言,执行信息化已取得了长足发展。在财产查控方面,"总对总""点对点"查控系统实现了"找钱"从实地调查为主向网络查控为主的转变;在财产处置方面,在线进行司法拍卖、变卖改变了线下"变现"财产的模式;在寻找被执行人方面,智能送达、电子悬赏、强制弹屏等使"找人"方式多元化;在惩戒被执行人方面,实现了限制高消费联网、联合信用惩戒等多样化惩戒方式;在卷宗方面,逐步实现了电子归档、无纸化执行。可以说,执行信息化建设已经为智慧执行铺设了道路,探索智慧执行已成为顺应时代呼唤的理论和实践方向。

* 黄璐,时任杭州互联网法院政治部主任;靳林东,杭州互联网法院研究中心法官助理。

二、“5G + 区块链”在智慧执行中的实际应用

5G 是指第五代移动通信技术，是最新一代蜂窝移动通信技术，具有大带宽、广链接、低延迟的特点。目前，5G 技术已开始与生产、生活各领域融合，如“5G + 融媒体”“5G + 电商直播”。“区块链是一种以不可复制性、不可篡改性、去中心化、去信任、非对称加密以及时间戳为主要特征的数据信息运载技术”，其本质是分布式账本。随着《最高人民法院关于互联网法院审理案件若干问题的规定》的颁布，区块链技术已逐步应用于审判领域。但总体来看，“5G + 区块链”在执行领域应用较少。

为了探索智慧执行新模式，杭州互联网法院依托“5G + 区块链”，结合执行工作的特点，在执行指挥、财产处置等方面探索了“5G + 区块链”的执行模式。

（一）“5G + 区块链”在执行指挥中的应用

司法执行权具有与审判权相异的特点，即确定性、主动性、命令性、强制性等。司法执行权由同级权力和上级权力构成，前者包括单纯的执行实施权、执行行为异议裁断权等，后者包括执行管理、监督、复议权。司法执行权的适用包括执行实施活动和执行裁决活动。基于司法执行权的特点、权力构成、适用形式，在执行工作中，上级执行部门对下级执行部门的管理、指挥、监督便显得尤为重要，不同人民法院执行部门之间的联动同样十分必要。执行指挥中心的建设和应用可以说是该理论的重要实践。

2014 年 4 月，最高人民法院印发《关于执行指挥系统建设的指导意见》，经过完备的顶层设计、系统的平台建设、长期的执行应用，纵向已形成四级法院执行联动，横向已形成与部分国家机关、商业银行等的执行互动，这在总体上有助于推进“统一管理、统一协调、统一指挥”执行机制向纵深发展。在涉及重大事项的执行活动中，往往需要不同法院之间联动，也需要执行指挥中心实时、统一调度；在日常执行实施活动中，若遇偶发性紧急事件，需要第一时间上报执行指挥中心进行协调处理。可以说，实时性、可靠性是执行指挥中心切实发挥效能的命脉，是执行活动顺利开展、司法执行权正常行使的重要保障。“5G + 区块链”的特点注定其将在

执行指挥中扮演不可替代的角色。

2019 年 6 月 19 日，杭州互联网法院首次将"5G + 区块链"应用到了执行指挥中。为了检验该技术在执行指挥中的实际效果，杭州互联网法院选择了一起标的较小、可控性较强的合同类纠纷案件进行探索。

该案中，申请执行人应向被执行人返还货物，被执行人应向申请执行人返还货款，双方因对货物种类、数量未达成一致意见，故均未主动履行义务。为消解双方顾虑、促进该案顺利执行完毕，执行干警赴申请执行人的营业场所对案涉货物进行清点。在执行现场，执行人员利用"5G + 区块链"执法记录仪，通过 5G 网络与杭州互联网法院执行平台、执行指挥中心连线，实时回传执行现场，实时互动，并将整个执行过程上链。

本次执行活动检验了"5G + 区块链"在执行指挥中的应用效果。

首先，研发并使用"5G + 区块链"执法记录仪。该执法记录仪突破了传统单兵记录仪的限制，开创性应用了 5G 技术和区块链。一方面，它可以实现 5G 网络传输；另一方面，它"通过可信时间、可信位置、可信算法、可信硬件、可信人员、可信节点解决源头数据失真的问题，保证真实数据上链"，可实现毫秒级存证。

其次，通过 5G 网络连接执行指挥中心，真正实现了执行现场和执行指挥中心之间高清、实时、低延迟连接，确保了执行指挥的及时性。由于本次探索挑选了可控性较高的执行实施活动，所以 5G 的效能未得以全面展示。但是，通过本次成功探索，可以预见的是，在 5G 网络普及以后，人民法院利用 5G 执法记录仪，在任何执行现场均可以实现与执行指挥中心的高清、实时、低延迟连接。这对重大疑难案件现场执行的实施颇有必要，可以确保指挥人员在执行现场发生突发情况时立即下达指令，保证执行现场人员立即执行命令。一言以蔽之，5G 技术为紧急时刻的执行活动朝正确方向发展提供了技术保障。

再次，"5G + 区块链"执法记录仪将整个执行实施活动和执行指挥过程通过杭州互联网法院执行平台进行上链，既保证了执行过程的完整性、真实性、可信性，又能促进执行实施人员和执行指挥人员行为的规范。

又次，本次探索为"5G + 区块链"在执行指挥中的应用提供了可复制的方案。各法院可以通过 5G 单兵连接执行指挥中心,叠加区块链平台,实现"5G + 区块链"执行指挥。

最后,本次探索是司法执行权权力特点、权力构成的内在要求。"5G + 区块链"的应用既保证了司法执行权强制性等特点得以顺利贯彻,又保证了司法执行权规范运行不至背离司法权的特点;既保证了司法执行权同级权力的顺畅实施,又保证了上级权力(上级部门)的有效管理和监督。

(二)"5G + 区块链"在财产处置中的应用

财产处置是执行活动的重要环节,是保障申请执行人的利益得以实现、保护被执行人财产利益不会遭受不法侵害的重要步骤。财产处置主要包括拍卖、变卖、扣划、以物抵债等方式。其中,司法拍卖可以说是最重要的财产处置方式。

在我国,司法拍卖经历了大致五个阶段的发展历程,并从线下司法拍卖发展为司法网拍。2016 年 8 月 2 日,最高人民法院发布《关于人民法院网络司法拍卖若干问题的规定》(以下简称《网拍规定》)。由此,司法网拍成为法定司法拍卖形式和实践中最常使用的拍卖形式。如何将"5G + 区块链"应用到司法网拍中,促进司法拍卖更加公开透明、效率更高、更能实现拍品的真实价值、更有利于保护各方当事人的利益,已成为建设智慧执行的重要课题。

《网拍规定》第 14 条第 4 项规定,"拍卖财产以实物现状为准,竞买人可以申请实地看样"。竞买人实地看样是司法网拍的局限性造成的。竞买人若仅通过网络查看二维、静态的图片来评估拍品,将难以全面掌握拍品的实际价值,这有损竞买人参与拍卖的积极性。若仅通过实地查看的方式供竞买人看样,也会削弱异地、交通不便的竞买人参与竞买的意愿。此外,若遇特殊时期或者出现特殊情况,无法组织竞买人实地看样,则更无益于司法网拍的开展。

为了解决司法网拍中实地看样的难题,杭州互联网法院将 5G、VR、区块链引入实地看样环节,于 2020 年 4 月 28 日开展了一场"5G + VR 720 度全景直播司法云看车"活动。

杭州互联网法院选择了三辆已进入司法网拍程序的机动车作为云看

车活动的样车。在执行现场,执行人员通过专业 VR 全景摄像头,借助 5G 网络,通过微博平台向全网观众进行了实况直播,对车辆基本车况、起拍价、里程数、交通违章情况、参与拍卖的方式、发动机启动声音等信息进行介绍和直播,整个云看样过程通过"5G + 区块链"执法记录仪实时上链。整场直播活动"观看人次超过 1.3 万,三辆拍品的围观数接近 3 万"。此外,执行人员对三辆拍品进行了全方位的 VR 扫描,形成了 VR 全景图并上传至司法拍卖平台,供潜在竞买人随时查看。

本次"5G + 区块链"赋能执行财产处置活动,将 5G、VR、区块链引入司法网拍的看样环节,是一次前沿科技与财产处置相结合的新尝试,取得了良好的探索成果,并获评浙江法院"十大最佳在线诉讼"。

首先,本次执行活动采用了"5G + VR"叠加区块链的执行模式。5G 技术的实时性、区块链的可信性不再赘述。VR 技术的引入是本次执行活动的另一个创新。VR 即虚拟现实技术,"是一种可以创建和体验虚拟世界的计算机仿真系统,它利用计算机生成一种模拟环境,使用户沉浸到该环境中",具有"沉浸性、交互性、多感知性、构想性、自主性"的特点,是基于 5G 技术诞生的一项新技术。本次执行活动将 VR 引入,是对前沿科技替代传统实地看样方式的探索。

其次,本次执行活动是一次动态集中全景看样和静态长期全景看样的结合。为了保证更多潜在竞拍者能够身临其境地看样,法院将微博直播全景看样和司法拍卖平台静态全景看样进行了结合。VR 直播看样使观众享受到了 720 度、沉浸式、交互式云体验,帮助其对拍品形成了直观感受。VR 全景图看样则彻底打破了潜在竞买人线上只能通过二维照片了解拍品的局限性,有助于消除潜在竞买人的疑虑、降低其参与竞拍的成本,为前沿技术与司法拍卖相结合提供了可复制的参考方案。

再次,从本次司法网拍结果来看,三辆拍品全部成交,且溢价率较高。

最后,回归创设司法网拍目的本身也可以看到,5G、VR、区块链在看样中的应用使司法拍卖更加公开、规范、高效,最大限度地反映了拍品的实际价值,实现了申请执行人、被执行人和竞拍者三方权益最大化。

三、“5G + 区块链”在智慧执行中的应用困境

“5G + 区块链”在执行工作中已经有了初步应用,并取得了一定成效。但应当说明的是,现有的“5G + 区块链”执行尚处于萌芽阶段,在一些方面还不成熟。主要表现为两点:一是5G技术应用途径、实际发挥的效能有限。目前,5G在执行中的应用主要是利用其低延迟的特点,以提高网络连线的流畅度。VR的应用目前仅限于看样活动,5G赋能执行的效果尚未真正显现。二是区块链应用途径、实际发挥的效能有限。目前,区块链在执行中的应用集中在保证素材的真实性、可信性,可运用的执行场景尚待进一步拓展。

笔者认为,导致上述问题的原因主要如下:

第一,5G技术尚待发展。5G是一种新兴技术,尚未在全国范围内铺开使用。5G在发展的过程中也面临着技术成熟性、运维成熟性、产品成熟性、市场成熟性、安全可靠性等五个方面的挑战。在5G尚未完全成熟之前,执行中的5G应用也只能按部就班。

第二,数据壁垒、“数据孤岛”普遍存在。目前,各地的区块链平台之间难以互通,各地法院执行数据未能全面共享,掌握数据的机构之间存在“不愿共享、不敢共享”的问题,全国范围内尚未建立统一可信的执行数据库。

第三,法律具有滞后性。法律的滞后性决定了将日新月异的前沿科技应用到司法中时,往往会存在抵牾。比如,是否可以仅组织云看车而不进行实地看车?基于执行大数据形成执行数据库是否有侵害人格权的风险?面临诸多法律问题,前沿科技在执行中的探索应用只能小心谨慎。

第四,“5G + 区块链”的应用要求对电脑、单兵设备、执行指挥中心设备等硬件设施迭代升级。

四、“5G + 区块链”在智慧执行中的未来应用

无论“5G + 区块链”目前处于何种实践状态,遇到了何种困难,长远来看,“5G + 区块链”在执行工作中的应用大有可为。

从广度上看,“5G + 区块链”将全面参与到法院执行程序中,贯穿执源治理、执行立案、执行实施、执行指挥、惩戒措施、执行结案等各个阶段。

例如,金融机构可通过智能合约与借款人签订合同,在借款人逾期不履行债务时自动督促债务人履行债务,有条件地向征信机构推送其失信记录等倒逼债务人履行,减少纠纷进入司法程序。再如,“构建全国统一的加密电子执行公务系统”“将支付令和公证债权文书的执行纳入电子执行系统”等。

从深度上看,随着“5G + 区块链”的逐步成熟,法院执行将越来越依赖于这两项技术。随着数字货币的逐渐兴起,在执行查控中将有可能实现对法定数字货币的查控,消解社会财富金融化,金融资产隐私化、分散化、流动化造成的被执行人财富隐形,避免被执行人转移财产。随着区块链形成大量的可信数据并逐步打破“信息孤岛”,全国范围内的执行数据进行共享后,执行人员将可依托云计算对被执行人的生活轨迹、收入、负债、资产等财产情况、信用情况、各法院的执行情况等大数据进行智能分析,对被执行人的履行能力,是否有隐匿、转移、毁损财产等情况作出判断。

基于“5G + 区块链”在执行中的实践成果及所遇困难,笔者建议从以下四个方面着手,进一步探索智慧执行:

第一,加强顶层设计。由顶层从更高的层面、更广的领域谋划“5G + 区块链”等前沿科技在生产、生活等领域的开拓应用。

第二,司法主动适应新技术。在更多法院试点前沿技术与执行工作的结合,在各试点法院中形成以执行人员牵头、行装人员保障、技术人员服务的创新团队,群策群力,并将各试点成果统一汇总,逐渐在全国范围内铺开。

第三,加强多方合作,完善联盟链建设。各个国家机关在各私有链的基础上形成联盟链,逐渐打破数据壁垒,形成可信共享的大数据库。

第四,逐步升级执行装备。使单兵装备、执行指挥中心设备等执行配套设施能满足“5G + 区块链”等前沿技术的要求。

原文首发于《中国审判》2021 年第 4 期

第四编

大数据分析与综合治理

互联网司法服务保障电子商务创新发展的实践

杜　前　倪德锋　肖　芃*

近年来,世界经济正向数字化转型,大力发展数字经济成为全球共识。《电子商务法》颁行前后,恰值杭州互联网法院试点集中审理杭州市辖区内电子商务类纠纷案件,通过充分发挥在线审理、集中管辖、(数据)互联互通、先行先试等方面的独特优势,我们在短期内形成了专门的电商纠纷审理团队,持续强化对电商纠纷的专业化审理,持续加强对电商纠纷审判领域新问题的调研,持续推进电商纠纷领域司法程序机制、实体规则的探索创新和总结提炼,努力为电商经济健康发展提供专业、有力的司法保障。本文是对杭州互联网法院审理电商纠纷案件主要做法、经验的一种尝试性总结,也希望可为其他法院审理电商纠纷案件提供一些思路和参考。

一、电子商务纠纷案件审理的基本情况

根据《电子商务法》的规定,电商纠纷是在通过互联网等信息网络销售商品或者提供服务的经营活动过程中产生的纠纷,主要涉及电子商务平台经营者、平台内经营者和消费者三方主体相互之间的关系。从杭州互联网法院的收案案由来看,包括网络购物合同纠纷、网络购物产品责任纠纷、网络服务合同纠纷三类案件。自 2017 年 8 月 18 日杭州互联网法院挂牌成立以来,截至 2019 年 6 月 30 日共受理网络购物合同纠纷 1278

* 杜前,湖州市中级人民法院院长,时任杭州互联网法院院长;倪德锋,杭州互联网法院副院长;肖芃,杭州互联网法院互联网审判第一庭副庭长。

件、网络购物产品责任纠纷 2047 件、网络服务合同纠纷 1523 件，合计 4848 件。同期全院总收案 20,442 件，电商纠纷案件占全院同期收案数的 23.72%。案件审理呈现以下特点：

(1)涉案标的物多元化，服务纠纷案件增长明显。电商案件涉及众多商品和服务，2018 年统计涉食品、保健品、药品、电子产品、服饰五类案件占收案总数的 75.99%，较 2017 年下降 13%；涉案标的物更加多元化，出现了网购汽车、无人机、比特币挖矿机等产品引发的案件。通过网络购买服务引发的纠纷案件增长明显，主要集中在旅游产品预订、酒店预订、家政服务、教育培训、装修空气质量检测等。

(2)电商平台被诉集中度下降，新型电商案件增多。2018 年，被诉次数最多的大型平台的案件量占比回落 14 个百分点。从近两年被诉数量排名前 10 的主体来看，也呈现主体集中度分散的趋势。与此同时，新型电商涉诉案件明显增多，社交电商、社区电商、跨境电商、引流电商、农村电商等新电商的快速发展，引发了较多的纠纷。

(3)职业索赔案件较多。在我院对网络购物、网络产品责任类电商纠纷集中审理的初期，大量职业索赔案件涌入法院。此类职业索赔案件原告还呈现家族化、团体分工化的趋势，即家族成员使用各自网络平台账户购买同一商家销售的商品，分别提起索赔诉讼；购买或盗用不相关主体的身份证件注册网络平台账户购物，并制造真伪不明的身份关系证明作为委托诉讼代理人提起索赔诉讼。

(4)消费者证据观念普遍淡漠。尤其缺乏存证意识，提取证据能力差，诉讼参与能力弱。电子商务交易的流程发生在网络空间中，交易双方的信息传递不是通过纸张，而是通过数据电文，数据电文更易于被事后篡改、污染或删除。消费者系对网络交易平台的被动使用，往往对以数据电文为载体的交易信息缺乏存证意识，或者对保存在网络交易平台的数据信息不知如何提取、利用，提交的证据材料又多不符合证据的形式要求，导致案件审理时难以有效率地查明案件事实。

(5)购物合同、服务合同存在合意失灵的现象。因电子商务活动主体追求交易的便捷、效率和规模效应，在缔结合同时要么对合同内容的完整性考虑不周全，仓促形成有限合意，完成缔约；要么由强势一方提供事先拟定的格式合同，事无巨细地对各种可能出现的交易情形作详尽约定，通过繁复、冗长的电子格式文本降低相对方对合同中关注内容的敏感度、可选择性，在双方未完全达成意思表示一致的情况下缔结合同，产生合意失灵的现象。[①] 对双方意思表示合意缺乏完备性的合同，需要在审理过程中对缺漏的合同内容进行填补；对单方提供的格式合同挤压相对方意思表示自由空间的情形，需要在审理过程中对格式条款的有效性进行审查，无形中增加了案件审理的复杂性。

(6)交易信息不对等情况突出。因交易信息不对等带来的消费者知情权、人身、财产、信息安全等合法权益受侵害、被暴露的风险大。与传统的消费活动相比，电商交易过程具有明显的虚拟化特征，这大大加重了交易风险。由于消费者既不能直观感触商品，又不能和商家直接面商，只能根据商家在网络上提供的文字与图片等信息判断商品质量，使消费者完全处于被动获取信息的弱势地位，各种交易风险极易被转嫁到消费者一方。消费者个体又往往欠缺维权能力，无力承担不相称的维权成本。

(7)法律规范明显滞后。一方面是立法整体较为原则；另一方面是立法速度无法赶上新产业、新业态、新模式的创新发展速度。新型信息网络技术在电商交易场景中的广泛应用，社交电商、服务电商、导流电商等新型电商业态纠纷案件的不断涌现，使案件法律关系更为复杂、事实查明难度更大、案例类型化整理更具挑战性。技术使交易进一步虚拟化，主体身份的确认、意思表示的归属以及合同的履行等一系列交易环节都被技术包裹，有赖技术和法律判断有效结合，以对主体身份作出辨认，对电子意思表示和履行的归属作出确认等。[②] 新型电商业态的出现，使得甄别各方法律关系的难度加大，难以将各方关系简单归类到既成的法律关系规范类型中，使找法、用法以及依法确定各方权利义务的难度加大。

---

① 郭锋等编著：《中华人民共和国电子商务法法律适用与案例指引》，人民法院出版社2018年版，第69页。

② 参见齐爱民：《电子商务法原论》，武汉大学出版社2010年版，第8页。

二、服务保障电子商务创新发展的实践创举

（一）确立适应电子商务创新发展的案件审理原则和思路

1. 依法维护各方主体权益，突出保护消费者权益　较之线下的民商事活动，电子商务具有主体虚拟、交易活动的技术性、交易标的的数字化特征，这源于电子商务依托于尚不完善的信息网络技术。上述特征使电子商务的风险远远高于线下交易的风险。[①]《电子商务法》对电子商务活动过程中可能产生的各种风险从各个层次、环节设定了较为完备的保障规则，此种安全保障规则的设定从根本上是为了规范电商主体行为，减少、降低交易风险，最终实现对各方主体民事权益的保护。笔者认为，只有在审理电商纠纷案件中牢固树立切实保障各方主体民事权益的基本理念，才能不断规范主体行为和市场秩序，才能最大限度地减少电商活动的交易风险。因电子商务交易具有虚拟性，财产等经济生产要素往往以数据信息的形式存在，而在交易的过程中其所有权和控制权发生了分离，在交易的各方主体中消费者对于载有生产要素的数据信息的存储、流转等各个环节的控制力最弱，消费者权益最易受到交易相对方、第三方的侵害，为此《电子商务法》在制度设计时对消费者权益作出了特殊保护的规定，在审判实践中应引起足够的重视。

2. 始终贯彻技术中立、功能同等的基本原则　技术中立是指在电子商务活动中对当事人使用的技术和媒介同等对待，禁止限定特定的技术和媒介而歧视其他形式的技术和媒介。电商纠纷案件的审理不应针对某一项特定的技术本身作出评价，技术本身并无对错、善恶可言，可兹评价的是主体的行为，故技术中立原则要求在审理活动中超脱技术本身而对主体运用信息技术的行为进行评判、规范。[②] 例如，当事人可以采用人脸识别、声纹识别或指纹识别等技术方式确定交易主体的身份，不能仅以技术不同而对不同的技术效果采用不同的认定标准。功能同等是指除法律另有规定外，在电子商务活动中，对与传统民商事活动功能相同的行为或

---

① 参见巩姗姗：《论电子商务法基本原则》，载《重庆邮电大学学报（社会科学版）》2015年第5期。

② 参见齐爱民：《电子商务法原论》，武汉大学出版社2010年版，第30页。

制度赋予同等的法律效力。它的基本目标是把现代通信技术赋予与传统的纸质文件相同的法律效力,只要二者具有相同的功能。① 例如,在传统商事纠纷案件中,我们往往会要求当事人提供合同原件以明确各方之间的合同权利义务。但在电子商务活动中,传统意义上的合同原件已经不复存在,数据电文从一台计算机终端通过网络传输到另一台计算机终端,传输的不可能是原件,而只能是电子版的复印件,那么如果该复印件可以被识别读取,具有完整性、未被篡改,就具有与原件同样的可采性和证明力,我们在案件审理中就应赋予该电子复印件与原件一样的法律效力。

3. 加强案例研究,发挥司法判例对电子商务法律体系的重要补充作用　现代信息科技方兴未艾,电商新模式、新业态蓬勃发展。作为一个崭新的市场,由于法律规范不完备,电子商务的发展也产生了越来越多的问题,假冒伪劣产品横行、消费者与经营者纠纷不断、经营者不诚信经营行为层出不穷,严重扰乱了市场秩序。《电子商务法》的颁行有效回应了电子商务市场长期存在的混乱、无序的现实问题,但法律总是具有一定的迟滞性,难以完全因应快速发展的电商业态需求,此时需要裁判者准确理解立法原意,通过科学的法律解释方法,在法条与现实的间隙处填充裁判规则,以个案不断累积裁判规则,点滴渐进地厘清法律条文灰色的模糊地带、空白的真空地带,以此使法律规范的体系能在常青的现实中不断保持融通自洽和生命力。我们根据新情况、新问题积极探索构建司法裁判规则,充分发挥裁判规则对电子商务活动的规范和引导作用,激发和保护创新,为新产业、新业态、新模式持续健康发展营造更好的法治环境,提供更有力的法治保障。②

(二)建立健全适应电子商务创新发展的审理机制

1. 构建不同方式、不同层次组成的电子送达体系　电子商务纠纷当事人天南地北,被告主体流动性大,具体的物理地址难以确定,送达问题

① 参见孙占利:《论电子商务法的基本原则——以全球电子商务立法为视角》,载《现代法学》2008 年第 3 期。

② 参见高艳东:《为新产业新业态新模式提供法治保障》,载《人民日报》2019 年 7 月 5 日,第 9 版。

一直是困扰法院审理此类案件的难题。杭州互联网法院设立后，积极探索实践电子送达，电子送达率逐步提高。目前，三类电商纠纷案件原告电子送达率已达100%，被告的电子送达率也已达到90%以上。研究制定电子送达规定，明确原告在享有线上诉讼便利的同时履行接受电子送达的义务，明确诉前约定电子送达的效力，经过确认或约定的电子地址优先适用、未确认或未约定情况下适用常用电子地址送达等规则，从而形成不同方式、不同层次相互补充的电子送达体系，最大限度化解电商纠纷案件送达难的问题。主要举措如下：一是推动在网上诉讼平台确认电子地址。依托网上诉讼平台，当事人在线验证身份后即可在平台上输入电子送达地址，诉讼平台通过短信、电话等多种方式引导当事人在线填写电子地址，以提升诉讼平台电子地址的确认率和电子送达的有效率。二是引导诉前电子送达地址约定。积极引导电商平台等将司法送达地址的确认提前到诉前商务活动交易阶段，在交易协议中以加黑加粗方式提示当事人确认的电子送达地址在司法阶段的有效性，由此认定纠纷产生后双方已就电子方式诉讼及电子送达地址达成合意。三是利用数据共享挖掘被告经常使用的电子地址。在电商交易中，平台内往往设置有与被告账户绑定的即时通信工具，在被告不愿意登录网上诉讼平台关联、无法获取其确认送达地址的情况下，通过平台内的即时通信工具进行送达成为保障被告程序权利的最好方式。诉讼平台还与其他主要互联网平台对接，在确保个人信息安全的前提下，通过调取当事人实名认证账户中填写的手机号码、电子邮箱、微信号、QQ号等信息，挖掘有效电子地址进行电子送达。

2. 全面实现从线下到线上的诉讼流程和审理模式转变　依托功能全面的网上诉讼平台，诉讼参与人可以通过电脑端或智能手机端登录平台，实现起诉、受理、送达、调解、举证、质证、庭前会议、庭审、宣判、执行等环节的全流程网上诉讼。通过在线审理模式，打破空间限制，把庄严的法庭直接搬到了网络虚拟空间，通过技术手段，有效破解诉讼主体身份确认、送达、电子证据认定、行为控制等在线审理难题，当事人足不出户即可完成诉讼。通过异步审理模式，突破时间限制，当事人可利用空余时间，不同时、不同地、不同步参与诉讼活动,诉讼各环节均可在规定期限内按照各自选择的时间登录平台以非同步方式完成诉讼,充分保障诉讼权利。先后出台的《杭州互联网法院诉讼平台审理规程》《涉网案件异步审理规程(试行)》等网上诉讼规则15件,实现了在线诉讼流程的规范性、诉讼主体身份的可查性、当事人在线行为的可控性、在线审理模式的高效性等,基本形成了涉网案件审判的程序规则和操作指引体系。

3. 构建电子证据平台,实现电商交易基础信息电子存证,破解电子证据取证、认证困境　首先,打通与电商平台的数据鸿沟,当事人通过网上诉讼平台的端口,可以同步获取涉诉的交易订单、物流信息、聊天记录等证据,有效解决当事人自行收集电子数据证据存在的困难,节约庭审举证质证的经济和精力成本。其次,构建电子证据平台,建立证据和审判之间的专门数据通道,实现与金融机构、公证机构、第三方存证机构等存证平台的标准化对接。上线的全国首个司法区块链平台,用区块链技术组建司法联盟链,将公证处、司法鉴定中心及法院连接在一起,使每个单位均成为链上节点,通过去中心化的整体布局及多节点的完整结构,解决电子数据全生命周期的生成、存储、传播、使用,特别是生成端的可信问题。最后,制定电子证据审查细则,根据电子证据的属性制定《电子证据平台规范》《民事诉讼电子数据证据司法审查细则》等规则,解决了电子数据证据易变、易改、易灭失带来的真实性难认定等问题。

三、服务保障电子商务创新发展的司法裁判规则

(一)职业索赔的认定及法律后果

职业索赔判断可以参照两个标准:一是多次购买案涉产品或类似产品后提起数件类似主张惩罚性赔偿的诉讼。二是其他明显不符合普通消费行为的情形。法院一旦查实案涉行为具有上述两种情形之一,可认定为职业索赔。对于第一个标准,法院可以主动通过中国裁判文书网及法院审判系统、卷宗、其他法官了解相关主体涉案情况,也可以在庭审中询问相关情况。在审理中发现,某些人员虽然仅有一个案件,但其户籍地、收货地、联系方式、代理人、诉状内容及举证情况出现与职业索赔相关主体完全相同或相近的情况,在有足够证据支撑的情况下,可以将其行为定

性为职业索赔。对于第二个标准,可以通过调查发货、收货、拍摄视频、录音、鉴定、公证等举证情况、诉前及诉中具体行为综合判断。

因职业索赔主体维权意识较强,相较于普通消费者,其辨别能力和风险意识更强,因卖家的误导行为而错误购买的可能性较小,各地法院对该类主体主张构成欺诈的3倍赔偿不予支持争议不大。实践中,争议主要为相关主体是否享有《消费者权益保护法》规定的消费者权利以及《食品安全法》规定的获得10倍赔偿的权利。

笔者认为,从《消费者权益保护法》《食品安全法》等法律的立法宗旨来看,赋予消费者可以获得10倍或3倍惩罚性赔偿权利的目的,在于通过加大商品生产者、经营者的违法成本,从而引导商品生产者、经营者依法经营,净化商品生产、经营市场,保障公民的身体健康和生命安全,而非成为不诚信者的索赔工具。因此,享有获得惩罚性赔偿的请求权人理应是为了生活消费需要购买、使用商品或者接受服务的消费者,故对于职业索赔应谨慎适用惩罚性赔偿。同时,职业索赔与诚实信用的民法基本原则相悖,即使这种知假买假行为在形式逻辑上符合惩罚性赔偿的构成要件,但在价值上对其予以否定评价,方可避免助长此种愈演愈烈的恶性知假买假歪风。①

(二)电子商务平台经营者披露平台内经营者信息义务的审查标准

1. 电子商务平台披露平台内经营者的信息范围　电商平台经营者不能提供销售者或者服务者的真实名称、地址和有效联系方式的,消费者可以先行向电商平台经营者要求赔偿。实务中,对认定平台经营者是否履行了提供平台内经营者信息义务的标准有不同观点。笔者认为,商户在入驻平台时,平台对商户基本信息进行了审核,且能定期要求商户进行更新,并能应消费者需要提供最新的商户基本信息,即已完成了信息提供义务。《电子商务法》第27条、《第三方电子商务交易平台服务规范》均规定,平台商户注册信息时,对于自然人,需要向平台经营者提出申请,提交身份证明文件或营业执照、经营地址及联系方式等必要信息;对于法人和

① 参见姚辉:《民法适用中的价值判断》,载《中国法律评论》2019年第3期。

非法人组织,需要向平台经营者提出申请,提交营业执照或其他获准经营的证明文件、经营地址及联系方式等必要信息。这些基本信息都足以在消费者起诉平台内经营者时达到诉讼法要求的有明确被告的条件。基于法律不强人所难的原则,应当认为电子商务平台提供的信息范围不能高于其审查义务。既然平台经营者在其能力范围内只能定期依法承担上述有关主体基本信息的审核义务,那么向消费者提供信息的义务也应与此相一致。需特别注意的是,平台经营者对于平台商户的基本信息应做到定期更新,否则将因提供陈旧信息而承担相应责任。

2. 电子商务平台披露平台内经营者信息是否及时的认定标准　法律没有明确规定平台经营者向消费者提供平台内经营者基本信息的期限,但平台经营者是否及时履行信息提供义务,势必会影响消费者的正当维权。目前实务中有不同观点。笔者认为,在消费者与平台内经营者就电子商务交易产生纠纷后,无法达成协商一致,且经平台经营者协助调处无果后,经消费者请求,平台经营者即应在合理时间内提供能够达到有明确的被告之身份信息。平台经营者在被消费者起诉后才履行信息提供义务,不能认为尽到了及时履行信息提供的义务。因为,如果平台经营者经消费者请求后,拒不提供平台内经营者信息而被诉先行赔偿,其后,平台经营者又在诉讼中抗辩其可履行或已履行信息提供义务,若此种抗辩得以成立,将架空先行赔偿制度。[①] 但同时要注意的是,平台经营者在向消费者提供平台内经营者基本信息时,需要合理期限审核纠纷的真实性,确信消费者和平台内经营者之间确实存在纠纷,方可向消费者提供有关的平台内经营者的基本信息,毕竟平台内经营者的基本信息中可能涉及自然人商户的个人信息。

(三)新型网络混合服务平台经营者应否承担电子商务平台经营者的法定义务

典型意义上的电子商务平台,是指在电子商务活动中为交易双方或

① 参见赵旭东主编:《中华人民共和国电子商务法释义与原理》,中国法制出版社2018年版,第157页。

多方提供网页空间、虚拟经营场所、商品或服务推荐、交易规则、交易撮合、信息发布等服务,提供交易双方或多方独立开展交易活动的信息网络系统。① 电子商务平台经营者作为信息提供者、交易场所提供者、广告发布者等,根据《电子商务法》的规定,需要分别承担网络信息服务提供者责任、交易场所提供者责任及广告发布者责任等法定义务。随着电商模式和业态的不断发展,新型网络混合服务平台得到快速发展,典型代表就是社交平台延伸电子商务的功能越做越旺。此类混合服务平台一方面为用户提供社交媒介信息服务,通过社交互动、优质内容等方式获取流量;另一方面为用户在社交网络上对商品、服务进行推广、展示及交易等提供网络信息服务。在此类网络混合服务平台从事经营活动的主体一般称为社交电商,平台的经营模式大致包括社交网站将流量导向电子商务模式、电商与网络社区合作模式、社交网站一站两用模式等。有观点认为,此类混合服务平台经营者提供的只是社交媒介服务,用户借助平台发布商品、服务信息,进行交易,平台无须承担《电子商务法》科以的法定义务。笔者认为,从消费者权益保护的层面,应就个案具体区分平台的经营模式和特点。若平台确为交易双方提供了虚拟交易场所,为经营者提供了商品、服务的信息展示、交易的渠道等服务,已经具备电商平台的实质特征,则平台经营者应该尽到《电子商务法》规定的对平台内经营者身份信息进行形式审核和披露的义务、交易系统安全保障义务、交易信息保存义务、对消费者安全基本保障义务等,否则须承担相应民事责任。

(四)网络购物7天无理由退货制度的适用标准

1. 7天无理由退货适用的主体范围　首先,电商交易中法人或其他组织作为买受方可否主张7天无理由退货?这涉及《消费者权益保护法》所指的消费者范围界定的问题,即除自然人外,法人及其他社会组织是否属于消费者的范畴。此问题在理论和实践中存在争议。主流观点认为,消费者只能是自然人而不能是法人及其他社会组织,因《消费者权益

① 参见全国人大财政经济委员会电子商务法起草组编:《中国电子商务立法研究报告》,中国财政经济出版社2016年版,第31页。

保护法》的根本目的是保护人们在生活性消费过程中的安全,维护他们的经济利益,只有自然人才能成为终极消费主体,作为自然人的集合体的法人及其他社会组织,其本身并不具有消费者的资格,但是,其社员及职工作为自然人仍属消费者的范围。如此,电商交易中法人或其他组织作为买受方不能享受7天无理由退货的保障;但法人或其他组织中的自然人作为商品的使用人或服务的接受人,属于消费者的范畴,可以基于接受或使用商品而向商家主张7天无理由退货。但亦有不同观点认为,无论自然人、法人或其他社会组织都可以成为消费者。笔者倾向于第一种意见。

其次,网络二手市场的个人出售行为是否是经营者行为?例如,"C2C"平台上发生的二手交易(如闲鱼二手交易)属于个体一次性的不具规模的出售行为,应否承担7天无理由退货的法定责任?主流观点认为,《消费者权益保护法》第3条中所指的经营者与一般意义上的经营者不同,此处经营者是与消费者相对应的一方主体,是以营利为目的通过市场为消费者提供消费资料和消费服务的人,并不以办理工商营业登记为必要条件,因此,零星出售二手商品的个人卖家应当在符合《消费者权益保护法》第25条规定情形时履行7天无理由退货制度之下规定的义务。但也有不同观点认为,经营者不仅要有盈利的要求,还应有经营活动的反复性,偶然性出售不能被定义为经营,故不能适用7天无理由退货。笔者认为,7天无理由退货是在网络特有交易环境下对消费者信息不对称造成意思表示形成障碍的一种法律救济,只要交易相对方是为生活消费需要购买、使用商品,即应受到该制度的保障。

2. 7天无理由退货适用的商品范围

法定范围:《消费者权益保护法》第25条对适用7天无理由退货制度的商品进行了规定;在条文中明确规定不适用7天无理由退货的商品,即消费者定做的,鲜活易腐的,在线下载或者消费者拆封的音像制品、计算机软件等数字化商品,交付的报纸、期刊等四类商品。

约定范围:《消费者权益保护法》第25条除了明确规定上述四类商品不得适用7天无理由退货外,还规定"其他根据商品性质并经消费者在购买时确认不宜退货的商品,不适用无理由退货"。该项规定的适用必须具备两个要件：其一，所购买的商品在性质上属于不宜退货的商品。其二，消费者在购买时已经确认所购买的商品不宜退货。根据商品性质认定是否可以退货是一个巨大的争议点，实践中要综合考量经营者与消费者的利益诉求，在充分尊重意思自治、保障消费者权益两者间实现平衡。

3. 对商品完好的认定　《消费者权益保护法》第25条规定，消费者购买商品后，若主张将商品退回，无须说明理由，但应当符合商品完好的要件。对于商品完好应当如何理解，实践中意见不一。确立消费者无理由退货制度的初衷，是使非现场消费者享有与现场购物同等的检查、试用商品的机会，从而自主决定是否进行交易。拆开包装是消费者应有之权利，因此，笔者认为，商品完好是指商品本身完好，商品的包装被拆封，或者包装不完好，但只要商品本身是完好的，并且附属于商品的标识、标牌等也保持完好，就是商品完好。当然，消费者与商家在进行交易的过程中，亦可根据商品的价值、属性及交易惯例等对商品完好的标准作出特别的约定。

（五）因炒信、刷单等网络虚假交易产生的纠纷

网络虚假交易一般是指为获取虚假交易数据、商品信誉、商家信用而虚构交易流程、物流和现金流的行为。炒信、刷单等网络虚假交易，在电商平台经营者对虚假交易主体进行处罚时，会产生网络服务合同纠纷；在虚假交易的买卖双方之间，因虚假交易的卖方不返还已付钱款及支付酬劳，会产生名义上的网络购物合同纠纷。对于前者，电商平台经营者与平台用户签订网络服务合同时往往约定，平台对于用户通过虚构或隐瞒交易事实等不正当方式获取虚假的商品销量、成交金额等不当利益的行为可以进行处罚，对于平台认定构成虚假交易是否恰当，一般需结合网络服务合同约定，由平台进行举证，从证据判断交易是否存在异常情形等。例如，在极短时间内将可合并购买的商品分拆成多个订单分别进行交易，交易成功后无物流走件信息，突破卖家规定的最低商品交易数额，大量订单的交易价款明显低于正常交易价款，短期内销售量出现异常波动及同一主体使用大量关联账户异常购物等。若存在上述情形，且无法给出合理解释，可认定平台处罚符合双方合同约定。对于后者，虚假交易的买卖双

方名义上存在购物合同关系，但双方之间并无真实的交易意愿，在理论上属于通谋虚伪行为。对于表面的买卖行为，因缺乏意思表示一致，应属无效；对于隐藏行为，即虚构交易、编造用户评价等虚假宣传欺骗、误导消费者行为，因违反《电子商务法》第 17 条之规定以及违背公序良俗，亦应属于无效。至于法律行为无效，虚假交易的买方能否请求卖方返回支付的款项及支付酬劳，笔者认为，当事人从事不法行为，乃将自己置于法律秩序之外，对于不法行为所为的支付，无给予保护之必要，对其返回请求可不予支持。

（六）网络交易中合同的订立与成立规则

若电商经营者发布的商品信息内容具体明确，含有要约人愿受约束的意思等要件，则应认定发布商品信息行为构成要约，用户选择该商品并提交订单属于承诺，订单提交成功则合同成立。电子商务中，网页上展示的商品并非现实生活中可以触碰的真实商品，真实商品可直观地反映剩余数量，但网页上的商品有时不会显示余量；即使在有余量显示的情况下，由于存在多人同时点击购买的可能，在网络出现刷新延迟时，显示的数量和真实数量也可能不一致。故电商经营者发布商品信息究竟是要约还是要约邀请，除考虑一般合同要约构成要素外，需重点考察电商经营者是否可以利用技术手段提示与控制网页标注的货物数量，是否保证有存货或保证规定时限内送达等表明愿受约束的意思。

原文首发于《人民司法》2019 年第 25 期

网上侵害人格权案件司法大数据分析
——基于杭州互联网法院及中国裁判文书网数据

杜　前　倪德锋　曾宪未*

在互联网上侵害他人人身权而产生的纠纷是互联网法院集中管辖的案由之一。一方面,杭州互联网法院通过个案审理确立裁判规则,指引行为、提供价值判断,为营造清朗网络空间、建设良好网络生态、弘扬社会主义核心价值观提供有力支持;另一方面,通过挖掘利用司法数据,为立法完善、综合治理提供决策参考。笔者通过对杭州互联网法院两年来审理的利用互联网侵害人格权的584件案件(不含其他案由涉及人格权情况),以及中国裁判文书网收录的涉及网络的14,760件人格权纠纷案件进行研究发现,近10年网上侵害人格权案件不断攀升,当事人分布广泛,商事主体涉诉较多,值得关注,年轻被告占比较大,影视明星、网络大V涉诉较多,未成年人人格权受侵害亟须重视,网络平台成为共同被告比较普遍但判决担责较少,网络平台披露用户信息不够及时全面,精神损害赔偿已成为诉求重点,个人信息日益成为焦点。

一、网上侵害人格权案件审理概况

(一)收结案情况

截至2019年年底,在2年4个月时间里,杭州互联网法院共受理利用互联网侵害人格权案件584件,其中2017年33件,2018年108件,

* 杜前,湖州市中级人民法院院长,时任杭州互联网法院院长;倪德锋,杭州互联网法院副院长;曾宪未,杭州互联网法院研究中心负责人。

2019 年 443 件，年增幅分别为 227. 27%、310. 19%，增长迅速。截至 2019 年年底，共审结 484 件，服判息诉率为 95. 3%，被告出庭应诉率超过 9 成，并实现 100% 全流程在线审理。

中国裁判文书网相关数据也体现出涉网络人格权纠纷案件不断攀升。同时，近 3 年来，涉网络人格权案件占全部人格权案件的比重不断提升，反映网络越来越成为人格权侵权的主要场所。

（二）案由情况

从案由来看，肖像权纠纷、名誉权纠纷和主要涉及个人信息、平等就业的一般人格权纠纷居前 3 位，分别为 299 件、214 件、22 件，占比分别为 51. 20%、36. 64%、3. 77%。从中国裁判文书网的数据来看，名誉权纠纷，生命权、健康权、身体权纠纷，肖像权纠纷居前 3 位，分别为 7346 件、4435 件、2257 件，占比分别为 49. 77%、30. 05%、15. 29%（见图 1）。

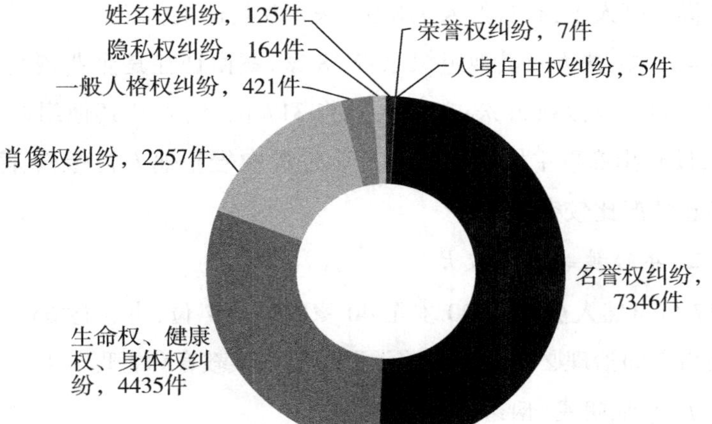

图 1　网上侵害人格权纠纷案由分布情况

（三）判决结果情况

原告胜诉率较高（包括部分胜诉），占比近 8 成。超 9 成案件判决被告停止侵权，近 6 成案件判决被告在全国性媒体上赔礼道歉，近 5 成案件判决被告在网络店铺首页及微博、微信朋友圈等置顶发布道歉声明。近

3成案件判决被告赔偿经济损失，其主要发生在未经许可使用肖像权的案件中；但支持的数额少，距原告诉请赔偿平均金额13.47万元有很大差距。判决支持精神损害赔偿的案件比例不足2成。

（四）法条引用情况

从法条引用来看，存在分散的情况。近20组案件侵权事实类似，但判决引用法条不一。目前，人格权相关法律和司法解释总体较为分散、滞后，难以满足互联网时代的需求，一定程度上存在找法困难。

二、网上侵害人格权案件特点

（一）当事人分布广泛

案件共涉及1281位当事人，遍布28个省份，充分说明利用互联网侵犯人格权不受地域限制这一特点。

（二）商事主体涉诉较多值得关注

涉诉当事人中，有自然人718位，法人及其他组织563家。其中自然人原告401位，法人及其他组织原告68家，案由往往是企业遭受商誉侵害提起的名誉权侵权诉讼；自然人被告317位，法人及其他组织被告达495家，反映出商事主体在互联网从业过程中侵犯他人肖像权、隐私权、个人信息情况比较突出。

（三）年轻被告占比较大

317位自然人被告中，20岁至40岁的有207位，占比达65.30%，反映出网络空间治理必须强化对该类群体的引导教育和管理。

（四）影视明星、网络大V涉诉较多

影视明星作为原告的案件233件，占比近4成，主要涉及未经许可使用肖像用于互联网商业宣传。另外，网络大V与公众人物之间互诉现象比较明显，调解难度较大。

（五）未成年人人格权受侵害亟须重视

侵害未成年人人格权的案件2019年同比增长12%。从中国裁判文书网的数据来看，涉学生案件数量达到867件，占比达5.87%。

（六）网络平台成为共同被告比较普遍，但判决担责较少

网络平台作为共同被告的案件占比40.75%，判决网络平台须承担责任的案件占比不到2成。网上侵害人格权主要通过网络平台进行，网络平台往往成为被告，但因多数平台能够证明没有主观过错并采取了必要措施以及能够披露用户信息而不用担责。

（七）网络平台披露用户信息不够及时全面

网络平台成为共同被告的案件中，60%的平台都是在原告起诉后才披露侵权用户的信息，37%的平台在用户要求披露信息时仅提供手机号码。原告单独起诉网络平台的主要原因是其未披露侵权用户信息。大部分平台披露信息只能提供手机号码，没有披露用户真实姓名、地址，达不到明确被告身份的要求。

（八）精神损害赔偿已成为诉求重点

51%的原告同时主张精神损害赔偿，但大部分原告不能证明其受到严重的精神损害，判决支持比例较低。从中国裁判文书网的数据来看，主张精神损害赔偿案件6308件，占比为42.74%（见图2）。

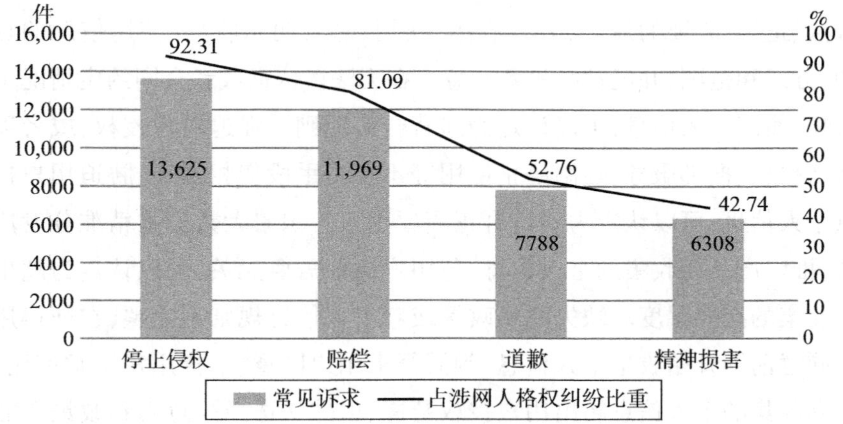

图2　网上侵害人格权案件常见诉求统计

（九）诉因复杂多样，个人信息日益成为焦点

网上侵害人格权的表现形式主要为网络用户在社交平台以文章、图

片、视频侮辱或者诽谤他人,揭露他人隐私,未尽注意义务发布、转载不实信息,网店未经允许使用他人肖像,等等。近4成案件与买卖、借贷、美容、健身、培训、邻里关系、劳动关系等基础性纠纷有关。近2成案件与征信数据、账户注册、交易信息、行踪信息等个人信息密切相关,该类案件在2019年同比增长16%。部分案件还涉及知识产权和刑民交叉。

三、网上侵害人格权案件热点法律问题

(一)利用AI换脸软件给他人"换脸"的侵权认定

利用AI换脸软件等信息技术手段生成的图片或视频中呈现的肖像仍然能够让公众直观地辨认出就是某特定自然人,则该行为涉嫌侵害他人肖像权。对于利用AI换脸软件恶意毁损、玷污、丑化他人肖像的行为,不仅构成对肖像权的侵权,还可能侵害他人的名誉权。需特别说明的是,除了涉及肖像权、名誉权侵权之外,AI换脸软件还可能会涉及著作权、个人信息与隐私权侵权的问题。

(二)App违规收集、使用个人信息的认定

根据网络安全法的规定,网络运营者收集、使用个人信息,应当遵循合法、正当、必要的原则,公开收集、使用规则,明示收集、使用信息的目的、方式和范围,并经被收集者同意。在无法律依据或者合同约定情况下收集、使用个人信息,可以认定为违背合法原则。强迫用户授权,或者以默认授权、捆绑服务、强制停止使用等不正当手段变相诱导、胁迫用户提供个人信息,可以认定为不符合正当原则。为积累大数据以精准分发广告、推广产品而收集的个人信息,与用户当前需要无关,可以认定为超出了收集的必要限度。缺失隐私政策或者个人信息规则不完整、在征得用户同意前即开始收集个人信息、频繁征求用户同意、干扰用户正常使用、实际收集的个人信息超出用户授权范围、以默认选择同意隐私政策等非明示方式征求用户同意、未经用户同意向关联公司等其他公司提供个人信息等行为均可认定为违规收集、使用个人信息。应当注意的是,为了鼓励大数据行业的发展,提振数据生产力的效用,在"用户同意+匿名处理"情况下,应允许数据流动。

(三)网络平台的责任认定

根据《民法典》第 1194 条至第 1197 条及相关规定,认定网络平台的责任关键在于以下几点:(1)网络平台自身利用网络侵害他人肖像权、名誉权等人格权的,应当承担侵权责任。(2)网络平台知道或者应当知道网络用户利用其网络服务侵害他人民事权益,未及时采取删除、屏蔽、断开链接必要措施的,对损害的扩大部分与该网络用户承担连带责任。如果网络平台对被诉的侵权内容主动进行过选择、整理、分类,或者被诉的侵权行为的内容明显违法,并置于首页等可为服务提供者明显所见的位置,则可以认为网络平台知道或者应当知道该侵权行为。判断网络平台采取的必要措施是否及时,应结合网络服务的性质,被侵权人发送通知的时间、形式、准确度等情况,网络信息侵害权益的类型和程度等综合认定。(3)相关主体辩称其仅为提供存储服务的网络平台,但未提供发布者的身份信息的,应当承担侵权责任。在司法实践中,对于网络平台披露信息是否及时的判断以及仅提供用户手机号码能否认定为已履行披露义务仍存争议。

(四)诉前禁令的适用

诉前禁令,是指当侵害他人权益的行为已经发生或即将发生时,如果不及时制止,将导致损害后果迅速扩大或难以弥补,在此情形下,受害人有权依法请求法院颁发禁止令,责令行为人停止相关侵权行为。目前,实体法意义上的诉前禁令主要适用在知识产权领域,在人格权领域因无相关规定而极少适用。笔者认为,互联网上发生的人格权侵权行为,其内容传播迅速、跨地域性强,其损害后果不可逆转,甚至会造成难以估计的损害,而受害人自身往往难以对其制约,因此,在人格权保护中,更应当强调对损害的事先预防,由公权力提前介入。例如,在网上发布他人的隐私照片,如果不及时删除或者屏蔽,则可能在世界范围传播。再如,某群控软件擅自监测、收集、上传大量微信用户数据至第三方系统,如不立即停止该行为,将可能对不特定用户信息和通信安全构成危害。因此,有必要通过诉前禁令及时制止不法行为。同时,为了防止诉前禁令被不当使用,需要明确其适用条件,并由法院对此进行必要的审查。

(五)转载网络信息是否尽合理审查义务的认定

网络用户转载网络信息应承担与其过错相适应的民事责任。认定转载者过错及程度,应当综合转载者所承担的与其性质、影响范围相适应的注意义务、所转载信息侵害他人人身权益的明显程度,以及对所转载信息是否作出实质性修改、是否添加或者修改文章标题,导致其与内容严重不符以及误导公众的可能性等因素。就注意义务而言,普通网络用户与专业媒体、网络大V等有所不同。对于普通网络用户,应对所传播内容来源的可信度和内容的合理性、合法性、时效性尽善良管理人之注意义务,对明显争议内容作必要的调查,排除正常人的合理怀疑;对消息来源无法确定,但确有合理理由需再传播,转载者应在转载过程中对其传播消息的不确定性进行特别说明;对涉及私人属性的网络消息应尽更高的审核义务;在发现转载的信息可能涉嫌侵害他人权利时,应立即删除。对于专业媒体、网络大V,由于粉丝量大,影响范围更广,在转载时应承担更高的注意义务。

(六)公众人物对网络评价信息的容忍义务及其限度

公众人物一般是指在一定范围内拥有一定的社会地位,具有重要影响,为人们所广泛知晓和关注,且能因此从社会中得到巨大利益,并与社会公共利益密切相关的人物。公众人物在享有普通人所不能享有的社会知名度、关注度、影响力、号召力等特有利益的同时,还应受一定制约机制的约束,对外界评价承担更多容忍义务。在新闻报道或者评论中所述事实真实的情况下,即使存在遣词造句不当,甚至有个别言辞夸大,只要作者主观上不存在故意或者重大过失,就不应当认定为侵权。应当注意的是,公众人物的容忍义务不是绝对的。一是公众人物的容忍义务应以公共利益为限;对于不涉及公共利益及社会公众生活的领域,公众人物享有一般民事主体所享有的全部民事权利,名誉权依然受法律的严格保护。二是公众人物的容忍义务应以正当舆论监督为限;如果评价者主观动机不纯,有恶意损害公众人物人格权的企图,那么不可以公众人物的容忍义务为抗辩理由主张免责。

(七)违约之诉中是否支持赔礼道歉、精神损害赔偿

在网络服务合同纠纷中,网络平台将买家正常退货行为误判为恶意退款或者将卖家误判为售假,对其进行处罚,造成对方人格受损的情况并不鲜见。对于能否支持相关买家或者卖家主张的赔礼道歉、精神损害赔偿,一种观点认为,在违约损害赔偿中不包括赔礼道歉、精神损害赔偿,仅仅存在侵犯人格权和一部分身份权并给受害人带来精神痛苦时才会适用精神损害赔偿。如果在违约之诉中适用精神损害赔偿,就会使当事人赔偿范围不断扩大,一般也会超出合同当事人的预见范围,同时这种损害结果又难以确定,因此原则上受害人不能基于合同之诉要求违约方给予精神损害赔偿。另一种观点认为,有些案件如果单纯地以违约案件来处理,对原告只给予财产上的损害赔偿的话,会显得不公平,因此,一方违约损害对方人格权并造成严重精神损害的,受损害方可以同时请求其承担违约责任以及精神损害赔偿。两种观点及做法在司法实践中并不统一,对此需要法律明确。

四、综合治理网上侵害人格权的建议

(一)对网络平台的建议

在涉网人格权保护中,网络平台应落实主体责任,切实担负起社会责任。一是加强守法自律。不生产制作、引流推广侵犯肖像权、名誉权等内容,严格依照法律规定和系统本身的功能目的来收集、处理和流转数据,完善用户信息分类分级保护,有效开展数据安全合规性自评估,规范用户个人信息收集使用行为。二是加强平台自治。优化投诉处置流程和操作界面,提高对于投诉内容侵权与否的判断能力,及时履行通知—删除义务,加大侵权处罚力度,主动化解纠纷,为溯源治理发挥积极作用。三是加强智能排查。创新升级算法模型,利用更加智能的技术手段依法实时排查、删除明显侵害他人人格权的文字、图片和视频等内容,全面挤压侵权内容生存空间。

(二)对网络用户的建议

在日趋复杂的互联网环境中,网络用户应提高文明意识和法治意识,加强自我保护。一是理性文明上网。遵守网络道德规范,理性文明发表

言论,不为增加点击率做恶意标题党,不盲目转载他人文章,不泄露他人隐私,在宣传介绍商品时不违法盲从傍明星,在处理其他纠纷时应避免侮辱、诽谤他人。二是依法合理维权。在网络上发现有侵犯自身人格权的内容时,联系对方删除;如对方不删除或不知道对方的联系方式,应向网络运营者发出有效通知,要求其采取删除、屏蔽、断开链接等必要措施,并根据情况进行投诉、起诉。同时,提高证据意识,通过可信时间戳等方式固定电子证据。三是加强自我保护。提高保护个人信息的敏感性,选用安全合规的应用软件,安装时认真阅读其应用权限和用户协议,不随意开放和同意非必要的读取权限,不随意输入个人隐私信息,定期维护和清理相关数据。

(三)对监管部门的建议

涉网络人格权侵权形式隐蔽多样,监管难度不断加大,监管部门应探索完善治理方式。一是加强源头治理。深化网络社交平台等各类账号的实名制管理工作,深入了解行业经营模式,通过大数据等技术深挖细查专门收集、制作、传播侵犯他人名誉、隐私等内容的主体,完善个人信息保护标准和规范,对应用软件上架前开展隐私政策评审评级工作,常态化评估下载量大、用户常用的应用软件。二是加强协同治理。网信、公安、市场监管等部门应进一步加强联合式执法,进一步完善信息共享、资源统筹、工作协调,提高行刑衔接打击力度。同时,还应协同网络平台、行业组织、研究机构、新闻媒体等,形成保护人格权的良好生态和强大合力。

原文首发于《人民司法》2020 年第 22 期

审理跨境电商案件的探索与思考

杭州互联网法院课题组*

在经济全球化优化升级以及数字经济高速发展的大趋势下，跨境电子商务已成为我国自贸区对外贸易的又一张金名片。2020 年我国跨境电子商务进出口额达 1.69 万亿元，①跨境电子商务的新业态、新模式不断迭代更新，支持跨境电子商务新业态的合规发展已经连续 7 年写入国务院政府工作报告。杭州互联网法院跨境贸易法庭（以下简称跨贸法庭）在跨境数字经济的大潮中应运而生，成立一年来始终坚持以习近平法治思想为指导，始终牢记“坚持统筹推进国内法治和涉外法治”要求，依法公正高效审理跨境电商纠纷案件，平等保护中外当事人合法权益，着力提升跨境数字贸易规则制定能力，积极为中国（浙江）自由贸易试验区构建法治化、国际化、便利化的营商环境提供有力的司法服务和保障。跨境电子商务是跨境数字贸易的重要组成部分，现以跨贸法庭审理跨境电子商务案件的基本情况为切入点，对法庭在服务、保障跨境数字贸易高质量发展中所作的探索进行梳理，并提出相关建议。

一、审理跨境电子商务案件的基本情况

（一）跨境电子商务行业及主体概况

1. 跨境电子商务的内涵　从通常含义理解，跨境电子商务的内涵至少包括跨境和电子商务两个基本的属性。跨境是指交易对象即交易的商

---

* 课题主持人：洪学军，杭州互联网法院院长；课题组成员：王江桥、肖芄、赖粤旭。

① 海关总署：《中国海关交出 2020 年成绩单》，载中华人民共和国海关总署网 2021 年 2 月 3 日，http://www.customs.gov.cn/customs/ztz186/3O2414/302415/gmfc40/2813466/3542604/index.html。

品/服务位于不同的海关境域,交易过程的实现需要通过商品/服务跨越关境完成;电子商务是指跨境贸易多个环节通过互联网等数字信息手段完成,包括交易商品/服务的展示、订购、付款等。这也是跨境电商区别于传统外贸的特征之一。[①] 基于以上认识,笔者认为,跨境电子商务的内涵是指分属不同关境的交易主体,通过电子商务平台等数字信息化手段达成交易、进行支付结算,并通过跨境物流送达商品、完成交易的一种商务活动。

2. 跨境电子商务的外延范围 实践中基于对跨境电子商务内涵的不同理解,特别是监管部门监管政策的差异,对跨境电子商务的外延范围有广义和狭义两种区分。所谓狭义范围的跨境电子商务,主要包括跨境电商零售进口、跨境电商零售出口两种,依据《商务部、发展改革委、财政部、海关总署、税务总局、市场监管总局关于完善跨境电子商务零售进口监管有关工作的通知》(商财发〔2018〕486 号,以下简称 486 号文件)规定,跨境电商零售进口,是指中国境内消费者通过跨境电商第三方平台经营者自境外购买商品,并通过网购保税进口(海关监管方式代码 1210)或直购进口(海关监管方式代码 9610)运递进境的消费行为;依据国务院办公厅转发商务部等部门《关于实施支持跨境电子商务零售出口有关政策意见的通知》(国办发〔2013〕89 号)规定,跨境电子商务零售出口是指我国出口企业通过互联网向境外零售商品,主要以邮寄、快递等形式送达的经营行为,即跨境电子商务的企业对境外消费者出口。所谓广义范围的跨境电子商务,是指所有具有跨境和电子商务双重属性的商务活动,既包括跨境电商零售进口和跨境电商零售出口的 B2C 模式,还包括企业通过跨境物流将货物运送至境外企业或海外仓,并通过跨境电商平台完成交易的跨境电商 B2B 贸易模式。因跨境电商 B2B 贸易模式与传统进出口贸易模式在法律性质等问题上具有一致性,可以沿袭传统方式解决;但跨境电商 2C 模式,无论是 B2C 抑或 C2C,由于交易对象直接流向消费端,在通关模式、监管要求、商品属性认定、税收义务承担等很多方面与一般的传

① 参见赵慧娥、岳文主编:《跨境电子商务》,中国人民大学出版社 2020 年版,第 2 页。

统贸易存在极大差别,难以直接用传统外贸的法律规则对之进行调整。从这个意义上而言,跨境电子商务主要是指带有零售性质的跨境电商2C模式,包括B2C模式的跨境电商零售进口、跨境电商零售出口和C2C模式的海外代购。

3. 跨境电子商务的主体　跨境电商参与主体主要包括跨境电商企业、跨境电商企业境内代理人、跨境电商平台、境内服务商、消费者,在海淘代购模式下还包括委托代购方。在跨境电商参与主体中,着重需要介绍的是跨境电商企业、跨境电商企业境内代理人及跨境电商平台以及消费者。按486号文件的界定,跨境电商企业,指自境外向境内消费者销售跨境电子商务零售进口商品的境外注册企业,或者境内向境外消费者销售跨境电子商务零售出口商品的企业,为商品的货权所有人。跨境电商平台是在境内办理工商登记,为交易双方(消费者和跨境电商企业)提供网页空间、虚拟经营场所、交易规则、交易撮合、信息发布等服务,设立供交易双方独立开展交易活动的信息网络系统的经营者。跨境电商零售进口平台,如天猫国际、考拉海购、京东国际、拼多多全球购、唯品国际、小红书等;跨境电商零售出口平台,包括第三方平台如Amazon、wish、eBay、AliExpress全球速卖通、Lazada、天猫淘宝海外和自营平台如SHEIN、lightinthebox等。跨境电商企业境内代理人,是486号文件在跨境零售进口电子商务场景下的特设主体,该代理人须为一家在境内办理工商登记的企业,受跨境电商企业委托以跨境电商企业名义办理海关注册、通关手续,并就其承诺事项与受委托的跨境电商企业承担民事连带责任。消费者,是指跨境电商零售进口商品的境内购买人,也包括跨境电商出口中的境外购买人。

上述主体之间在一般情况下,跨境电商企业与跨境电商企业境内代理人形成委托代理法律关系,跨境电商平台与消费者、跨境电商企业形成网络服务合同法律关系,消费者与跨境电商企业之间形成网络买卖合同法律关系。

(二)跨境电子商务案件审理概况

跨贸法庭审理的跨境电子商务类案件已超过200件,跨境电子商务类案件数量呈现逐年上升的态势。从2017年全年受案量仅10余件，到2018年受案量30余件、2019年受案量超过50件，2020年受案量大幅增长，案件数量超过了100件，增幅超过40%。但跨境电子商务类案件的绝对数量仍远低于杭州互联网法院审理的普通电子商务类案件数量，2020年跨境电子商务类案件的数量尚不到普通电子商务类案数量的4%。经初步分析，这种现象的出现，与跨境平台治理能力、案件管辖设定分散、协议仲裁分流、跨境维权难等诸多因素有关。

由于跨贸法庭受到管辖权限制，受理案件类型尚未囊括全部纠纷类型，目前受理的跨境电子商务案件主要包括以下几种类型：

(1)跨境电子商务产品的买卖合同纠纷。此类纠纷案件是最常见的跨境电商纠纷案件，占法庭审理的跨境电子商务类案件比例达40%。此类案件多以境内外消费者为原告，以跨境电商企业提供的商品不符合质量标准或约定要求等为诉由，起诉跨境电商要求承担违约责任。此类案件中原告诉请多伴有因不符合食品安全标准或欺诈而提起的惩罚性赔偿请求。

(2)跨境电子商务产品责任纠纷。此类案件因跨境电商销售的产品存在质量问题导致使用者人身、财产遭受损害，而由受侵害人向跨境电商提起。该类纠纷的绝对数量不大，占法庭审理的跨境电子商务类案件比例仅为5%。

(3)跨境电子商务委托服务类合同纠纷。此类纠纷包括在海淘代购中境内委托方和境外代购方产生的委托代购合同纠纷、用户通过电商平台与代理商形成委托代订境外航空机票或住宿等产生的合同纠纷等。该类纠纷占法庭审理的跨境电子商务类案件比例为6%。

(4)跨境电商平台网络服务类合同纠纷。此类纠纷包括消费者起诉跨境电商平台经营者要求平台先行承担境外销售者责任的纠纷，消费者或跨境电商起诉跨境电商平台要求平台承担因对交易争议(交易过程中交易双方就少件/丢件、货不对板、商品破损、运费争议、产品质量等问题产生纠纷)调处错误造成损失进行赔偿的纠纷，消费者或跨境电商认为跨境电商平台基于平台治理规则作出的处罚措施错误，要求撤销处罚并进行赔偿的纠纷。此类纠纷案件也是最为常见的跨境电商纠纷案件，占法庭审理的跨境电子商务类案件比例达45%。

(5)跨境电子商务中涉知识产权类纠纷。如涉平行进口问题的侵权纠纷，境外品牌的境内权利主体起诉商家销售商品，未取得境外权利主体授权，构成侵权；如跨境电商平台通知、反通知产生的纠纷，美国TRO禁令或国外权利人来函要求平台删除销往对应国家的商品，平台依据协议、规则处置后引发纠纷。此类纠纷绝对数量不高，占法庭审理的跨境电子商务类案件比例仅为4%。

二、跨境电子商务案件呈现的特点

(一)诉讼主体全球化、诉讼标的多样化

进入数字经济时代，跨境电子商务成为主流的贸易方式，案件审理中也反映出交易主体和交易对象高度全球化特征。在案件主体方面，案件的诉讼主体多分布于日本、韩国、美国、欧洲、新西兰及澳大利亚等国家或地区；涉外诉讼主体中既有跨境电商零售进口的跨境电商企业，也有跨境电商零售出口的境外消费者，还有在境外注册经营的跨境电商平台经营者等。在跨境电商纠纷案件的标的方面，跨境零售进口的商品多源于美国、日本、韩国、新西兰、荷兰及法国等国家或地区，涉诉商品主要集中于母婴类产品、保健品、食品、洗护用品、化妆品、宠物食品、服装、轻奢品等；跨境零售出口的商品多销往美国、新加坡、日本、韩国、俄罗斯等国家，涉诉的商品主要集中于时装、手机等消费电子产品以及运动与户外用品等。

(二)原告撤诉率较高，且多因自身原因导致

跨贸法庭审结的案件中，以判决方式结案的案件仅占全部结案量的25%，以撤诉方式结案的案件占全部结案量的60%，剩余15%则以调解、裁定驳回起诉等其他方式结案。可见，在跨境贸易纠纷的审理中呈现撤诉率高、调解率低及案件判决数量不多的特征。在所有的撤诉案件中，撤诉原因又大致分为三种：第一，因被诉主体错误，原告主动申请撤诉。此类案件占所有撤诉案件量的60%。第二，因双方当事人达成庭外和解，原告申请撤诉。此类案件占所有撤诉案件量的30%；和解撤诉情形多为消费者起诉跨境电商平台，平台居中协调消费者与跨境电商企业达成和

解。第三，因原告未缴纳诉讼费等，案件按撤诉处理。此类案件占所有撤诉案件量的10%，多为原告知悉被告为涉外主体，存在送达周期长、执行难度大等因素后，主动选择不缴费。

（三）跨境电商平台被诉率高、败诉率低

从审理的案件情况看，跨境电商平台被诉案件量大，占跨境电商类纠纷总量的60%左右。平台被诉的情形既有平台自营业务被诉，也有平台他营业务被诉，还包括平台调处行为、平台处罚措施被诉；但从诉讼结果上看，跨境电商平台的败诉率较低。从现有的样本分析，一方面是因为平台较好地履行了法定职责和约定义务；另一方面则是因为平台在前端化解了部分高风险的诉讼。另外则是部分跨境贸易平台通过协议管辖约定仲裁，法庭没有管辖权，只能裁定驳回起诉。

（四）消费者维权案件数量偏低，消费者维权难

跨境电商案件中消费者明确责任主体难，原因包括：一是境外主体证照形式、内容与境内主体存在差异，入驻平台的跨境电商企业主体信息、执照公示缺乏规范标准，各平台也难以按境内主体标准进行公示。二是平台自营商品经营主体多元，同一平台自营主体不同、自营主体信息公示不突出及自营主体与平台经营主体不一致。三是在网络服务合同纠纷中，跨境电商平台的服务提供方多，用户与多个主体共同签订服务合同，纠纷发生后难以确定责任主体。四是普通电商平台内嵌跨境电商平台商品链接，消费者从普通电商平台向跨境电商平台跨平台浏览和交易时，页面跳转过程未作明显提醒。

协议管辖增大消费者维权成本。跨境电商平台往往以存在约定管辖为由，提出管辖异议，认为纠纷应由协议约定管辖的马耳他、新加坡、美国等域外仲裁机构或司法机关进行处理，提高了消费者的维权成本。

消费者对跨境电商交易模式和标的物性质普遍存在认知偏差，具体表现在两个方面：一方面是消费者认为跨境电商零售商品的各项标准应完全按照传统进口销售商品标准执行；另一方面是消费者认为个人购买的跨境零售商品可以再次出售。

(五)案件审理面临主体认证难、证据认定难、法律适用难等

跨境电商纠纷涉外因素较多,案件审理存在以下难题:一是涉外主体认证难。涉外诉讼相比于普通诉讼额外需要主体的公证与使馆认证,所需的时间更长,程序更烦琐。二是域外证据认定难。目前,部分证据仍需要公证和认证,而且在司法实践中,关于证据真伪的认定以及证据翻译的问题,对法院与当事人来说面临认定风险和成本挑战,特别是对于标的额较小的跨境零售电商纠纷,这些成本难以忽略。三是域外与区际送达问题。在司法实践中,域外、区际送达方式虽然多样,但与跨境电子商务的数字信息化特性难以匹配。目前,跨境电子商务案件仍采用传统方式送达,送达程序复杂、送达周期长、成功送达率低,而采用电子化方式送达又面临配套体系不健全、送达效力缺乏规范依据等问题。四是法律适用难,案件主体多涉外,法律适用情况复杂,而且部分领域法律规定不明确,相关规则可操作性不强。

(六)知识产权纠纷多发,被投诉人申诉、维权难

随着跨境电商平台出海业务的快速发展,跨境电商所涉及的知识产权范围不断扩大。在我国跨境零售行业出口额连年增长的情况下,出海商品与域外权利人的知识产权纠纷摩擦必然增多,也意味着跨境电商知识产权案件迅速增加。这些案件中往往存在域外权利人滥用投诉权利的情况:域外权利人利用域外电商平台投诉与法院诉讼便利,以知识产权被侵权为由,批量要求平台对我国出海商家和商品进行处罚。例如,美国亚马逊平台曾以可能存在专利权侵权为由强行下架我国平衡车产品,导致知识产权治理转变为恶意商业竞争。然而面对这种情况,我国中小型出海企业受到处罚后只能向我国法院起诉,但因此类处罚往往由外国主体作出,我国当事人限于客观条件难以准确锁定处罚主体,往往被法院驳回起诉或驳回诉讼请求。因此我国的出海企业面对这种处罚可以说没有申诉与维权途径,严重打击了我国跨境电商企业的出海积极性,阻碍了我国电商业务的发展。

(七)跨境零售商品质量良莠不齐,涉食品、婴儿用品占比高

跨境电商商品质量保障一直是困扰行业的痛点和产生信任危机的原

因之一。在审判实践中，以跨境商品或服务不符合质量或约定要求而提起诉讼的案件量呈上升的趋势，其中涉及食品、婴幼儿用品及其他日用快消品类商品质量问题的案件占比最大；而一旦消费者面临假货、质量缺陷、瑕疵品退还、商品价款追索等纠纷时，追索成本及难度都较高。同时，在涉及商品质量等问题的案件中，跨境电商平台自营商品被诉率较低，且平台自营商品一般均能提供正品授权链路或可信、权威的采购链路证据，以达到证明其所售商品品质质量保障的目的，这与平台企业通过强大的海外市场采购体系与规模效应下的议价能力实现商品质量保障不无关系。

（八）灰黑产业在跨境电商领域开始兴起，亟须规制和治理

跨境电子商务是一种新兴业态，难免因监管分散而导致出现真空地带，进而滋生出一些灰黑产业。在以下几个领域存在风险：第一，在跨境电商的退换货环节，存在不法主体控制多个关联账户，通过退换货机制买真退假，即从跨境电商企业处购得真品，却通过无理由退货、商品存在瑕疵等原因申请退货，而退回商品为调包后的假货，以此谋取不正当利益。第二，在跨境零售进口消费者填报个人信息通关报税环节，非法获取消费者个人信息进行售卖牟利等违规违法行为。第三，不法主体通过控制关联账户，借用或冒用他人身份信息报关，使用他人跨境电子商务零售进口商品交易限值，购买跨境商品后进行二次转售。第四，存在竞争对手恶意进行知识产权投诉以及有组织的刷单炒信、恶意差评等违规违法行为。

三、跨境电商行业的裁判规则及法律争议问题

（一）对跨境零售进口商品中文电子标签的效力认定

我国《食品安全法》规定，一般进口食品应有中文标签，但对近年来大量涌现的跨境零售食品的中文电子标签效力未作出明确规定，普遍认为仅有电子标签构成标签瑕疵，经营者应承担退货退款责任。[①] 跨境电子商务是新型的经济形式和新兴业态，立法难免滞后于现实发展，《电子

---

① 参见徐宇翔：《进口食品无中文标签　商家被判十倍赔偿》，载《北京日报》2020 年 2 月 5 日，第 8 版。

商务法》第 26 条规定，电子商务经营者应当按照国家关于进出口监督管理的法律、行政法规和有关规定从事跨境电子商务，表明人民法院可结合规范性文件精神对相关法律规定作出与时俱进的合理解释。笔者认为，参照 486 号文件精神，对于既具有货物的贸易性也具有私人物品个人自用性的跨境电商零售进口商品，应在充分保障消费者知情权、选择权的基础上，对《食品安全法》规定的进口食品中文标签含义作扩大解释，即在跨境电商零售进口交易中，跨境电商已履行对消费者的提醒告知义务并获得消费者确认同意后，在商品订购网页使用符合要求的中文电子标签应视为具有中文标签，此时电子标签与纸质标签具有同等效力。

（二）对跨境零售进口商品的质量标准认定

跨境电商零售产品在入关时，海关按终端消费者个人自用物品进行监管、征税，但产品在性质上是属于个人物品还是货物仍然存在争议，由于其特殊属性，应与一般进口商品进行区分。在司法实践中，对于消费者购买的跨境零售进口商品，是否必须与境内同类产品的标准要求完全一致，如未达到境内同类产品的标准要求是否当然应认定存在质量缺陷等，长期存在争议。笔者认为，传统进口贸易入境销售的产品在法律属性上与本国商品无异，进口产品需达到我国同类产品的各项标准要求，但跨境电商零售进口中消费者通过跨境电商平台向境外电商企业直接购买产品自用具有特殊性，产品在投递入境时性质为自用物品。若跨境电商企业已在商品订购网页或其他醒目位置向消费者进行风险告知，明确相关商品符合原产地有关质量、安全、卫生、环保、标识等标准或技术规范要求，也告知前述标准可能与我国标准存在差异，履行对消费者的提醒告知义务后，经消费者确认同意下单购买，此后，消费者再以所购商品不符合境内同类产品标准、存在质量缺陷等理由主张退款或惩罚性赔偿的，法院不予支持。

（三）跨境零售商品应否支持惩罚性赔偿的认定

随着我国跨境电商市场的高速发展，针对各类跨境产品的所谓职业索赔也呈井喷趋势，跨境电商平台已成为职业索赔人高度聚集的领域。职业索赔行为客观上在净化市场、促进依法生产经营方面发挥了一定的积极作用;但是该行为主要集中在标签标识领域,且具有明显的经济利益驱动特征,挤占了大量的公共资源,对市场行政监管部门、人民法院都造成了较大的负面影响。[①] 笔者认为,在跨境电商交易中对于职业索赔人非基于生活消费需要购买物品,可不支持惩罚性赔偿。职业索赔行为的判断可以参照两个标准:一是多次购买案涉产品或类似产品后提起数件类似主张惩罚性赔偿的诉讼。二是其他明显不符合普通消费行为的情形。法院一旦查出案涉行为具有上述两种情形之一的,可认定为职业索赔行为。

(四)对跨境电商企业境内代理人连带责任的认定

486号文件明确要求,跨境电商企业应委托一家在境内办理工商登记的企业,由其在海关办理注册登记,承担如实申报责任,依法接受相关部门监管,并承担民事连带责任。在审判实践中,有消费者基于前述通知规定提起诉讼,要求跨境电商企业境内代理人就所购商品的质量问题与跨境电商企业承担连带责任。笔者认为,虽然前述通知本身不属于具有民事规范效力的法律,不能直接基于该通知的规定为当事人设定连带责任,但前述通知对整个跨境电商行业的角色和责任进行了清晰的梳理,连带责任的规定充分考虑了对于境内消费者合法权益的保护:一方面对跨境电商企业境内代理人提出了保障消费者权益的责任要求;另一方面也为消费者维权开辟一条更加便利的通道。若跨境电商企业境内代理人基于前述通知的要求,在履行代理业务过程中向监管部门提交了愿就其代理的跨境商品质量等问题与跨境电商企业向消费者承担连带保证责任的承诺,在连带责任保证范围内,消费者要求其承担责任的,法院应予支持。

(五)跨境电商平台自营主体的认定

目前,主流的跨境电商平台几乎都开展了自营业务。不同于普通的商家—平台—消费者的三角关系,在自营业务中,跨境电商平台直接扮演商品销售者或服务提供者的角色,呈现平台(商家)—消费者的两点关

---

① 参见筱风:《防范职业打假,营造良好营商环境》,载《人民法院报》2020年12月14日,第2版。

系,跨境电商平台应对自营出售的商品承担产品责任。与此同时,平台作为管理者,对其他入驻商家的经营行为也应该进行规范。但笔者发现,部分平台在经营过程中未对自营业务与自营标记进行严格管理,导致消费者容易混淆自营业务范围。笔者认为,法院在审查跨境电商平台是否履行自营业务标记义务时,审查标准应高于普通电商平台应尽的义务标准,对商品标题上标记有“自营”字样、网店名称与平台名称高度重合等情形,平台未采取必要措施予以纠正,使普通消费者对交易主体产生混淆,错误认为系平台自营业务而形成交易,由此给消费者造成的损害,平台应承担相应责任。

(六)7 天无理由退货的适用认定

《消费者权益保护法》第 25 条第 1 款规定,消费者在网购交易中享有 7 天无理由退货的权利。在跨境电商环境中,消费者除了面临传统电商的信息不对称,还存在语言和地域差异等问题,所以 7 天无理由退货权利显得更为必要。但跨境电商业态具有特殊性,7 天无理由退货应区分场景进行适用:首先,原则上应适用 7 天无理由退货规定。其次,对于商品为直购进口(海关监管方式代码 9610)等特殊情形,因涉及进出口综合税税费、邮费以及二次销售等因素,若跨境电商企业已明确告知商品属于境外直购进口,不适用 7 天无理由退货,并经消费者确认,则符合《消费者权益保护法》第 25 条第 2 款的相关规定,不适用无理由退货规则。再次,根据海关总署《关于跨境电子商务零售进口商品退货有关监管事宜的公告》的规定要求,跨境电子商务企业境内代理人应在海关放行之日起 30 日内申请办理退关手续,并在放行之日起 45 日内将退货物品送达至原海关监管作业场所或保税物流中心,否则将导致商品无法完成退关,因此消费者有及时退货的义务。最后,代购行为不适用 7 天无理由退货规则,代购方和消费者形成委托关系,不应适用《消费者权益保护法》关于网购商品可 7 天无理由退货的特殊规定。

(七)跨境电商案件中对平行进口的认定

跨境电商平行进口存在权利用尽问题。平行进口是指经营者未经进口国知识产权权利人的许可,从境外合法渠道进口受到知识产权保护的商品至境内并进行转售的行为。① 国际权利用尽是支持平行进口的基础,即权利人一旦将其生产或许可他人生产受知识产权保护的产品合法地置于市场流通以后,权利人享有的专有权一次性穷竭,无权禁止他人在市场上再次销售该产品。在司法实践中,销售方由于品牌方渠道管控、经销商渠道自保、扫货商缺少授权链路证明等原因,很难提供品牌方授权文件证明其商品源于合法渠道,可能因此面临不利诉讼后果。笔者认为,不应局限于知识产权权利人授权的单一证据形式,应在高度盖然性证明标准的指引下,强调事实认定证据的多样性、包容性。在销售方无法出具知识产权权利人海外授权的情况下,如商品是经过正常交易行为获取的,且原告方对于涉案商品是否为正品未提出异议或无法充分举证反驳的,即为合法、正规渠道购进商品,应认定构成平行进口。

四、服务与保障跨境电商行业发展的建议

(一)进一步完善跨境贸易法律体系

跨境电商纠纷中存在多方主体,各方权利义务在法律层面尚不够清晰。《电子商务法》虽然对跨境电商有了法律上的基本规定和行为规范,但其对跨境电商的规范是框架式的、笼统的,没有具体详细的规定;而《消费者权益保护法》和《食品安全法》等相关法律并没有专门针对跨境电商行业的特点和趋势进行规定,不足以支撑跨境电商法律体系的建立。② 跨境电商法律体系包含交易主体法律地位、税收、海关、检验检疫、知识产权与隐私权保护、电子支付和争议解决等内容,③因此跨境电商法律体系的建立必然需要从各个方面汲取营养,从而做好顶层立法设计。一是及时吸收相关行政机关管理文件中的精神,海关、税务等行政机关长期管理跨境电商平台与企业,能够及时掌握行业内的规律和特点,发现行业内的问题,国务院和相关部门的部分政策亟须在立法层面予以确定。二是吸

---

① 《跨境电商平行进口的商标权问题探析》,载人民网,http://ip.people.com.cn/n1/2018/0706/c136679-30131110.html。

② 薛源:《跨境电子商务交易全球性网上争议解决体系的构建》,载《国际商务(对外经济贸易大学学报)》2014 年第 4 期。

③ 肖婷云:《跨境电子商务的法律规制》,载《长沙大学学报》2015 年第 3 期。

收国际上跨境电商法规的先进理念,提升我国跨境电商法律体系的国际契合度。三是吸收司法机关在跨境电商纠纷审理实践中探索出的规则,这些规则反映出跨境电商纠纷中最为急迫的问题,急需立法机关将其升级为法律规范,成为具有普适性的审理依据。

(二)进一步加强行政监管力度,加大行政、司法协同治理力度

跨境电商行业的健康发展离不开强有力的行政监管;跨境电商业态作为新兴体,目前在管理依据和监管方式上还存在一些缺失。因此为加强监管力度,保护消费者权益,应做好以下几点:一是要丰富监管主体,塑造多层次监管模式,把握好政府部门的执法主体地位,制定好监管政策;具体职能部门要切实落实监管政策,严格执法。二是加强大数据技术应用,全面提升监管效率,建立跨境电商监管共享平台,逐步实现对商贸流通、海关清关、资金流动等全产业信息流的挖掘与整合,对跨境电商产业链中的每个主体开展征信评估、产业与企业风险分析、产业规模分析等研究,实现从被动监管到主动防御的全方位转变。三是建立跨境商品溯源监管机制,对跨境电商流通的各个环节进行实时追踪,并结合消费、风险评估、产品质量分析等大数据实时调整跨境电商商品分类,确保分类管理的时效性与准确性,确保监管效率的有效提升。①

(三)进一步加强跨境贸易发展司法保障

跨贸法庭发挥审判职能作用,努力提升中国(浙江)自贸区司法保障,探索调解、仲裁、诉讼"三位一体"的争端解决机制,打造独立的涉外诉讼平台与跨境电商多元纠纷化解平台,两个平台集司法、行政职能部门、仲裁、行业协会、商事调解组织、商会等各方力量于一身,为浙江自贸区司法保障与纠纷化解打下基础。构建跨境电子商务案件诉讼规则体系,填补跨境电子商务案件在线诉讼规则的空白。充分发挥在线审理模式、异步审理模式、智能审理模式的优势,解决跨境电子商务案件审理在时间和空间上的阻碍。通过案例裁判,探索跨境电子商务裁判规则,发挥

① 参见薛源:《跨境电子商务网上争议解决机制研究》,中国政法大学出版社2014年版,第10页。

司法裁判对规则的引领作用,实施跨境电子商务审判精品战略,着力提高案件质量,打造出一批具有典型意义和示范效果的精品案件,明晰裁判规则,由此上升到规则输出,提升我国参与国际规则制定的话语权。

(四)进一步提高消费者维权意识,倡导理性消费

消费者实施跨境电子购物行为较一般境内网购应该更加注重自身权利保护,提升风险意识,购物过程应更为理性,对消费者与跨境电商企业的法律关系应有更深刻的认识,特别是纠纷中的协议管辖、跨境零售商品适用的属性与标准、平台经营主体等问题需要格外注意,购物前应对电商平台上关于经营与商品的告知情况仔细阅读,结合自身风险承担能力作出综合判断;同时要掌握电商平台内所设置的纠纷解决机制,较之冗长、烦琐的涉外诉讼程序,消费者若能主动掌握平台内的纠纷解决机制,更有利于尽快实现权益维护。此外,消费者也应履行自身义务,不得滥用自身权利。例如,7 天无理由退货权利,消费者应知悉购买风险,部分商品不适宜无理由退货,而且在退货过程中应及时退货。消费者还应遵守跨境零售商品不得二次销售的规定,否则存在走私风险。总之消费者应打破传统电商的思维定式,全面清晰地了解跨境电商业态,维护自身权利。

(五)进一步提升跨境贸易企业自律意识和治理能力

跨境电商企业是推动行业前进的最重要角色。因此,企业要切实履行好各项消费者权益保障义务,做好行业自律与自治,促进我国跨境电商行业的良性发展。一是严格商家入驻审核义务,公示入驻主体信息,并对跨境零售与非跨境零售的商品进行显著区分。二是建立安全风险防控机制,跨境电商企业应建立进口商品质量追溯体系,严格商品溯源。三是建设平台内的争端解决中心,高效便捷公正地解决消费者维权难的问题。四是行业内建立行业协会,制定行业内规则,通过自身的治理保障行业良性发展。

原文首发于《人民司法》2021 年第 34 期

侵害企业商誉案件的司法大数据分析报告

杭州互联网法院课题组*

进入数字时代,信息传播更加迅速、广泛,新技术迭代更新快,市场竞争加剧,商誉的价值被进一步放大;同时,商誉也更容易受到侵害,商誉保护问题变得更加复杂。党中央、国务院历来重视商誉保护,中共中央、国务院先后印发《关于完善产权保护制度依法保护产权的意见》《关于营造更好发展环境支持民营企业改革发展的意见》等,要求加强商誉保护,引导企业重信誉。最高人民法院曾于 2020 年 8 月对十三届全国人大三次会议第 1994 号《关于加强保护无形财产权,加快完善商誉立法的建议》、第 3386 号《关于进一步完善商誉保护立法的建议》进行答复,提出将持续提高商誉司法保护的力度。

杭州互联网法院自成立以来,始终坚持系统观念、法治思维,通过审理一批填补空白、确立规则的典型案件,充分发挥司法裁判规范引领功能,加强企业知识产权、人格权保护,严厉打击商业诋毁行为,全面提升商誉司法保护水平,不断优化稳定、透明、公平与可预期的法治化营商环境,有力服务、保障数字经济高质量发展,促进共同富裕。

为深入分析互联网商誉案件的特征及其成因,回应前沿热点问题,为新发展阶段更高水平保护企业商誉提供决策参考,杭州互联网法院对成立以来审理的涉网商业诋毁、侵害商标权或人格权等有关商誉的案件,以及中国裁判文书网收录的网上侵害商誉民事案件进行分析,并结合代表性企业调研反馈,形成本报告。

---

* 课题主持人:洪学军,杭州互联网法院院长;课题组成员:倪德锋、曾宪未、张迪、靳林东。

一、网上侵害商誉案件审理概况

从案件数量看，近十年案件量从高速增长到平稳上升。由于互联网媒介传播速度快，企业间竞争加剧，新业态、新技术、新模式不断涌现，产生规则空白，网上侵害商誉案件呈逐年增多态势。近年来，因治理能力提升等原因，该类案件增长有所趋缓。从中国裁判文书网数据看，2012 年至 2021 年 9 月底，近十年案件数分别为 20 件、118 件、268 件、281 件、690 件、1022 件、2013 件、2854 件、2911 件、898 件，共 11,075 件，约占全部侵害商誉民事案件的 30%。从杭州互联网法院数据看，截至 2021 年 9 月底，该院共受理网上侵害商誉案件 1318 件。其中，2017 年 46 件，2018 年 161 件，2019 年 341 件，2020 年 367 件，2021 年 403 件，年增幅分别约为 250%、112%、8%、10%。截至 2021 年 9 月底，共审结 1207 件。

从案由看，在中国裁判文书网 2012 年至 2021 年 9 月底收录的涉网商誉案件中，知识产权纠纷、不正当竞争纠纷与名誉权纠纷占比近九成，涉及少量域名纠纷、垄断纠纷。商标权纠纷 5261 件，著作权纠纷 2159 件，商业诋毁等不正当竞争纠纷 1297 件，名誉权纠纷 647 件，专利权纠纷 159 件，分别占比约 48%、19%、12%、6%、1%。此外，合同纠纷 997 件，侵权责任纠纷 175 件，网络域名纠纷 16 件，垄断纠纷 3 件。

从标的额看，超七成网上侵害商誉案件诉讼标的额在 10 万元以内，但大标的额案件仍占一定比重。从浙江省法院数据来看，标的额在 1 万元以下的 758 件，约占 27%；在 1 万元到 10 万元的 1380 件，约占 48%；在 10 万元到 100 万元的 588 件，约占 21%；在 100 万元到 1000 万元的 113 件，约占 40%；在 1000 万元以上的 7 件，占比不足 1%。此类案件以 10 万元以下的小标的额案件为主，偶尔出现 1000 万元以上的大标的额案件。

从主体情况看，侵权人身份集中，被侵权企业知名度高。侵权人以企业为主，其网络身份包含主播、博主、大 V、楼主、公众号运营者等，占比约 78%。被侵权人多为五粮液、华为、同仁堂、王星记等品牌辨识度高、商誉价值高的企业，占比约 43%。

从案发地分布看，案件量与数字经济发达程度呈正相关。广东、浙江、北京三地网上侵害商誉案件数量排前3位，分别为2569件、1285件、1151件，分别约占23%、12%、10%。

从判决结果看，原告胜诉率高，但支持赔偿金额不高，惩罚性赔偿适用少。从判决结果看，原告部分胜诉的约占78%，全部胜诉的约占8%，全部败诉的约占14%。从责任承担方式看，以赔偿损失为主的约占78%，适用惩罚性赔偿的约占3%。判决支持的赔偿的平均数额为6万元，距原告诉请赔偿平均金额40万元差距明显，侵权人违法成本低。以消除影响为辅，原告提出赔礼道歉、消除影响、恢复名誉诉讼请求的案件约占48%，支持该诉请的约占13%。

二、网上侵害商誉案件的特点

越来越多的传统侵害商誉行为借助网络转移至线上，商誉损害后果更加严重。如通过编制黑幕、断章取义等方式撰写黑稿来抹黑其他企业的传统侵权方式在网上大量出现，约占41%。通过不合理的手机测评、技术参数对比、网速测评对比等不当商业评论侵害商誉并利用网络传播的，约占1%。如我院曾审理受害企业因同一篇侮辱性文章起诉全国各地多个主体的案件十余起，涉诋毁性文章在网络展示时间超过2年的案件三十余起。可见其危害后果影响的地域广度、时间跨度、对象范围等都远大于线下侵权。

利用网络、算法等侵害商誉的新型技术手段不断涌现，占比已超30%。本着流量为王的观念，部分经营者采取刷单、炒信的方式进行流量造假，这种行为逐渐成为政府、平台的重点打击对象。部分侵权人正是利用这一点，对竞争企业进行反向刷单，即雇用刷手利用大量虚假账户对竞争企业的网店进行刷单，在短时间内提高其店铺交易量、收藏量、订阅量、商品好评度等，从而触发平台反刷单惩罚机制，引发消费者对被反向刷单企业的抵触。因侵权人设计、部署应用的算法存在缺陷导致自动化决策错误，从而对企业采取不当处罚或错误加贴破产清算标签等侵害企业商誉的现象时有发生。此外，部分企业的数据被他人盗取，降低了公众对其安全保障能力、商业信誉的评价。此类侵权行为系伴随网络的发展产生的新型侵权行为，应当引起重视。

通过网络诋毁企业股东、董事、监事等高级管理人员从而侵害商誉的案件频发。当代很多企业有创始人、法定代表人、大股东、高级管理人员等印记,甚至部分具有鲜明特点的高级管理人员等本身就是企业的品牌代言人,已经成为企业的文化符号。部分侵权人通过损害高级管理人员等的名誉达到侵害商誉的目的,此类案件占比已近10%。

侵权载体主要集中在大型自媒体平台、社交平台、电商平台。在网络空间侵害商誉的途径十分丰富,包括利用抖音、快手、微博、微信、论坛等大型自媒体平台、社交平台侵害商誉的约占58%,利用淘宝、天猫、京东、拼多多等大型电商平台侵害商誉的约占38%。大型网络平台的传播速度更快、影响范围更广,一旦被侵权人用于侵害他人商誉,造成的损害后果会更大。

网上侵害商誉行为往往与黑灰产业交织。侵权人多利用黑公关产业链,雇用黑公关设立互联网群组,在群内聚集大量黑粉,针对竞争企业及其高级管理人员等进行造谣抹黑,或由黑公关通过不知名网站、未实名认证的自媒体平台、境外网络平台等首轮发动侵权行为,并有偿招募大V等扩散诋毁言论。部分黑灰产业利用网络用户的不同身份,实施多种形式的侵权,因不同身份所拥有的粉丝量、关注度、影响力等均有所不同,从而能达到不同的侵害企业商誉的后果。此类黑灰产业链具有分工明确、合作紧密、隐蔽性强等特点。

在侵权主体、侵权行为、侵权责任认定等方面,举证难始终是一个突出问题。因举证不能而全部败诉和部分败诉的约占32%。原因在于网上侵害商誉的侵权人常采用技术手段隐匿身份,或利用相关黑灰产业链实施侵害商誉行为。其侵权链条长、侵权方式多变、侵权主体身份难查、侵权信息溯源困难,导致受害企业固证、取证难度大。

三、数字时代商誉保护面临的挑战

在数字时代,弱互联网属性侵权行为和强互联网属性侵权行为均给商誉保护造成了巨大冲击,商誉保护面临的风险随之扩大。

1. 涉网商誉保护法律制度有待完善　第一,法律适用的选择困境。我国现行法律尚未明确规定“商誉权”,司法实践中对侵害商誉案件多按照侵害名誉权、商标权或反不正当竞争的相关规定处理。以名誉权与商誉为例,两者虽存在紧密联系,但救济路径、损害赔偿范围以及损害行为认定标准均存在较大差异。实践中,部分情形因不满足《反不正当竞争法》对于侵害商誉主体要件和行为要件的规定,当事人只能选择名誉侵权之诉进行审理。例如,网络测评博主、消费用户等既非经营者也不具有竞争关系的主体实施损害商誉行为的,或经营者实施的损害竞争者法定代表人、重要人物名誉的,等等。

第二,现行竞争规则和知识产权保护规则难以有效规制强互联网属性的商誉侵权行为。竞争理论的发展极具时代特征。传统竞争理论扎根于工业经济时代土壤;而新兴的数字经济时代下,动态竞争地位的攀升和单一的竞争有效性评价标准降低了传统理论的适用性。[①] 知识产权法具有相似特征,例如,爬取数据等基于新技术产生的新型竞争行为是否属于不正当竞争?如何界定网络不正当竞争行为?又如,“通知—删除”规则在平台经济中如何合理适用?此类新问题亟待立法回应。

第三,算法权力规制制度有待建立完善。算法设计不合理、算法决策部署领域不合理、算法运行程序不正当、算法黑箱不透明等一系列因算法引发的问题都可能损害企业商誉,但并无与之相匹配的算法权力规制制度,包括如何确定算法设计或部署应用不当和商誉损害后果之间的因果关系、在算法设计者和算法部署应用者之间如何确定责任主体等问题尚未解决。

2. 网络主体权责不清晰　第一,尚未形成社会普遍认同和遵守的网络平台自治行为规范和管理规范。一方面,在侵权人利用网络平台实施侵害商誉行为时,网络平台是否应主动固定侵权证据、是否应被动或主动介入调处、如何决定调处结果和处罚标准等尚不统一明确;另一方面,对网络平台采取自治行为或制定自治规则规制网上侵害商誉行为的合法性缺乏全面、统一的司法审查。

① 袁嘉、梁博文:《有效创新竞争理论与数字经济时代反垄断法修订》,载《竞争政策研究》2020年第3期。

第二,影响力大的网络用户侵权认定规则尚需完善。拥有百万粉丝的大V、主播或其他拥有较大影响力的网络用户在网上实施侵害商誉行为,其侵权责任的认定标准、举证规则分配等与普通网络用户别无二致,一定程度上放任了侵害商誉的行为。

3. 商誉侵权行为认定难　第一,正当商业评论与商业诋毁界定标准不明确。如基于真实情况作出的、带有一定贬损意义的商业评论,或对客观事实进行截取、比较、片面评价后形成的言论,系正当商业评论还是商业诋毁?实践中,需要结合具有商誉的知名企业理应接受社会大众的监督程度与商业评论的具体表现形式予以把握。

第二,虚假宣传与商业诋毁认定标准不明确。虚假宣传和商业诋毁均涉及虚假、不实陈述,且虚假宣传中的引人误解,亦可侵害竞争者的商誉。特别是对比宣传行为中,虚假宣传与商誉诋毁往往交织出现。实践中,需要结合行为人的主观故意以及行为产生的客观结果综合认定。

第三,反向刷单炒信行为的法律规制有待明晰。反向刷单炒信主要是指在电商平台上,商家自己或要求他人购买竞争者的商品并故意给予差评,或者故意给予好评,制造同行竞争者自己刷单的假象,从而使其被电商平台认定为从事虚假交易而受到如信誉降级、搜索降权等处罚措施的行为。[①] 对于反向刷单行为的民事法律规制目前尚存争议,如后一种反向刷单行为从外观看并不具备《反不正当竞争法》第11条规定的行为要件,但商家利用电商平台规则漏洞和系统处罚来降低竞争者排名、贬损其商誉和信誉的行为,本质上与编造虚假信息无异,故适用《反不正当竞争法》对其进行规制具有一定合理性。

4. 责任承担的司法认定难点　第一,商誉侵权的赔偿数额认定难。商誉系无形财产,商誉损害也是无形的,被侵权人的真实损失难以确定,且尚无可操作性的商誉损害赔偿计算标准,司法机关难以准确确定赔偿数额。部分法院采用酌定或参照方法确定判赔数额,考虑因素包括:侵害行为的影响程度和范围、建立或恢复商誉的成本、侵权人因侵害行为的获

---

① 叶良芳:《刷单炒信行为的规范分析及其治理路径》,载《法学》2018年第3期。

利情况、商誉对被侵权人的重要性、侵害行为的成本等。但须知，侵权人的行为成本与被侵权人所受损失往往难成正比，且被侵权人失去的预期利益和流量机会亦难以得到有效量化。

第二，消除影响具体方式难以确定。消除影响是侵害商誉案件中被侵权人主张的常见诉请，多以在相关信息发布平台或被侵权人商业活动主要所在平台上发布侵权声明来实现。由于网络空间的延伸性和无边界性，商誉损害的实际影响并非仅限于侵权行为所涉平台，而是跨越多个平台，甚至突破线上和线下的限制。那么与之相对应，是否应将消除影响的适用范围扩大至更大范围的平台或空间？此外，如侵权人发布侵权声明，就如何确保声明时间持续至足以抵消侵权行为造成的影响后果、声明的内容和形式能够达到澄清不实言论等问题，尚未有规范性指引，仍有赖于个案审判人员自身对于消除影响方式的理解和把握。

四、加强商誉保护的建议

为加强商誉保护、促进良性业态竞争、优化营商环境，我们从完善商誉保护立法、创新治理模式、规范网络平台自治行为和自治规则、发挥司法审判的规则引领作用四个角度，提出以下建议：

1. 完善商誉保护立法　第一，细化补充商誉保护规定。明确商誉的保护内容，将商标以外的特有商业标识、商品样式等纳入保护；归纳侵害商誉的构成要件和行为类型，如明确利用互联网或者其他媒体公开损害的适用条件；将侵害后果区分为一般情节和严重情节，并设定相应责任形式，明确法定赔偿、惩罚性赔偿、消除影响、赔礼道歉等的适用标准。

第二，完善反不正当竞争和知识产权领域立法。归纳总结散布黑稿、反向刷单、数据爬取、算法不当使用、恶意评测、恶意投诉等具有强互联网属性的侵害商誉行为的特点，完善规制此类行为的一般规则。

第三，完善网上侵害商誉案件的举证规则。一方面，放宽强互联网属性侵害商誉案件中被侵权人的举证责任，如被侵权人对侵权行为、因果关系、损害结果、赔偿责任等提出初步证据后，可综合案情将下一步举证责任分配给被诉侵权人；另一方面，加重影响力大的网络用户在反驳侵害商誉时的举证责任，如应举证证明其在发布或转发信息时尽到了必要的审核义务。此外,应鼓励当事人采取电子存取证方式,以此种方式应对网上侵害商誉案件举证难问题。

2. 创新治理模式　第一,打造多主体共治生态圈。打造行业监管部门、行业组织、网络平台等多主体共治的治理生态圈。明确各治理主体的职责范围,促进数据共享和信息联动,构建权责分明、分工协作、齐抓共管的工作格局,形成综合治理合力。充分发挥协同治理效能,打造权责明确、规范运作、相互衔接的多元共治局面。通过建立行业协会、制定内部公约、签署行业自律协议等途径,对行业内部成员行使权利、履行义务作出具体规定,从而建立起一个相对稳定、普遍认可的自律规范和行为约束机制。

第二,创新监管方式,加强新兴领域反不正当竞争监管。积极运用互联网、大数据、人工智能等技术手段不断提高执法专业化水平,加快数字转型和数据整合,充分运用智能监测、在线固证、线索提取、线下核查等方式,强化网上商业诋毁、虚假信息传播的追踪溯源。加强对科技创新、平台经济、信息安全、民生保障等重点领域的监管执法,强化网络谣言治理和反不正当竞争监管。重点查处电子商务、短视频行业、网络直播、网络游戏等平台虚假宣传、刷单炒信、商业诋毁等违法违规行为,切实加强网络领域的知识产权保护和商誉保护。

第三,提高企业的商誉保护意识。企业应重视保护自身累积的商誉价值,对于企业独有的商标设计、外观设计、企业理念、现有商誉等,应加强法律层面的保护,如及时注册商标、申请专利等。在遭遇网上侵害商誉行为时,应第一时间通过公证、区块链、时间戳等方式对侵权行为加以固定,督促网络平台采取必要措施阻止负面影响扩散,主动发布企业声明、律师函等澄清事实。事后可视情况采取协商、仲裁、诉讼等合法途径维护自身正当权益。

3. 规范网络平台自治行为和自治规则　第一,强化平台治理功能。平台应主动行使平台治理权,优化平台内容,通过在平台内嵌入实时动态的大数据监管模块、优化算法等新技术手段动态监管平台内容,加强对涉虚假信息、商业诋毁等侵害商誉内容的智能预警、分析、识别、屏蔽、删除,利用区块链等技术实现对网上侵害商誉行为的智能取证、追踪溯源。

第二，规范网络平台的规则制定权。一方面，网络平台在进行代码编程、制定用户服务协议的过程中应当有自律意识，不得设置有损公平竞争秩序、网络用户权益等公共利益的代码或规则；①另一方面，网络平台在制定服务协议、调处规则等约束网络用户行为的规则时应向社会公示、征询公众意见，探索由行业协会牵头制定网络平台自治规则。

第三，规范平台管理行为。网络平台应对平台内经营者的竞争行为提供指导、规范，避免用户利用平台实施侵害商誉行为；同时应主动健全侵权判断、甄别机制，及时履行“通知—删除”义务，必要时主动介入调处，主动对实施侵害商誉行为的网络用户采取查验内容、警示提醒、限制功能、降低权限、关闭账号等处置措施。此外，网络平台应探索引入中立的社会第三方作为平台调处、处罚机制失效后网络用户的申诉、救济通道。

第四，探索建立网络平台层面的算法权力规制制度。其一，网络平台在设计和部署应用算法时应当限制算法决策应用范围，提高算法决策的适用条件，避免因平台商户的不谨慎操作触发自动处罚机制从而损害其商誉。其二，网络平台应当定期检查算法自动化决策，及时发现算法设计或部署应用中的瑕疵和错误，避免瑕疵或错误算法导致不真实决策结果出现从而侵害企业商誉。其三，网络平台应当引入中立的社会第三方作为算法决策结果公正性的仲裁者，以保护网络用户的正当权益。其四，探索一定标准下网络平台作为算法问责的责任主体，在发生因网络平台设计或部署应用算法不当侵害企业商誉的情况时，网络平台应承担的侵权责任。②

4. 发挥司法审判的规则引领作用　第一，通过裁判明确技术创新与商誉保护边界。实践中，网上侵害商誉案件的侵权人多以技术创新作为

---

① 郭渐强、陈荣昌：《网络平台权力治理：法治困境与现实出路》，载《理论探索》2019 年第 4 期。

② 张凌寒：《权力之治：人工智能时代的算法规制》，上海人民出版社 2021 年版，第 53 ~ 74 页。

抗辩理由。对此,司法须秉持包容审慎、公平公正的理念,客观看待人工智能、算法等新技术带来的新问题,把握好利益平衡原则,明确技术革新与商誉保护的边界。如"浙江蚂蚁小微金融服务公司等诉朗动网络科技公司商业诋毁及不正当竞争纠纷案",厘清了公共数据商业化利用的合法性边界,明确了平台在算法设计、运行监管、结果审核等过程中应负有一定的注意义务,划定了技术创新与商誉保护边界。此外,新技术的应用导致不同行业经营者之间可能存在竞争。对此,就行业不同、服务不具有同质性的经营者,若二者在市场竞争中存在一定的交叉或关联,应从广义上认定其具有竞争关系。

第二,合理确定赔偿数额。在审理侵害商誉案件时,一方面,既要考虑被侵权人的销售渠道、商品或服务质量和范围、损失数额等因素,又要考虑侵权人的主观内容、侵权情节、新技术的发展程度、损害后果等因素,明确赔偿数额计算标准;同时,还可灵活运用举证责任转移、合理分配证明责任等方式,鼓励当事人提交商誉减值报告、商誉估值计算方法等证据材料,以便有效量化商誉损失。另一方面,当存在损害后果严重、侵权情节恶劣、主观恶意明显等因素时,可适用惩罚性赔偿。如"五粮液公司诉徐某等侵害商标权纠纷案",明确了惩罚性赔偿案件中恶意和情节严重的认定标准,确定了惩罚性赔偿的基数与倍数,依法惩处了严重侵害知识产权的行为。

第三,探索完善诉讼禁令的应用。网上侵害商誉案件造成的负面影响大,但案情复杂、审理周期长,如不及时采取保全措施,被侵权人的损失可能持续扩大,故对救济时效性的需求更加迫切。网络直播、网络短视频、网络游戏、电子商务等新业态的商誉价值更加凸显,一旦遭受侵害可能造成新业态被扼杀等严重后果;文化娱乐产业中商业时效性较强的权益也需要及时救济。对此类案件,法官应审慎考量案情和诉讼禁令对被诉侵权人经营的影响、原告对救济的时效性或紧迫性的需求、可能产生的社会影响等因素,适度采取诉讼禁令。引入必要的听证程序以充分保障当事人的合法权益,在涉及互联网新技术时还可指派技术调查官或专家辅助人出席听证,以适当采取诉讼禁令。

第四,推动构建预防性法律制度。一方面,司法要通过审理商誉保护案件不断输出裁判规则,为统一法律适用提供标尺,为市场主体提供价值导向和行为指引;另一方面,司法要推动构建预防性法律制度,强化科技赋能,加强诉源治理。如进一步深化司法区块链和智能合约在知识产权、电子商务等领域的应用,从源头遏制网上侵害商誉行为的发生,减少纠纷数量。

原文首发于《人民司法》2022 年第 1 期

区块链在互联网司法中的应用与发展
——基于杭州互联网法院司法区块链平台的实证分析

陈　蓦　张名扬*

一、区块链的基本原理

2008 年，中本聪在《比特币：一种点对点的电子现金系统》中提出“区块链”概念，并创立了比特币社会网络。该网络通过随机散列（Hashing）对全部交易加上时间戳（Time Stamps），将它们并入一个不断延伸的基于随机散列的工作量证明（Proof-of-Work）的链条作为交易记录，除非重新完成全部的工作量证明，形成的交易记录将不可更改。

所谓区块链，是利用块链式数据结构来验证与存储数据，利用分布式节点共识算法来生成和更新数据，利用密码学的方式保证数据传输和访问的安全，利用由自动化脚本代码组成的智能合约来编程和操作数据的一种全新的分布式基础架构与计算方式。

通俗地讲，区块链就像 N 个数据完全同步的数据库，这些数据库由按照时间顺序依次递增的区块组成。每个区块分区块头和区块体两部分，区块头包含版本号、前一区块的哈希值、默克尔根、时间戳、难度值、随机数这 6 种信息，而区块体呈默克尔树（电子数据经过哈希运算变成一串字符代码——哈希值，对所有电子数据进行两个一组的哈希运算可以得到本区块最终的哈希值——默克尔根，而这条数据加密和溯源的链路被称为“默克尔树”）结构排列，包括了该区块生成期间的所有交易信息。

---

* 陈蓦，杭州互联网法院信息技术中心主任；张名扬，杭州互联网法院信息技术中心法官助理。

每个区块通过保存前一区块的哈希值与其链接,并且本区块的哈希值将在下一区块产生时链接到下一区块里,这种环环相扣的块链式数据结构保证了区块链上的数据可溯源、不可伪造、无法篡改(见图1)。

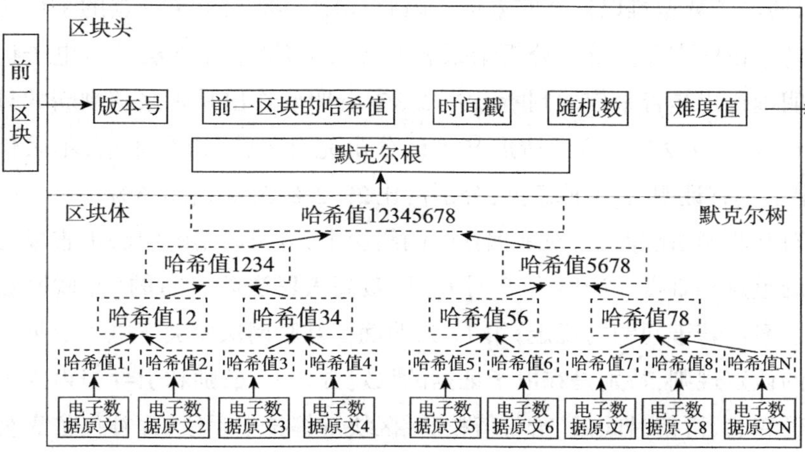

图1　区块链数据结构

在万物互联的数字世界里,即便是素不相识、远隔重洋的人们也会产生连接,形成交集。这时候,信任就成为数字世界的重要问题。如果缺乏信任,数字世界中不同主体之间会形成猜疑链,陷入相互猜疑的死循环,最终无法达成合作和共识。而区块链公开透明、可追溯、不可篡改的特性,恰恰是打破猜疑链、打造信任链的关键技术。因此,区块链被誉为"网络社会的信任基石"。

二、区块链在司法中运用的一般场景——存证及认证

(一)电子证据的司法认定难题

证据是诉讼的基础和核心,在互联网时代,电子数据成为常见的证据形式。我国刑事诉讼法、民事诉讼法以及行政诉讼法都将电子证据作为一种新的证据种类,赋予其独立的法律地位。电子数据在搜集、提取、保存、传输等方面极易被篡改,由于难以判别电子数据的真实性和完整性,影响了电子数据的可采性和证明力。

目前,大量第三方存证机构通过信息技术对电子数据进行存证并出

具相应的存证证书或鉴定报告。但是,由于我国对于电子数据的存证、取证、认证缺乏统一的标准和规定,且第三方存证机构在行业资质、技术手段、安全监管等方面参差不齐,导致电子存证存在内容瑕疵或者程序错误,致使电子数据难以被法院采信。因此,司法实践对电子证据的采信始终保持审慎的态度。统计分析结果表明,绝大多数情况下法庭对电子证据未明确作出是否采信的判断(占 92.8%);明确作出是否采信判断的只是少数,仅占 7.2%。后一情形又可区分出完全采信、部分采信、不采信(认定不具有证明力)3 种意见,分别占比 29.2%、2.0%、68.8%。①

对互联网法院而言,在审理互联网纠纷中,电子数据的司法审查成为审理的重点和难点。2018 年 9 月 6 日,最高人民法院发布的《互联网法院审理案件若干问题的规定》第 11 条明确了互联网法院关于电子数据真实性的认定规则,特别是在电子证据的认定方式上,鼓励和引导当事人通过电子签名、可信时间戳、哈希值校验、区块链等技术手段,弥补仅依靠公证程序认定电子证据的不足,提升电子数据的证据效力。但是,让互联网法院采信电子数据的前提是能够证明其真实性,除电子签名、时间戳等"老办法"以外,该规定还特别提到了区块链技术。那么对于采用区块链技术存证的电子数据而言,如何证明其真实性呢?这就要从区块链存证的原理说起了。

(二)区块链存证的过程

所谓区块链存证,就是利用哈希加密、时间戳等技术手段对电子数据原文进行固化,并通过共识机制将其哈希值同步存储至链上其他节点的过程。区块链存证解决了电子数据易篡改、易灭失、真实性难认定的问题,架起了电子数据和审判之间的桥梁。

1. 加密运算。电子数据都是由 0 和 1 排列而成的二进制数据组成,在进行区块链存证时,将通过哈希算法为电子数据生成一个长度固定且唯一的"身份证号"——哈希值。输入的电子数据明文与输出的哈希值

---

① 参见刘品新:《印证与概率:电子证据的客观化采信》,载《环球法律评论》2017 年第 4 期。

具有对应性,正如通过身份证号的比对可以判定“你是你”,通过哈希值的比对,即可确认电子数据的真实性。对存证电子数据进行任何篡改,都必将导致哈希值产生变化,系统核验失败。

2. 数据上链。电子数据转化为哈希值后,区块链平台将哈希值打包为“区块”,并即时传输给全部的底层节点服务器进行存储。各个节点服务器的区块连接成“链”,通过共识机制对哈希值的一致性进行校验。区块链节点的硬件芯片均已实现可信执行环境支持隔离计算,其他程序无法偷窥或篡改可信执行环境中的计算过程和数据。

3. 安全防护。区块链系统与各节点之间采用安全传输层协议进行认证并建立可信通道,传输数据经安全传输层协议加密可以抵御攻击。如果有人试图攻击某个区块链节点并篡改该节点内存储的区块内数据,经过篡改的数据将被其他节点发现、拒绝并无法完成共识,让其无法写入区块链。

4. 数据验证。当需要证明电子数据原文的真实性时,可以将电子数据原文上传到区块链系统,系统会自动计算其哈希值,并与之前已经保存在区块链节点中的哈希值进行比对,比对一致则提示核验通过,系统会反馈存证时间、区块高度等信息;比对不一致则提示核验失败,说明该条电子数据可能被篡改。无论多么复杂的电子数据,哪怕发生了一个字节的改动,也会引起“蝴蝶效应”,导致哈希值完全无法匹配。就这样,无须借助公证、司法鉴定等其他手段,区块链系统能够以一种简单快捷的方式证明电子数据的真实性。

(三)区块链存证的潜在风险

虽然区块链基于其技术原理实现了“自证清白”的电子数据存储核验机制,但是区块链证据并非“铁证”,它仍存在被篡改的风险,在司法审查中仍须注意。

1. 原始恶意。和其他的电子存证方式一样,区块链技术无法解决存证的原始恶意问题,即假如当事人提交的原始电子数据本身就是恶意伪造的,通过区块链无法证明也不能证明上链之前该数据的真伪。换言之,区块链存证系统其实是一个旁证系统,它只是通过多个节点见证,让上链之后的电子数据不被篡改。

2. 错误共识。由于所有的数字信号信息都是可以模拟和架构的，这就导致单个区块链节点的信用都是不可靠的，所以需要通过共识机制将区块链各个节点的多数意见记录到区块链上。常见的共识机制有POW（工作量证明机制）、POS（股权/权益证明机制）、PBFT（实用拜占庭容错算法）等。无论采用哪种共识机制，一旦多数意见出现错误，则整条区块链网络上的数据均会出错。以POW共识机制为例，当攻击者具备全网51%的算力时就可以控制整个比特币网络，系统的安全性也就难以保证。

3. 算法攻击。哈希算法可以将任意长度的输入经过变化以后得到固定长度的输出，它是一个从明文到密文的不可逆的映射。常用的哈希算法有MD5、SHA128、SHA256、SHA512、SM2、SM3等。以SHA128算法为例，它将任意长度的原文数据转化为128位的二进制数据，即哈希运算库有2^128种不同的值。哈希运算库虽然巨大，但其数量终究是可以穷尽的。根据鸽巢原理，暴力破解哈希算法并非绝无可能，只是在概率学上成功率极低，导致破解哈希算法的成本极高。随着计算机技术的发展，算力的巨大提升将暴力破解哈希算法变得并非难事。

4. 多重存证。由于电子数据往往掌握在一方当事人手中，且另一方当事人可能处于弱势地位，具有存证能力的当事人可以通过多重存证的方式，将一个在线行为生成多个不同版本的电子数据，并分别上传至区块链进行存证。当发生争议的时候，存证方可以选择有利于自己的电子数据进行提交核验，由于区块链的各个节点存储的仅为哈希值，而电子数据原文实际保存在存证方手中，所以即使通过了哈希核验，电子数据仍存在造假的嫌疑。

三、杭州互联网法院运用区块链存证、认证的实践

（一）全国首例区块链存证案

2018年6月，杭州互联网法院宣判了全国首例区块链存证案。原告为证明被告在其运营的网站上发表了原告享有著作权的相关作品，通过第三方平台对侵权网页进行自动抓取及源码识别，将该两项内容和调用日志等压缩包计算成哈希值上传至公证通区块链和比特币区块链中，并

由一家司法鉴定中心出具了鉴定报告。杭州互联网法院对于法律依据，包括证据的认证标准，以及其中涉及的相关技术原理，都进行了详细阐释和审查，最终支持了原告采用区块链作为存证方式并认定了对应的侵权事实。

该案中，杭州互联网法院认为对于采用区块链技术手段进行存证固定的电子数据，应秉承开放、中立的态度进行个案分析认定。既不能因为区块链等技术本身属于当前新型复杂技术手段而排斥或者提高其认定标准，也不能因为该技术具有难以篡改、删除的特点而降低其认定标准，而应根据电子数据的相关法律规定综合判断其证据效力；其中应重点审查电子数据来源和内容的完整性、技术手段的安全性、方法的可靠性、形成的合法性以及与其他证据相互印证的关联度，并由此认定证据效力。

事实上，区块高度、哈希值、共识机制等专业术语已经让大多数法官头疼不已，更不用说抽丝剥茧地去核验存证过程和结果了。如果不能在技术上解决电子数据存证、取证、认证这一命门级问题，哪怕有再多技术节点创新，也只能算是“互联网 + 法院”，而不能算是“互联网法院”。由此，杭州互联网法院也揭开了区块链与法院工作融合发展的序幕。

（二）司法区块链平台的构建

面对新技术对司法的挑战，杭州互联网法院充分运用信息化成果，创新司法技术手段，于2018年9月18日，正式上线运行全国首个司法区块链平台。该平台是为了解决电子证据的生成、存储、传输、提取和核验问题，利用区块链技术而开发建设的公信证据链，实现了电子数据的全流程记录、全链路可信、全节点见证。

司法区块链平台由5个层级构成。第一层：司法链基础节点层，构建以法院、国家机关、公证处、司法鉴定中心为基础的底层节点。第二层：司法链可信执行环境层，在基础节点的基础上提供了智能合约、跨链、隐私安全保护、实人认证、可信时间服务、可信取证服务等安全的稳定高性能的可信执行环境。第三层：司法链接入层，提供了开放平台的应用程序接口（API）及页面接口（Web UI），便于行业接入。第四层：司法链行业层，提供版权链、金融链、合同链等便于行业联盟或平台接入。第五层：司法链应用层,提供相关应用给商户或者用户使用。

此外,杭州互联网法院还发布了《杭州互联网法院电子证据平台规范(试行)》《杭州互联网法院司法区块链平台规范(试行)》,从电子数据规范、电子数据格式、电子数据的保障及技术规范、电子数据标准接口规范、司法应用等多个方面进行了详细规定,完善了司法区块链平台的建设和管理机制。截至2020年9月10日,该平台共有底层节点27个,区块高度超过8416万,上链数据总量超过51.9亿条。

(三)区块链证据的司法审查

杭州互联网法院根据电子证据审查和认定的司法实践,出台了《杭州互联网法院民事诉讼电子数据证据司法审查细则》,确立了规范电子数据的审查标准,并探索了“三查三看”的区块链证据审查模式。

一查区块链证据的真实性。审查区块链证据在形成、传输、提取、展示等过程中是否存在被篡改的可能性及可能性的大小。主要审查区块链证据的生成、存储、传输所依赖的计算机系统等硬件、软件环境是否安全、可靠;记录和保存区块链证据的平台,对区块链证据保管的内控机制是否健全;区块链证据是否在正常的往来活动中形成和存储;区块链证据的提取主体、提取工具和提取方式是否可靠;区块链证据的生成、存储、复制、提取、提交、展示等方面是否完整;区块链证据是否可以通过特定形式核验。

二查区块链证据的合法性。区块链证据的收集、存储、提取方法应当符合法律规定,以侵害他人合法权益、违反法律禁止性规定或有违公序良俗的方式取得的区块链证据,不得作为认定案件事实的依据。

三查区块链证据的关联性。区块链证据与待证事实是否具有实质性联系,应从区块链证据与案件事实的关联程度、区块链证据与其他证据之间的关联性等方面进行综合判断。

一看数据来源。基于电子数据的来源,可以将区块链存证的电子数据分为链生电子数据和次生电子数据。链生电子数据指直接在区块链的可信执行环境下生成并保存的电子数据。次生电子数据指通过其他形式生成,但将其哈希值上传至区块链的电子数据。区块链可以保证链生电子数据自生成之时起的真实性以及次生电子证据自上链之时起的真实性。

二看存证时间。电子数据的存证时间对于查明案件事实具有十分重要的作用。时序不可逆性是区块链的重要特征，即记载交易内容的区块只能按照时间顺序依次递增。每个区块在形成的时候都会加盖时间戳，数据一旦形成就无法删除。因此，时间戳可以证明区块链上何时发生了何事。时间是一个极为重要的物理信息，但又极易被篡改和伪造，国际时间、网络时间、系统时间等均不具备法律效力，来自国家授时中心的时间是我国唯一具备法律效力的时间。

三看核验结果。判断当事人提交的区块链证据是否真实及保持完整，可将区块链证据与保存在司法区块链平台节点服务器中的哈希值进行匹配核验。当事人通过司法区块链平台提交的证据会自动打上"司法区块链"的标识，证明该条证据已经通过系统核验无误，法官可以直接查阅。同时，法官也可使用区块链工作台进行二次核验。如果电子数据能通过特定形式得到反复核验，可清晰反映数据的来源、生成及传递路径，应当认定由此生成的电子数据具有可靠性。

（四）区块链案件的实证分析

杭州互联网法院随机抽取了 200 件司法区块链案件进行了样本分析，发现相关案件总体呈现 4 大特点。

1. 案件类型多元，审理简明高效。从案件类型分析，其中侵害网络信息传播权纠纷 150 件、互联网金融纠纷 39 件、网络购物纠纷 10 件、网络服务合同纠纷 1 件，可见，区块链已经应用在网络知识产权、网络金融、电子商务等领域，尤其在网络知识产权保护领域发挥了重要作用。同时，也应看到司法区块链在其他类型的互联网案件中还有很大的应用空间。从审判质效分析，司法区块链案件的调撤率为 91.5%，平均审理期限 21 天，平均庭审用时 17 分钟，自动履行率 95.5%。可见，司法区块链能够较为明显地提升审判质效。

2. 证据链路完整，证据种类丰富。从证据数量来看，涉及证据 1180 条，平均每个案件 5.9 条，证据类型包括实名认证信息、电子合同、确权内容、侵权证明、交易记录、账务明细等内容。可见，区块链证据通常以证据链的形式进行存储、提交,从事前、事中、事后、时间、地点、人物等6个维度对客观事实进行固定,大大提高了证据的证明力。

3. 简易案件为主,案件金额较低。从案件适用程序分析,98.5%的案件适用简易程序审理。可见,司法区块链适用于事实相对清楚、当事人权利义务比较明确的简单案件。从标的额分析,89%的案件标的额在1万元以下,标的额最高的案件为15万元,最低的为300元。可见,对于标的额较小的案件,当事人更加倾向于通过司法区块链进行存证取证。从诉讼成本分析,单条证据的取证成本约为1.2元,取证时间约为8分钟。可见,司法区块链大大降低了当事人的取证难度,节约了诉讼成本。

4. 证据证明力强,司法采信度高。从证据认定分析,原告提交司法区块链证据195件,被告提交司法区块链证据5件,没有当事人质疑证据的真实性。审理中,法官全部采信了司法区块链证据。司法区块链证据的审查一般包括存证公司的资质审查,技术手段和数据生成、存储等过程的可信度审查以及电子数据的完整性核验审查3个方面。可见,无论是法官还是当事人,对于通过司法区块链存证的证据效力均予以认可。

四、区块链在司法中运用的进一步拓展

法学家莱西格在网络法经典名著《代码》中指出"代码就是法律",它控制着人们的网上行为。作为一种由代码构成的、在互联网上运作的创新性架构,区块链的多中心化、可追溯性、高安全性等技术特性,决定了其必将在法院工作中发挥重要作用。

(一)对外实现电子数据的可信流转

1. 让电子数据可信传递。司法区块链的节点由行政机关、法院、公证处、司法鉴定中心等构成,所有节点存储的电子数据都会以哈希值的形式同步到链上的其他节点,各个节点彼此相互作证,提高了证据的证明力。在上级法院的指导下,杭州互联网法院积极推动建立国家层面的司法区块链联盟,率先实现了与最高人民法院搭建的人民法院司法链的数据互通、信息共享、真伪互鉴。

2. 让网络行为可信记录。司法区块链从源头上已经固定了"什么人,在什么时间,通过什么网络环境,做了什么事"的客观事实,一旦有纠纷发

生,通过前置调解即可化解纠纷,大幅提高维权和解决纠纷的效率。通过可溯源的电子证据阐明纠纷本质,共同营造一个安全可信、可预期的网络空间,引导各方当事人自觉化解纠纷、自愿履行义务,促进诚信社会的建立。同时,电子数据的固定和保存方式从公证机关公证到区块链认证,实现了复杂的清洁操作、视频录制到简洁的源码存储、提取核验的转变,给当事人提供了更加经济、便捷、高效的存证服务。

3. 让网络纠纷诉源化解。杭州互联网法院积极推动区块链技术中最核心的智能合约技术在司法领域的落地,开启了信用生态系统级诉源治理新模式。司法链智能合约系统将签约、履约、违约、催告等行为实时记录在司法链,实现了交易链路全流程自动存证和执行。通过法律治理机制设计和纠纷兜底处置倒推智能合约的强制性,低成本高效率地处理少数违约行为,减少人为因素干预和不可控因素干扰,打造互联网时代下新的契约签署及履行形态,从而实现网络纠纷诉源治理。目前,试点的电子商务领域纠纷从原有的1.3%下降至0.6%,试点的互联网金融领域的纠纷从原有的0.7%下降至0.03%,智能合约进入诉讼程序的案件仅有10件(电子商务1件,互联网金融9件),目前已全部结案,达到了诉源治理的预期功能。

(二)对内实现电子数据的安全沉淀

1. 推进司法公开。通过司法区块链将起诉、立案、送达、举证质证、开庭、审判、执行、档案管理等影响审判质量效率、影响司法公信力的关键环节实时上链,依托"主体信用+算法信用"实现电子数据在整个司法流程的可信传递。以裁判文书为例,上链之后当事人对裁判文书进行识别验真,判断裁判文书是否真实可信、未被篡改。以审判流程为例,将审判流程的关键信息进行实时上链,即使是法院内部管理人员也无法篡改审判流程数据,确保司法的权威性与公正性。以电子送达为例,将送达方式、送达时间、送达内容、送达对象、送达回证等关键信息上链,让电子送达的各个环节更加公开透明。

2. 辅助司法审判。司法区块链完整保留了电子数据信息,使其无污染地进入诉讼阶段,有助于实现电子数据批量汇集归类,让海量电子数据变成可以使用的司法大数据，为批量立案、批量审理、智能审理提供了重要支撑。同时，法官可以通过司法区块链对电子数据原文进行核验，判断是否有过后期篡改，从而验证电子证据的真实性，让法官可以更加专注于司法裁判，大幅提升审判效率。

3. 加强司法监督。将法官的业务操作流程记录上链，能够在保护审判秘密和当事人隐私的前提下对审判业务进行监管管理。一旦出现违规办案、“暗箱操作”等现象，链上完整、不可篡改的数据记录将为纪检监察提供有效证据链条。这有利于切实加强对法院和法官行使司法权力的监督制约，促使法官清正、法院清廉。此外，还可建立基于智能合约的绩效奖励机制，对法官的业务技能、廉洁程度、组织表现等方面进行内部数字资产激励，实时公布绩效积分。绩效积分作为评优评先、提拔任用、遴选入额等决策的基础，有效地推动透明化、公平化绩效体系的形成。

区块链技术对司法审判而言，不仅是新问题、新挑战，更是新机遇、新起点。人民法院要把区块链技术从强调工具性的浅层运用推向更深层次的规则治理和制度构建，努力探索更加符合网络规律的司法流程和审判机制，让人民群众在共享互联网发展成果上有更多获得感。

原文首发于《人民司法》2020 年第 31 期